在物理教学中实现有效教学的策略研究

杨晓青　邓友斌　王　涛／主编

吉林大学出版社
长　春

图书在版编目（CIP）数据

在物理教学中实现有效教学的策略研究 / 杨晓青，邓友斌，王涛主编. —长春：吉林大学出版社，2019.2

ISBN 978-7-5692-4622-3

Ⅰ. ①在… Ⅱ. ①杨… ②邓… ③王… Ⅲ. ①中学物理课—教学研究—高中 Ⅳ. ①G633.72

中国版本图书馆CIP数据核字(2019)第071446号

书　　名　在物理教学中实现有效教学的策略研究
　　　　　ZAI WULI JIAOXUE ZHONG SHIXIAN YOUXIAO JIAOXUE DE CELÜE YANJIU

作　　者　杨晓青 邓友斌 王涛 主编
策划编辑　刘佳
责任编辑　刘佳
责任校对　王洋
装帧设计　郭少飞
出版发行　吉林大学出版社
社　　址　长春市人民大街4059号
邮政编码　130021
发行电话　0431-89580028/29/21
网　　址　http://www.jlup.com.cn
电子邮箱　jdcbs@jlu.edu.cn
印　　刷　吉林省优视印务有限公司
开　　本　787mm×1092mm　1/16
印　　张　12.375
字　　数　380千字
版　　次　2019年2月　第1版
印　　次　2019年2月　第1次
书　　号　ISBN 978-7-5692-4622-3
定　　价　45.00元

版权所有　翻印必究

目录

绪论

新课程改革背景下中学物理有效教学概述

第一节 有效教学的背景

在新课程改革不断深入的背景下，学校教学发生了很大变化，传统的教学模式逐渐得到更新，中学物理教学中，教师开始运用新型的教学模式来不断提升学生的课堂参与度。然而，从实际来看，在课堂教学中，有些教师过于注重教学的形式，或采用单一的教学模式，导致很多教学模式的应用都是徒有其表，无法充分发挥其应有的作用。例如，教师运用合作教学模式，让学生进行分组学习，但是很多小组间的学生却在相互闲聊，导致课堂较为混乱，教师教学受到影响等。长期下来，教师的教学效果不够明显。产生这种现象的原因就是，教师对新课程改革的研究不够，导致新型教学模式的应用不够科学，最终直接导致课堂教学效率不高。另外，有些教师仍然在教学中延续传统“机械式”的教学模式，过于重视学生的学习成绩，忽视学习过程，采用“题海式”的教学战术，让学生不断做题，最终导致学生的物理兴趣受到影响，产生厌学的状况。同时，学生仅仅是学习了理论知识，而物理实践能力却无法得到有效提升，无法在生活中有效运用物理知识。所以，针对这种状况，教师必须要对新课程改革下物理课堂教学进行重新定位与认识，加强对它的研究，从而建构高效的物理课堂，对学生进行有效教学。

随着素质教育的不断推进，在中学物理教学中，教师要转变传统的教学模式，加强对新课标的研究，从而建构高效的物理课堂，促进学生学习效率的提升。提升中学物理课堂有效性，将会促进新课程改革的推进，完善教师的教学模式与教学观念。同时，可以提升教师的教学技能，有效实现三维教学目标，促进学生有效运用物理知识,提升学生实践能力。教师采取科学的措施进行物理教学,充分提升学生的学习热情,并且在教学中重视个性发展与分层教学,对每一个学生都一视同仁,以此来整体提升物理学习质量。所以,教师要提升对新课程改革下教学模式的深入研究,以便对其有一个全面的掌握和有效的运用,从而提升学生物理学习质量,提高学习效率。

一、有效教学的特点

对于中学物理教学有效性的特点来说,教师遵循教学规律,并结合学生的进步和发展,能够有效果、有效益、有效率地进行教学。教学是否有效,可以对教学目标设置的合理性进行考查,同时也可以对目标是如何实现的进行考查。教师的教学方式要符合教学规律,不能对学生进行机械化的生硬教学,也不能实施题海战术等。因为这样做不仅无法提升教学质量,而且还会影响学生的学习兴趣。这时,需要教师在遵循规律的基础上,科学合理地运用教学方式和教学策略,对学生实施规范化教学。另外,对于有效教学的评价,不仅要对教师的教学行为进行评价,还要对学生的学习能力查看,同时教学效果、结果与教学目标要相互吻合,以此来满足社会及个人的教育需求。教师利用教学活动对学生进行教学,优化教学模式,使学生在轻松、和谐的环境中学习,促进其主动学习。实施中学物理教学有效性,发挥学生学习的积极性,体现其主体地位,正如各位教育家都认为更新教师教学观念,优化教学模式,可以有效提升学生的学习质量一样。传统教学模式过于注重教师的主体地位,采用机械化教学,学生只能被动进行知识的接受,长期下来,导致学生的学习热情不高,很容易产生厌倦的心理,并且讲授知识的传统教学使得学生仅仅是掌握理论知识,却无法有效进行物理知识的运用。而中学物理课堂有效教学策略则打破了这一点,教师可以利用科学合理的教学策略,不断提升学生的学习兴趣,促进学生积极主动地学习。同时,教师将理论与实践相结合,利用物理实验来促进学生实践能力的提升,并加深学生对物理知识的理解。

中学物理教师在教学中必须要重视过程评价及目标管理，因为教学过程属于一个有计划的活动。中学生刚刚接触物理知识,对物理知识了解程度不够。所以,教师在教学中,要对学生进行合理的引导,设置出合理的目标,由浅入深地引导学生学习,激发学生对物理知识的探索热情,以此来让学生在学习中感受物理的魅力,促进学生物理素质的提升,实现物理教学的三维目标。

二、中学物理有效教学的标准

在新课程改革的要求下,对中学物理教学提出了新的标准,教师在教学中必须充分提升学生的综合素养,培养学生的物理运用能力。其主要标准有以下三点。

(一)关注学生

要想提升课堂教学的有效性,教师就要关注学生的学习方式,坚持结合学生的实际情况,选择符合学生生活实际的材料进行教学;要重视学生的学习方式,强化自主学习,让学生在轻松的氛围中学习,要利用合作学习,激发学生的探究热情,促进学生表现自我,实现多方面的学习交流。同时,教师要让学生积极思考,提高创新思维意识。

(二)关注发展

重视学生对物理知识、物理技能和创造力的发展,重视学生学习方法的发展,重视学生情感、态度及品质的发展。同时,关注教师的发展,即教师职业道德、教学水平和健康心态的发展。再者就是关注教学规律。在物理教学中,知识的形成是具备一定规律的,这些规律将会影响学生对知识的理解与学生的学习效率。所以,这就需要教师对这些规律进行合适的挖掘,能够设置出符合学生发展的教学模式,让学生深入掌握物理学习规律,促进学生学习效率的提升。

（三）关注课堂管理

在中学物理课堂教学中，教师要引导学生主动学习，激发学生的好奇心，让学生在学习中不断树立信心。同时，利用教学的艺术性，促进师生之间的心灵碰撞，从而拉近师生关系，提升教学效率。

第二节　中学物理有效教学策略研究

一、转变教师教学观念

目前来看，部分教师对中学物理教材的认识度不够，导致在教学中无法对教材进行有效的把握。同时，随着物理教材的不断更新，教师对新教材不够了解，在教学中还是延续旧教材的内容，使得教学无法做到与时俱进，影响了对学生的教学质量。很多教师依然采用了传统机械化的教学模式，即教师讲课、学生听课，长期下来就会导致学生的学习兴趣受到影响，甚至出现厌学的状况。尤其是物理知识具有较大的抽象性和逻辑性，导致学生之间失去了学习的信心。

在新课程改革的影响下，教师的教学观念必须要进行更新与转变。因为传统的机械化教学模式已经无法满足学生的学习要求，并且会在一定程度上束缚学生的创新意识与逻辑思维能力的提升。因此，教师的教学观念必须要坚持与时俱进，建立全面的教学观；要重视人性化的教学，将人文教学、知识教学、文化教学与综合实践教学相结合，促进学生的全面发展与综合素质的提升，培养学生学习的主动性，促进学生创新思维与创造能力的提升。在中学物理教学中，教师的教学观念将会直接影响课堂教学的有效性。教师在教学中不仅是学生的教育者，而且也是学生的引导者。所以,教师要关爱学生,具备较强的责任意识;要作为学生的榜样,帮助学生树立正确的人生观、世界观和价值观。同时,教师要在潜移默化中感染学生,拉近师生关系,有助于对学生进行有效教学。另外,在新课程改革下,要求教师不断学习,不断提升教学技能。因此,教师要具有丰富的知识能力,能够提升自身的素质,转变传统的教学观念,以此来促进学生学习积极性的提升,从而在物理课堂学习中不断提升自我,提升课堂教学的有效性。

二、对教材进行深入分析

在旧版物理教材中,教学内容较多。然而,我们学校的教学课时比较少,八年级每周课时 3 节,九年级 4 节。这样,就会导致教师课堂教学较为匆忙,无法与学生进行有效互动。学校在进行物理课时安排时,没有结合自身的实际状况,仅仅按照教育局规定的标准,这样就会导致物理教学无法完成教学任务。每个学校的学生不同,学习基础也各不相同,因此对于物理知识的学习,接受能力也各不相同;并且每个学校的教学目标与教学能力不同,所以物理教学的课时也不同。由于中学物理课时较少,而学生较多,所以这就导致教师批改的作业量较大,教师辅导及教学的时间少,与学生的交流也比较少,这样会影响学生对物理的重视度,因此物理学习的效率较低。而新版本的教材与传统的教材不同,很多内容更加完善与复杂,并且充分体现了新课程改革下的教学要求。

对教材中的课程资源进行再次开发,创造性地运用教材。对教材钻研的过程是进行准备教材的过程。教师在进行教材的备课时,要了解学生对知识的掌握情况,以便有效采取合理的方式对学生进行教学。同时,教师要站在学生的角度上,对学生的心理特征进行分析,以此来研究学生学习过程中将会遇到的问题,以及有效激发学生兴趣的策略。此外,教师要引导学生进行主动学习,并对教材中的难点知识和重点知识进行全面的分析,对教材中的深度和广度进行充分的把握。举个简单的例子:在新课程下的中学物理教材中,主要的教学目标就是提升学生的科学素养,因此提出了义务教育阶段物理课程的基本理念和相关课程标准。内容标准主要是由科学探究和相关科学内容组成,因此在“教科版”的教材中,探究活动贯穿整个学习的始终。正如刘峰、石传朴等在对教科版中学物理教材的编写与使用中所分析的那样:“教材是以知识为载体,由浅入深,循序渐进,让学生熟悉每个探究环节,逐渐过渡到完整的探究。”例如,在课程设置中,从“认识刻度尺”到“测量误差”的分析,再到“建立自己的信息档案”和“降落伞的比赛”,逐步完善对科学探究的步骤,即提出问题、猜想与假设、实验设计与制订计划、进行实验、收集实验数据和分析论证,以及交流合作和评估等。对于每个层次的探究,教材根据不同内容层次难易度的要求,让学生逐步掌握,不是教师告诉答案,而是在教师的指导下,让学生主动通过自己动手、动脑寻找答案。

教师要设置有效的教学目标,让学生在学习中明确方向,提升学生课堂学习的效率。同时,教师要将教材知识与实践活动相联系,并对学生进行实践教学,提升学生的物理知识运用能力。物理学科属于一门实践性较强的学科,因此在教学中,必须要体现其实践性。引导学生走进实验室,建立自己的家庭实验室,体现物理学科的基本特征,即物理是以实验为基础的学科,整个物理学习过程是以探究实验学习为主。因此,各种实验贯穿整个物理课堂,课后还有家庭实验加以辅助,以及走向社会去了解生活中的物理现象。根据这些现象,猜想物理规律与结论,并通过实验加以论证。而这就要求学生边学边实验,但大多数学校实验器材不是很充足,也不可能每节课都去实验室,所以“家庭实验室”就必不可少。因为它是实验探究的延续,是物理学科特征的体现。

中学物理知识既是独立的章节,又是相互联系的。教师要认真分析教材中各个知识点之间的联系,灵活运用教材。在教学的设计上,不论是情境的创设,还是科学探究的循序渐进，都需要纳入教材的框架，使学生的思维形成一个物理知识结构，提升学生的学习质量。因此，教师可以在每节课后的知识总结时、每章结束时、期末复习时，让学生学会画本节、本章、本学期的知识结构图，即思维导图，让他们能够很好地掌握物理知识结构。同时，在教学中，教师要适当拓展学生的视野，带领学生走出课堂，发现生活中的物理现象。这样，将有效提升学生对物理知识的运用能力，让学生了解到生活中的物理。

三、确定科学的三维教学目标

由于受到传统应试教育的影响，对于学校的评价，都是以升学率来评价的，而物理学习在中考中占的分数比例较小，所以这就导致一些学校对物理教学不够重视，仅仅重视学习语文、数学、英文等基本学科，导致学校物理学科边缘化。此外，教师对物理教学不重视，仅仅是对学生进行盲目的讲解，没有进行教学目标的设置与教学方法的研究，导致学生在课堂上的学习目标不够明确，影响学生的学习效率，严重阻碍物理学科的发展。

对教学目标的实现是在教学活动中完成的，而有效教学策略就是根据目标来选择的。合理、有效的教学目标不仅能对学生学习起到监控的目的，还能提升学生的学习积极性，加深学生对物理知识的理解。在新课程改革下，中学物理教学目标的设置必须要结合新课程标准，进行三维目标的设置。同时，教师要对学生的学习情况与知识的掌握情况有一个全面的了解，要利用一切可利用的资源来丰富课堂教学模式，满足学生的学习需求。在进行教学目标的设置中，教师要结合具体内容进行合理的设置，在设置出大目标的同时，将其分解成各个小目标，以此来实现高效教学。此外，教师要关注三维目标的设置，不仅要重视物理教学的具体内容和物理意义等，还要重视知识获取的过程，让学生在学习知识的过程中能够掌握科学的方法，提升自身的探究能力，提升学生的科学精神与科学态度，使学生的综合素质得到全面提升。问题情境的有效设置不仅可以调动学生的学习热情，还可以引导学生参与到合作学习中。在实际的教学中，要有效调整教学内容的难度和进度，以此来充分保证学生的学习兴趣，不断提升学生的成就感。中学物理教材中，将会存在较多的德育元素。在教学中，要充分培养学生的德育素质。因为有效培养学生的德育素养，将会促进学生全面发展，让学生在社会中更好地立足。

四、有效运用合作教学模式

合作教学模式是新课程改革下的一项重要教学模式，能够有效提升学生的课堂参与力度，提高学生的学习兴趣。学生可以在小组合作中不断进行探究，从而激发学生的学习热情，加深对知识的理解。现今，虽然很多教师开始运用合作教学模式，但由于对其中的内涵的理解不够，其中还是存在一些问题。

第一，教师对合作学习掌握的时机不够准确，无法充分达到预期的教学效果，严重浪费了学生的学习时间。目前，合作学习还是存在一定的问题。现今，很多学校的物理教研组虽然制订了相关的标准，但是在实际的教学中，很多教师还是存在主观性，直接对知识进行统一讲解，自问自答，以为学生都懂了。这种主观性直接导致教学质量差，学生的学习效果不好，效率低。

第二，合作学习的目标不够明确，导致合作学习的开展仅仅是走一个形式。虽然教师在课上会提出一个问题让学生进行探讨，但是却没有一个完善的学习目标。这样，就会使得学生在探讨的过程中，往往进行闲聊，导致学习效率较低，合作学习的开展无法起到应有的效果。

第三，合作的深度不够。在传统机械式教学模式的影响下，学生与教师对合作学习不够了解，在合作学习中深度不够，很多学生学习积极性不高，无法有效提升学习的能力。

因此，针对这些状况，教师必须要采取有效的措施，不断加强对新课程改革教学的研究工作，结合学生的实际情况，对学生进行合作教学。教师要选择合适的合作学习时机，以此来引导学生主动参与到合作学习中；要选择合适的内容，以便让学生开展小组探讨，并且每个学生都能在小组探讨中提出自身的观点，以及相关的心得体会。以“摩擦力”为例，教师在进行教学过程中，要引导学生去寻找生活中的物体，如玩具小车、课桌、毛巾、旱冰鞋、圆珠笔、铅笔等进行实验，结合生活中的经验，让学生相互之间进行探讨，提出建议，以此来促进学生的进步和发展。

教师要建立科学的小组。有效进行物理小组的组建，将会充分保证课堂活动的合理进行、顺利开展。同时，要结合学生的个性、特长、学习兴趣、学习成绩和物理水平等方面进行全面的调查和分析，以此来充分了解学生的学习状况和知识接收能力，并对学生进行科学合理的分组，以此来让每个小组的物理水平相近。这样，将会有利于公平竞争，提升学生的学习积极性，促进学生在学习过程中不断提升团结合作能力和竞争能力，促进学生共同进步。

教师要设置有效的规则。每个小组都是一个小集体，教师要对其制订出有效的管理规则，以此来对每个学生负责，并有效进行小组学习的管理工作。一般来说，在每个小组中都会有几个学习基础较好的学生，但这样会使得一些学习基础差的学生投机取巧，在讨论中没有参与到学习中。所以，针对这种状况，教师要对每个小组成员进行明确的分工，让每个人都参与到小组探讨中。同时，在小组中设定一些职位，并且鼓励小组成员轮流发言，从而提升学生的参与度。在学习中，学生要遵守课堂秩序，认真倾听他人的回答，提出自身的意见，以此来促进学生学习能力的提升。教师在合作学习中，要为学生建构出轻松愉快的学习氛围，鼓励学生勇敢发言，与教师、同学多加交流，以此来增加学生的学习信心，促进学生学习质量的提升。在和谐的环境中，有助于拉近师生之间的距离，让他们在相互尊重的氛围中进行学习。

五、有效运用生活化教学模式

(一)生活化教学的原则

对于中学物理教学生活化来说,教师在教学中必须要结合生活实际,将学生的生活经验与物理教学融合在一起,从而充分提升学生的学习质量。生活化教学的原则主要有三方面:①坚持主体性原则,即教师在教学过程中,要坚持以学生为主体,对学生进行教学引导;②坚持实用性原则,即教师在生活化教学中,要重视教学内容,并且教学活动要始终围绕教学内容而开展,以此来让学生在生活化的学习中提升对知识的理解;③坚持趣味性原则,即在物理教学中,利用一些有趣的物理现象,激发学生的学习热情,培养学生正确的科学态度,以此提升学生的动手实践能力。

(二)生活化教学的意义

中学物理教学生活化将会激发学生的学习兴趣，让学生了解物理知识在生活中的应用,以及生活中的物理现象,从而让学生放松心态,利用轻松的心情来进行物理知识的学习,加深对知识的理解能力。同时,生活化教学将会提高学生的动手实践能力,而中学物理属于一门实践性较强的学科,因此教师必须要培养学生的实践能力。利用生活化的教学不仅能激发兴趣,还能还原物理的本质,即“从生活中来,最后又回到生活中去”。

(三)中学物理生活化教学的途径

在中学物理生活化教学中,教师必须要转变教学思维,将教学内容与生活相互接轨，选择一些生活中的内容来为学生进行讲解，让学生了解物理知识的有效运用,提高学生的兴趣。以“电功率”为例,教师可以鼓励学生去观察日常生活中的一些电器标签等内容,并且对其进行有效区分,之后对电功率的知识进行有效讲解,引导学生了解各个电器之间出现不同电功率的原因，以此来提高学生的兴趣。这样,学生主动学习,教师的教学效率也会有所提升。

教师要进行有效的课堂导入，不断激发学生的学习欲望。在中学物理教学中，具有很多抽象性的概念及理论知识，学生无法有效理解，因此会产生烦躁的心理。这时，教师可以利用生活化的知识来引导学生学习。例如，在日常的家用电器中，将会涉及很多的物理知识，如灯泡的串联、并联等。利用这样的导入方式，学生会对其产生兴趣，刺激学生学习物理知识的欲望。以“压强”为例，利用生活中的常识问题来引导学生学习：让学生观察自己背的书包带子，宽而扁，那么为什么不用一根又细又窄的麻绳来背？在商场买一个大西瓜，若用塑料袋装着提回去，你会有什么感觉？当你提到难受时，你是怎么做的？这样，学生将会对问题进行分析，从而不断思考。之后，教师引出“压强”的概念，让学生主动学习与思考，提升物理课堂的趣味性。

在教学中，要联系课堂内外，充分体现生活中的热点，以此来促进学生主动进行知识的学习。例如，在学习内燃机时，可与我国神舟十号飞船升空相联系。物理知识源自生活，教师要将课堂内外的知识进行全面的联系，在课堂教学中将生活知识体现出来，让学生了解生活中的物理现象，巩固知识体系。比如，教师在汽化、液化知识的讲解中，可以列举生活中的问题：刚刚出锅的鸡蛋，用手触碰一下发现比较热，但过一会儿，用手再碰一下，发现鸡蛋更烫。教师对生活中发生的现象进行讲解，让学生的兴趣得到激发，让学生积极了解生活中的物理小现象，从而增加学生的学习兴趣。

六、有效运用实验教学策略

目前来看，实验教学是物理教学的特点。它可以将物理还原于生活，将知识与技能相结合，促进学生学习效率的提升。在中学物理教学中，实验教学属于十分重要的一个环节。利用实验教学，将会有效促进学生所学知识与实践相结合，不断加深对知识的理解，促进学生学习效率的提高。在新课程改革下，对中学物理实验的要求越来越高，对其的重视度也逐渐提升。然而，现今个别教师在教学中却忽视了实验教学，导致实验教学较为滞后。产生这种现象的原因主要有三种：一是教师的实验教学观念不足，在课堂教学中仅仅是进行理论教学，忽视了实验的重要性，没有让学生走进实验室进行学习；二是学校的实验室设备较为陈旧落后，没有及时更新，导致实验教学无法充分满足学生的学习需求；三是一些实验室没有及时更新，无法做到与时俱进，导致实验器材与新版物理教材中的规定不符合，影响了实验教学的质量。

（一）演示实验的充分利用

作为以实验为基础的学科之一，物理实验教学可以帮助学生获得感性知识，发现物理规律。所以，这就要求教师采取有效的措施来完善物理实验教学，充分提升学生对物理知识的理解，将理论知识与实践知识相融合。演示实验是物理实验教学中的重要组成之一。关于演示实验，实质为利用演示方式，将物理知识讲授出来，在演示的同时，使学生思考、分析。区别于传统的在实验室实验方式，演示实验更注重在教学目标的指导下，以教师为主体，要求学生积极参与。但需注意，中学物理教学本身有学生人数多、课时紧张的特点，演示实验容易出现演示现象难以观察、演示效果较差等问题。而部分教师为节约课堂时间，很可能通过板书形式，完成演示实验过程，导致整个教学过程停留在“纸上谈兵”的层面，失去演示实验的目的。因此，在演示实验策略应用中，教师需要充分抓住中学生的心理特点，使演示的物理实验更具趣味性，有助于物理实验目标的实现。以“大气压强”实验为例，在实验过程中，教师可取干净塑料饮料瓶，置于口中后吸气，可发现瓶身变瘪。同时，取同样的塑料饮料瓶，将热水灌入其中并拧紧瓶盖，并在此基础上浇上冷水，可发现瓶身变瘪。许多学生在观察两个塑料瓶变化后，都会因有过类似的经历而产生浓厚兴趣，但却不知如何解释。此时，教师便可引导学生结合实验现象，利用物理知识解释。例如，第一个塑料瓶因瓶内气体被吸出，外界气压大于瓶内气压，出现瓶身变瘪的情况；而后一个塑料瓶，在水蒸气遇冷后，会因液化凝结而使气压降低，外界气压大于瓶内气压下，便导致瓶身变瘪。通过这种演示方式，学生便会加深对物理实验的印象，掌握其中的物理知识。

（二）自制实验条件的创造

大多中学生在实验操作上都具有强烈的欲望，但由于学校条件有限，不具备充足的物理实验条件与相应的实验仪器，所以可动手做实验的机会较少，主观能动性受到制约，更无从谈及培养创造能力。对此现状，教师应创设相应的实验条件。正如朱正元主张的“坛坛罐罐为仪器，拼拼凑凑做实验”，即使简单的器材，也可用于物理实验，这样对帮助学生提高动手操作能力、掌握物理知识可起到突出作用。以“压强实验”为例，教师可让学生用身边削尖的铅笔做实验：第一次，用两食指同时顶住笔尖和笔尾，两手的感觉一样吗？哪个更痛？为什么？若只观察感受与笔尖接触这个手指，一次轻轻用力，一次用较大的力，两次手的感觉一样吗？哪次更痛？为什么？这样，既可以用简单的器材，又能形象生动地让学生体验实验，还可以让他们掌握物理学的一种研究方法——控制变量法。再以“流体压强与流速关系的实验”为例，教师可创造的实验条件极多，如引导学生通过吹气球、吹乒乓球、吹纸片等方式来完成实验。这样，既可使学生积极参与，也有助于知识的掌握。

（三）分组实验方式的应用

分组实验教学是一项有效的物理实验教学模式，教师可结合学生的实际情况、实验内容，对学生合理分组，目标在于通过合作探究，使学生对物理知识的掌握更为牢靠，加之对物理知识形成过程的感知，对知识的印象将得以增强。需注意的是，分组实验方式应用下有相关的要求，如学生需对实验目的、实验原理、实验要求与实验方法充分理解，并主动通过合作探究的方式完成问题的解决。这样，既可以帮助学生培养科学严谨的实验态度，也有助于不良习惯的纠正。以“透镜”为例，在教学过程中，教师要求每组学生对光传播的路径进行观察，并判断凸透镜是否对光有会聚作用，同时采用同样的方法对凹透镜的使用进行观察。当各组学生完成实验后，需要将实验现象、切身感受与发现的规律表达出来。这样，不仅可以提高学生的积极性，培养学生团结协作的精神，还不浪费时间，取得的教学效果极为明显。

（四）课外物理实验的拓展

中学物理实验课程本身具有开放性特征，仅依托于有限的课堂时间，是很难保证实验有效性的，所以这就要求做好课外实验延伸工作。尽管课外实验不受课时限制，但不可随意设置，教师可根据教学进度、教学要求，分阶段将课外实验清单提供给学生，由学生自主完成实验，或直接选取自主探究的实验形式。以“声音的传播”为例，可鼓励学生自主实验，如“土电话”的制作；或在“光的直线传播”课程后，由学生自主进行“小孔照相机”的设计。通过这些课外活动，学生除了掌握基本的物理知识外，创造潜能也因此得到激发。“教无定法，贵在得法”，在中学物理实验教学过程中，应在教学策略方面不断创新，使学生在物理实验方面的积极性得以调动，主动参与到学习活动中，使创新思维得以培养的同时，达到物理教学的目标。

七、有效培养学生的问题意识

在中学物理教学中，教师要充分培养学生的问题意识，提升学生的思维判断能力。同时，教师要充分培养学生爱问问题、敢问问题的意识。在传统的教学中，学生仅仅是适应了教师提问、学生回答的教学方式，即学生根据教师的问题寻找答案。然而，这种学习方式导致学生学习十分被动，学生缺乏学习的积极性，并且学生对知识的理解也不够深入。针对这种状况，教师必须改变传统的教学观念，将课堂提问的权利交给学生，让学生能够针对教学内容进行提问，然后由教师来进行解答。所以，这就需要教师为学生创设有效的发问条件，营造一个轻松的课堂教学氛围，以此来促进学生主动学习。同时，教师要不断鼓励学生，让学生敢于提问。而对学生提问的问题，教师必须要认真倾听，并给予解答，这样将会给予学生很大的鼓励，以此来促进学生物理探究能力的提升。教师针对学生提出的问题要做出暗示,可以对学生进行分组,以此来组织学生进行相互探究,让学生针对不同的问题进行探讨。针对一些小组无法解决的问题,则是拿出来让全班同学一起进行探讨。此外,教师要对学生进行引导,学生合理的提问能够改变学生的学习思维,促进学生主动学习能力的提高。

在课堂教学中,爱提问题、敢提问题的意识是逐渐培养出来的。因此,教师在教学中要紧紧围绕物理教学内容,让学生能够进行合理的提问,不断促进学生善于提问及会提问。同时,引导学生提出有意义的问题,让学生把握课堂提问的主动权。教师在引导提问过程中,必须要具备较强的情感,对待每一个学生都要平等尊重,对学生提出的问题要有效处理,不能因为学生提出的问题较为浅显而歧视学生。尤其是针对一些学习基础较差的学生,教师必须要对其进行耐心的解答,这样才能不断提升其信心,提高其学习能力,促进物理学习兴趣的激发。在学生的提问中,教师必须对学生提问中的意义进行深入挖掘。教师要认真分析学生提出的问题,结合学生提出的问题,了解学生对知识的掌握情况,从而采取有效的措施,对学生进行教学活动。教师要鼓励学生将不懂的物理概念提出来,之后引导学生进行答案的寻找。在这个过程中,学生也会提问很多的问题,教师要耐心引导学生,一步一步进行答案的寻找,以此来充分提升学生的自学能力和思考能力,促进学生学习效率的提升。

八、有效运用分层教学模式

(一)实施中学物理分层教学策略的重要性

在实际教学活动中,分层教学主要是指教师在课堂教学中结合学生的实际学习情况和课程教学目标,将学生分成不同的层次,制订不同的教学目标,实施不同层次的教学方法。在此环节中,还需要根据学生的学习能力,进行不同层次的辅导与检测,进一步提高学生的学习能力和学习效率。在中学物理课堂教学活动中,对于中学物理分层教学策略的实施,从其内涵来看,在很大程度上体现了因材施教的教学原则,符合我国新课程教学的标准。为了有效地提高中学物理教学的效率,中学物理教师结合实际的教学情况,深入探究如何实施物理分层教学策略,激发学生参与物理课堂教学的积极性,是中学物理教师必须重视的一个问题。我们都知道,在新课程改革的发展背景下,中学物理教学的教学内容与教学标准都发生了一定的改变。如何结合物理课程教学的目标和学生参与课堂学习的状态,有效地实施分层教学,具有十分重要的发展意义。在新课程以人为本的指引下,中学物理教师需要在教学过程中坚持面向全体学生,有效地实施分层教学策略,促使物理课堂教学活动更加符合学生的实际学习需求。在实施中学物理分层教学的过程中,物理教师要根据学生的认知能力、学习基础、学习潜力,科学、合理地将学生分成学习小组。同时,要注意教学目标的分层、教学实施过程的分层、作业的分层与评价的分层等内容。因此,在中学物理教学活动中,重视中学物理分层教学策略的实施,引导学生全面学习物理知识,对学生未来的发展是非常重要的。

(二)中学物理分层教学策略

在中学物理教学过程中,由于受传统教学模式的影响,物理课堂教学中仍存在很多的问题。中学物理教师如何针对教学中存在的问题,进行深入的分析,并及时地采取有效的措施,是提高学生学习效率的重要前提之一。为了全面地实施中学物理分层教学策略,物理教师需要制订一系列的教学计划,科学、合理地将学生划分为不同的小组,并采取不同的教学方法,因材施教地进行教学。在实际教学活动中,中学物理分层教学策略的主要内容包括分层确立教学目标、分层授课、分层设计练习与分类评价学生作业等内容。因此,中学物理教师在进行教学的环节,应充分重视分层确立教学目标、分层授课、分层设计练习与分类评价学生作业等内容。

1.要确立分层教学目标

根据课程大纲与学生的学习基础,要合理地确定教学目标,并对教学目标进行分层设置。分层确立教学目标,需要物理教师在分析学生学习能力的基础上,结合具体的教学内容,在遵循全体学生达到教学大纲要求的基本目标的前提下,允许有余力的学生超过课程目标去学习。通过开展分层教学的方式,明确目标层次和各类学生学习的实际需求相适应,促使不同学习起点的学生都能够通过努力实现自身的学习目标。例如,在物理课堂教学活动中,对于C等学生,教师需要通过教学活动,明确学生是否真正认识了课堂重点知识的概念,并引导学生理解学习的重点知识;对于B等学生,教师需要明确学生在认识了基本的理论概念的基础上,知道如何应用理论知识去解决实际的问题;对于A等学生,在前两个等级教学要求的基础上,还应要求学生独立地完成实验探究活动,并提出问题,做出有效的解答。长此以往地发展下去,学生可以通过分层教学的策略,及时地认识到自身存在的学习问题,及时向教师进行求教,在最短的时间内,不断提高自身的学习能力和学习效率。因此,在中学物理教学中,重视分层确立教学目标,具有一定的积极意义。

2.要进行分层授课

在中学物理教学中,分层授课作为中学物理分层教学策略的内容之一,是中学物理教师需要重视的一部分教学内容。由于中学物理知识的学习具有一定的难度,物理教师应时刻关注学生的学习情况,及时调整教学计划。同时,物理教师应引导物理学习较差的学生以模仿性学习为主,引导学生从模仿中慢慢探究物理知识学习的规律,逐渐提高自身的学习效率。对于物理学习基础较好的学生,物理教师应通过提出教学任务的方式,引导其学习物理知识,采用任务驱动法进行教学,鼓励学生进行自主探究学习。此外,在此教学环节,还可以引导学生结合多媒体、课本和图片等形式,努力完成教学目标。通过一段时间的学习,物理教师可以针对不同层次的学生进行教学成果检测。例如,在物理课堂教学之余,抽出一部分时间进行课堂知识同步检测,通过考试题的方式,了解学生一段时间内的学习成果,并以此为基础,调整物理分层教学的方法,更好地促进学生学习物理知识。

3.要进行分层设计练习

在实际的学习过程中,对于中学物理课程的学习而言,物理教师在完成课堂教学设计的基础上,还需要进行分层设计练习。传统教学模式下,物理教师往往在课堂教学活动结束后，给学生统一布置课后练习题，以检验学生的课堂学习活动成果。但是,统一布置的课后练习题不利于优生和后进生提高自身的学习能力,甚至在很多时候,很多物理知识基础较差的学生不能在短时间内完成练习题,影响其学习物理知识的积极性。为了避免这一学习问题的出现,在分层设计练习中,要优化中学物理课后练习的方式，为学生营造良好的学习氛围，使之可以轻松地进行学习,并主动参与到物理课堂教学的活动中。久而久之,学生在学习物理知识方面,就会养成良好的学习习惯和提高学习效率。因此,在高中物理教学活动中,重视分层设计练习对促进学生学习具有十分重要的意义。

4.要分类评价学生作业

在实践教学活动中,分类评价学生作业是初中物理分层教学策略之一。在中学物理教学中,分类评价学生作业主要是对好、中、差作业的评价不按照一个标准进行。通过这种方式,可以鼓励学生积极参与物理课堂教学活动,并培养学生的学习信心。在进行分类评价学生作业的环节,物理教师针对优生的判分标准可以严格一些,而在完成作业时间、方式方面,对中等生、后进生都可以适当地宽松一点。其中,对于物理学习的后进生,只要其做对基本的作业,就可以给学生满分,帮助其树立一定的学习自信心,而且在做对选择作业的情况下,可以给其适当地加分。同时,物理教师要深入分析分类作业中出现的问题,帮助学生找到问题的原因,引导学生在最短的时间内解决问题，并学会如何将知识运用到实践活动中，不断提高自身的学习能力与解决实际问题的能力。

九、有效运用微课教学模式

随着我国新课程改革进程的有效推进，中学物理教学的教学模式和教学方法也发生了一定的改变。为了有效提高中学物理课堂教学效率，教师应结合新课程改革的标准和学生的实际学习能力，运用微课教学的方式，解决以往教学中存在的问题，在很大程度上提高学生的学习效率。中学物理教学中的微课教学又被称为“反转课堂”，主要是指在物理教学的环节中，教师会使用一定的有利条件（信息技术条件），呈现碎片化的学习内容，促进学生物理学习活动的有效开展，促进分层教学活动的开展，逐渐帮助学生掌握物理知识的学习规律。中学物理教学中，微课教学的开展有利于物理教师为学生营造良好的学习氛围，并因材施教，遵循新课程改革的教学理念，为学生以后的发展奠定坚实的基础。

在中学物理课堂教学中，微课为物理教学活动提供了一个新的思路，激发了物理课堂教学活动，而且其数字格式的视频打破了时间、空间的限制，在学生需要学习的时候，提供了极大的帮助。同时，中学物理教学中，微课教学的运用通过视频的方式，向学生展示了物理知识、物理实验的演示过程，极大地帮助学生理解了物理知识，加深了知识的巩固和延伸拓宽，对提高学生的物理学习能力发挥了很大的作用。在中学物理教学中，物理教师需要时刻关注学生的学习状态，有效地发挥中学物理教学中微课教学运用的优势，并重视其运用探究，对培养学生良好的学习习惯，提高中学物理课堂教学活动的有效开展，具有非常重要的发展意义。

在中学物课堂教学活动中，微课教学的运用在很大程度上促进了学生学习，使学生更加积极、主动地参与到教学活动中，激发了学生学习的热情。在中学物理教学的微课教学运用环节中，物理教师需要充分认识到微课教学方式的优势，按照新课程标准与教学实践,以视频教学为载体,有效地记录课堂教学的重点知识和难点知识,精心设计教学课件,使学生可以更加全面地感受到参与物理课堂学习活动的乐趣。在通常情况下,中学物理教学中微课教学的运用策略主要是指:课前预习,激趣为主;重、难点教学,兼顾预设与生成;化繁为简,变抽象为具体;强化实际化的设计,完善教学方式;强化系列化的使用,巩固学生所学的知识等内容。物理教师在开展具体的教学活动过程中,应充分重视微课教学的运用策略。

(一)进行课前预习,激趣为主

在实际教学中,课前预习以激趣为主,是中学物理教学中微课教学运用的策略内容之一。一般情况下,微课短小精悍,一个话题、一个知识点或一个实验都可以针对学生的实际学习问题进行精心的设计,帮助学生解答物理知识理解方面存在的问题。在中学物理教学微课教学的运用中,课前预习以激趣为主主要是指中学物理教师在课前应引导学生通过观看微课视频课件的方式,进行一定的课前预习活动,通过预习的方式,激发学生深入学习物理知识的热情,再通过课堂教学的情境创设,促使学生迅速地进入学习状态,帮助学生实现学习的目标。因此,在中学物理教学活动中,教师应充分重视帮助学生实现学习的目标这一内容,并不断优化物理课堂教学方式,更好地促进学生获得进步。

(二)对重、难点进行教学,兼顾预设与生成

在中学物理课堂教学中,重、难点教学兼顾预设与生成,作为中学物理教学微课教学运用策略中不可缺少的内容,是教师进行教学活动关注的重点。在采用微课方式的时候,需要明确微课视频的录制具有一定的前瞻性,因而教师应充分估计学情,做好预设,并注重学生知识的生成。在开展物理教学的环节,物理教师可以结合课堂教学的重、难点知识,精心设计视频课件,将重、难点知识进行一定的分层演示,帮助学生由浅入深地进行学习,使学生可以在最短的时间内理解知识。通过这

样的方式进行教学，可以促使学生养成良好的学习习惯。在物理知识学习方面遇到问题的时候，尝试通过自主探究学习的方式得到答案，可以逐渐提高学生自身的学习能力和探究能力，而且对其以后的发展具有很大的帮助。

（三）化繁为简，变抽象为具体

在实际教学环节中，化繁为简，变抽象为具体，可以促使物理教师帮助学生在最短的时间内理解知识。在中学物理课堂教学活动中，通过微课教学的方式，将物理知识化繁为简，变抽象为具体，可以在很大程度上降低物理知识的学习难度，促使学生相对轻松地进行学习。同时，中学物理教学中，微课教学的运用可以使学生通过微课教学的方式，观看物理实验的演示过程，学会如何运用知识，进而促使学生主动尝试物理实验探究活动。中学物理课程的学习离不开实验探究活动，学生只有充分认识到这一点，才能更加有效地学习物理知识。

（四）强化实际化的设计，完善教学方式

在中学物理教学活动中，强化实际化的设计，完善教学方式，是中学物理教学中微课教学运用的策略内容之一。强化实际化的设计，完善教学方式，要求物理教师结合课堂教学的需求与学生的学习能力，精心地设计、准备教学课件，并通过添加实验演示的过程，帮助学生了解一些重要的物理现象，使得学生可以更加深入地感受物理知识学习的趣味性。因此，在实际教学活动中，物理教师应充分重视中学物理教学中微课教学的运用策略探究，并强化实际化的设计，完善教学方式，帮助学生更好地学习物理知识。

（五）强化系列化的使用，巩固学生所学的知识

在实践教学活动中，强化系列化的使用，巩固学生所学的知识，是物理教师必须重视的一项教学活动。在物理课堂教学中，通过微课教学的方式，物理教师应将关联性较密切的知识点进行简要的总结，同时强化系列化的使用，巩固学生所学的

知识，使学生可以在最短的时间内理解、学会新的知识，并掌握一定的物理知识学习方法。强化系列化的使用，引导学生对知识点进行有效的归纳，巩固学生所学的知识，可以促使学生不断提高学习效率，养成深入探究物理知识的习惯，对其以后更加深入地学习物理知识具有一定的发展意义。

十、多媒体优势的发挥

教学现代化是当前教育发展的重要理念，适用于中学物理教学。由于中学物理实验内容部分表现为极慢或极快的物理过程、微观或宏观的物理过程，所以通过演示实验方式，很难达到知识传授的目标，因此该问题的解决便可通过多媒体教学方式来实现。从多媒体教学的优势来看，可直接突破时空限制，利用缩小或放大场景的方式进行模拟，生动地将物理过程呈现出来。以通电线圈磁场为例，其本身为较为抽象的物理问题，而利用多媒体模拟，可以将其变得更为形象。再以托里拆利实验为例，若直接实验，则将面临水银有毒的情况，而在多媒体演示下，能够解决局限于以板书讲实验的弊病。

第三节　中学物理有效教学案例

笔者从教多年，在不同学校工作过，担任过不同层次学生的教学。在本次研究中，则以大弯中学近几年的教学活动中的三篇教学设计案例为例，阐述笔者在中学物理教学活动中对有效教学策略的研究。

一、案例分析一

本次案例以教科版八年级上册第四章第三节“平面镜成像”的教学设计为例，

并以新课程改革下的分层教学模式和实验教学模式为例，进行分析与探讨，利用分层教学模式和实验教学模式有效提升中学物理课堂教学的有效性，促进所有学生对物理知识的学习。

【教学准备阶段】

一、目标设计

A层次学生教学目标：有效指导小组进行平面镜成像特点的探究实验，总结相关的规律，并且对平面镜成虚像有所了解，能够正确解释生活中平面镜成像的现象，同时对一些简单的问题及时解决，本节练习能够轻松地完成。

B层次学生教学目标：可以与其他组员合作完成平面镜成像实验，同时对相关成像的原理和特点进行总结；要了解虚像的形成及概念，对生活中平面镜成像现象有所了解，能正确完成本节课后练习。

C层次学生教学目标：在平面镜成像实验中，可以对成像的原理特点进行了解，并且掌握虚像形成的特点，对日常生活中平面镜成像现象进行理解，同时在完成课后练习中巩固知识内容。

二、课前学案

教师可以在前一天向学生平板电脑发送自己制作的微课资料和分组的实验器材，微课中有各个层次的教学目标，以及教学内容中有学生生活事例的资料，如小猫照镜子、潜望镜、拱桥的倒影图、哈哈镜等，让学生对新课知识产生兴趣及好奇心，促进学生主动参与到知识的学习中。

三、教学难点

平面镜成像特点探究实验，以及虚像的概念。

四、实验器材的准备

包括小平面镜若干，每组分两块；模拟平面镜成像特点的器材若干，每组分两套;学生自行准备刻度尺,两只完全相同的蜡烛与火柴。

【教学过程】

一、新课导入

在新课导入阶段,教师要精心为学生创设有效的物理教学情境。例如,笔者制作了一个京剧脸谱,对折后放在平面镜前。如此,学生看到一张完整的脸谱呈现在镜前,以此来促进学生在情境中产生对知识学习的兴趣,从而主动进行物理知识的学习,促进师生之间的合作。同时,在导入环节中,教师要为学生介绍实验的器材,并对学生进行合理的分组,让学生提出自身的猜想与设计,以此来展开教学。

二、教师提问

①为什么人能看到不光(表面粗糙)的物体?

②光的反射规律是什么?

在进行新课的导入过程中,教师可以为学生设置一个照镜子的游戏,两人一组,其中一个人当作物体,另外一个人当作镜子中的像,两人相对而站。当物体的人开始做一些动作时,另外镜子中的人则是进行模仿。在这个游戏的过程中,两个学生的动作很容易出现一些错误,这样将会有效吸引学生的注意力,并且思考为什么产生这种现象。同时,教师顺势进行讲解,从而让学生了解平面镜成像的特点及相关的规律。

对于课堂教学来说,其中最为重要的一点内容便是课程导入的设计。有效的导入方式将会提升课堂教学的效率。而教师利用游戏教学的方式进行导入新课,可以激发学生的学习兴趣,活跃课堂氛围。同时,在游戏中,利用平面镜成像的特点可以为虚像的讲解打下基础。在进行提问时,教师可以多选择一些C层次的学生进行回答,拉动C层次学生进行学习,并对其进行鼓励,以此来不断提升其学习物理知识的信心。

三、实验探究环节

中学物理教学属于一门实践性较强的学科。在分层教学的要求下，教师必须针对各个层次的学生进行合理的设置，让学生在实验的操作中进行理论知识的理解和检验，从而充分促进学生对知识的理解。学生在实验中将会提升探究能力，进行知识的分析与总结，最终有效提升学生的团结合作能力。在学生实验过程中，教师要充分参与其中，与学生进行交流，并且在巡视中要不断鼓励学生，尤其是针对C层次学生，要鼓励并为其树立信心，对其多进行引导，从而提升C层次学生的学习积极性，促进学生主动参与到课堂的学习中。在学生实验过程中，教师要让学生对实验的现象与实验的过程进行全面的记录，将遇到的问题记录下来，在最后的讨论总结环节寻找答案。

四、总结发言

在该环节，主要是让学生进行实验结果的探讨，对初步得出的结论进行分析，从而查看实验结果是否正确。教师要让各个小组选出代表，对自身小组的成果进行展示和发言，之后针对学生的问题进行引导，让学生深入思考，理解知识的本质。

五、分层练习

在练习的环节，主要是促进学生对知识的巩固与创新，从而不断加深学生对物理知识的印象。针对A,B,C三个层次的学生，教师要结合各个层次学生的实际特点，设置出难度适中的练习题。其中，A层次学生要进行探索性练习题训练，在练习题中不断进行知识的探索与延伸。所以，教师要为其设置一些创新型习题，来不断提高学生的创新能力，促进学生的进步。B层次学生则是进行提高性练习题训练，在进行练习中有效提升自身的能力，逐渐进行知识的深入性研究，提升学习效率。而对C层次学生来说，则是进行基础习题的练习，在进行习题练习中掌握基础知识，并且对其进行巩固，从而不断提升学习能力。在学生进行习题练习的过程中，对一些完成能力较好的学生,教师必须及时进行表扬;对一些问题较为复杂的习题,要引导学生解答。教师要随时观察学生的习题完成情况,以便发现学生存在的问题,及时进行处理,从而提升学生的课后练习效率。

【归纳总结】

在课后总结环节,不能让教师自行进行总结,而要让学生对所学的内容进行归纳与概括,同时要多让C层次的学生进行发言,利用较为简洁的语言来进行课程内容的总结。之后,让B层次和A层次的学生进行补充与完善,对知识进行系统的归纳,并且进行知识的探索与延伸。在这个过程中,教师要锻炼学生的总结及归纳能力,提升学生的语言表达能力。另外,教师可以设置一些较为有趣的问题来让学生进行思考,可以让学生在课后寻找答案,从而激发学生探索物理知识的兴趣。教师可以提问:“同学们,物体在互成直角的两面平面镜前可以成几个像?”这样,学生在教师的提问中,会在课下进行问题的思考,主动分析,有效促进知识的延伸,提高学习效率。

二、案例分析二

本次案例主要以教科版八年级下册第十章第四节“沉与浮”为例,对生活化教学、实验教学、多媒体教学等有效教学策略进行了研究与设计。

【学习目标】

1.知识与技能

理解物体的沉浮条件,知道鱼、潜水艇、飞艇和密度计的沉浮原理,能应用沉浮条件解释一些简单的问题。

2.过程与方法

通过实验,观察鸡蛋的下沉、上浮和悬浮,使学生建立起三种状态的概念,并且通过逻辑推理,得出产生三种状态所需的条件;通过逻辑分析的方法,解释鱼、潜水艇的浮沉原理；通过动手操作，让学生自己制作“自制潜水艇”和“热气球”；通过网上查阅，让学生设计出打捞中山舰的方案。

3.情感态度与价值观

通过对鱼、潜水艇和热气球这些与日常生活紧密联系的现象的学习，让学生体验科学、技术与社会的紧密联系；通过制作“自制潜水艇”和“热气球”，激发学生学习物理的兴趣；通过学习阅读材料，培养学生的民族情感。

【重点和难点】

重点：物体的浮沉条件。

难点：物体的浮沉条件。

【教学过程】

一、物体的沉与浮

提问：浸在水中的物体，有的上浮，有的下沉，这是为什么呢？

学生提出各种解释。

教师：今天的课上完以后，你们就能解决这个问题了。

演示实验：取一只新鲜鸡蛋，放在清水中，观察它在水中沉浮的情况；向水中慢慢加些盐，并轻轻搅拌，观察鸡蛋怎样运动；如果再加些清水，继续观察现象。

提问：鸡蛋放入清水后，它是上浮还是下沉？

学生观察并回答。

提问：加盐轻轻搅拌的目的是什么？

教师引导学生得出搅拌的目的，一步步让学生明白加盐水是为了改变液体的密度。

盐溶于水后，变成盐水，密度比水的密度大；加盐，会导致液体的密度增大。

提问：随着不断地往水里加盐，有什么现象出现？

学生通过观察发现,鸡蛋上浮了。对此,有的学生很吃惊。

这样,教师一步步引导学生,让学生分析出现这种现象的原因。

二、认识三种状态

鸡蛋处在液体中的三种状态如下所示。

下沉:浮力<重力。

上浮:浮力>重力。

悬浮:浮力=重力(平衡)。

让学生了解这三种状态。

三、生活中的下沉与上浮

对海洋生物来说,浮力非常重要。在浩瀚的海洋中,许多生物用不同的方式创造沉与浮,这是一个精彩的世界!展示各种海洋生物图片。那么,我们来看看鱼是怎样使自己在水中自由地上浮、下沉和悬浮的?

鱼同上面的鸡蛋一样,重力没有发生变化,而且只受到重力和浮力的作用。其中,重力没有变化,那么就是浮力变化了,而鱼是通过鱼鳔改变自己的体积来改变浮力的。鱼鳔较小时,鱼所受的浮力小于重力,鱼下沉;鱼鳔较大时,鱼所受的浮力大于重力,鱼上浮;鱼所受的浮力等于重力时,鱼可以在水中任意的深度游动。

整理自己的思路,用符号描述你的思维过程,写出鱼在哪种条件下处于下沉、上浮或悬浮三种状态。

四、潜艇与热气球

1.最早的潜水艇用于军事侦察和袭击,现在也用于深海考察,为开发海洋,获得新资源提供信息。

链接到凡尔纳的潜水艇图片,以及另一个仿生学的例子——潜水艇(潜水艇的水舱相当于鱼鳔)。凡尔纳在《海底两万里》中预言了潜水艇的出现。

2.潜水艇是怎样实现上浮和下沉的？

潜水艇只受到两个力的作用，即重力和浮力，而且潜水艇的水舱体积是不变的（这一点与鱼鳔不同），则潜水艇排开水的体积不变。若潜水艇处于同一液体当中（即排开液体的重力相等），那么浮力是不变的。而浮力不变，只可能是重力发生变化，引起了潜水艇的下沉、上浮和悬浮。潜水艇有两个水舱，可以用人工的方法向水舱中压入和排出水。潜水艇通过向水舱中压入和排出水，能改变潜水艇的重力。人工向水舱中压入水，直到重力大于浮力的时候，潜水艇下沉；人工从水舱中排出水，直到重力小于浮力的时候，潜水艇上浮；当重力与浮力相等时，潜水艇悬浮。

3.整理自己的思路，用自己的语言来描述一下潜水艇下沉、上浮和悬浮的状态，你可以用“”来表述你的思维过程。

学生自己整理自己的思路，并写在纸上，逻辑推理的思维再次得到强化。

五、分析比较

1.提问：鸡蛋、鱼和潜水艇都会在液体中下沉、上浮和悬浮，那么它们都是用同样的方法处于这三种状态的吗？

鸡蛋：由于鸡蛋浸没液体的密度发生了变化，所以引起了浮力变化。

鱼：通过它的体积发生变化，引起浮力变化。

潜水艇：通过改变自身重量来实现上浮和下沉。

2.同学们自己归纳一下，总结出它们有什么区别和共同点。

学生自己思考。

3.介绍热气球的沉浮原理。

运用我们学过的知识，解释热气球的沉浮原理。

解释热气球为什么会升起来。假如由你来设计一个吊篮的热气球，那么为了使它能降回地面，你打算采用什么办法？

六、课堂小结

1.了解三种状态:下沉、上浮和悬浮。

2.三种状态产生的条件:第一,下沉,重力大于浮力;第二,上浮,重力小于浮力;第三,悬浮,重力等于浮力。

3.用学过的知识解释鱼、潜水艇和热气球的沉浮原理。

七、板书设计

略。

八、布置作业

让学生自己设计打捞中山舰的方案,填写到书上的表格中。

【教学反思】

教师在课堂小结中,要帮助学生进行课程的总结与回顾,对知识点进行全面的理清,让学生去梳理知识的结构,让学生检验这节课的教学目标是否达成,以此来进行有效的反馈和反思。若是一些学生对教学内容存在不理解的问题,那么教师可以进行课后辅导,以此来不断提升学生的知识,巩固其能力。

在该教学设计中,教师利用实验加生活化的模式,选取生活中的实际案例,同时利用实验教学模式,为学生展示实验,让学生在实验中观察现象,并且利用多媒体信息技术,不断促进学生对知识的理解,通过在知识探讨中的合作教学,让学生教学生。这不仅可以提高学生的学习兴趣,加深学生的学习印象,还可以与历史结合,提高学生学习知识的效率,培养学生的民族自豪感。在课后练习中,又采用分层演练的模式,让不同学生都获得成功的喜悦,使物理教学的有效性得到发展。

三、案例分析三

本次案例以"牛顿第一定律"为例,主要针对教材的分析、三维目标的确定、培养学生的问题意识,以及渗透德育教学、分层教学与实验教学等有效教学策略的实施来开展。

【教学目标设计】

按照新课程改革和教学大纲的要求，把牛顿第一定律的内容作为已知的知识，能运用牛顿第一定律解决一些简单问题，并作为技能目标，了解伽利略实验；通过实验，让学生的观察能力、思维能力得到提高，同时培养学生敢于质疑的态度和面对科学时严谨的科学态度，并用正确的方法去研究。

【教学建议】

一、教材分析

本节是教科版八年级下册第八章第一节的内容。这节内容在安排上，将牛顿第一定律和惯性放在一节。这样做，对初中二年级的学生和教师教学很不利。因此，笔者将其内容分为两节来完成。其中，第一节课主要学习科学探究的方法和培养学生敢于质疑与严谨的科学态度，初步学会用分析、概括、推理的方法得出牛顿第一定律的内容，能诠释牛顿第一定律，并能利用其定律解决一些简单的问题。

二、教学重、难点设计

推理得出牛顿第一定律，是重点，也是难点。

【教学过程设计】

一、引入

媒体动画：踢出去的足球越滚越慢，关闭发动机的火车会逐渐停下来。

生活中像上述的例子有很多。从这些现象来看，一个物体要运动就必须给它力，不给力就不运动。那么，物体的运动是否需要力来维持呢？你的观点是什么？学生分组讨论，即分成赞成需要力来维持的组队和反对需要力来维持的组队，两队由生活实例来展开辩论。正方同学提出了大量生活例子，举证得出物体要运动必须要有力。但反方同学只用了一个实验来说明，即在桌面上滚动的小球没有施加推力时，仍能前进。

分析:推力撤掉,小球还要向前运动,没有推力,仍可以向前运动,反驳了正方的观点。

教师总结:正方的观点就是有近两千年统治历史的亚里士多德的观点。现在,我们知道这个观点是错误的,那么用什么理由去驳斥它呢?

教师继续引导学生思考:小球在向前滚动的过程中,是否没有受力?

二、讲授新课

1.对于基础较差班级的同学,教师采用设置不同的问题,层层递进,引导学生不断思考,促进其物理素养的形成。

教师引导学生设计并演示实验摩擦阻力对物体运动状态有什么影响?

器材:小车、毛巾、棉布、木板、三角形小旗(做标记)。

学生分小组设计探究实验,并逐步引导,设置问题,培养问题意识。

思考1:运动的物体最后为什么会停下来?

思考2:摩擦力的大小与什么有关?

思考3:在压力一定时,可通过什么来改变摩擦力的大小?

思考4:可通过观察什么来显示不同大小的摩擦力对运动状态改变的快慢程度?

思考5:小车在不同表面运动的距离不仅与摩擦力的大小有关,还与小车的起始速度有关。为了排除,必须控制刚开始的运动速度,那么怎么获得相同的初速度呢?

教师逐步引导学生得出:让小车从同一斜面、同一高度自由滑下,目的是获得相同的水平初速度。

2.根据观察、分析现象,由一组展示、其他组提问的方式进行小组合作探究实验。

学生1:实验中,小车为什么最后都停下了?

其他学生:因为在水平方向上受到了摩擦阻力。

学生2:实验中,小车在毛巾上运动的距离最近,是因为什么?

其他学生:因为毛巾对小车的阻力最大。

学生3:小车受到的阻力会怎样影响其运动的距离?

其他学生:阻力大,运动距离短;阻力小,运动距离长。

学生4:若阻力为0,则小车将怎样运动?

学生这样你来我往,一个问一个答,加上教师再时时引导,就学生的活动推向高潮,既可以满足新课程标准把课堂还给学生的要求,也可以激起学生的学习兴趣,培养思维能力。

教师总结结论:这个结论就是伽利略推导得出的"运动的物体如果受到的阻力为零,那么它的速度将不会减慢,将以恒定不变的速度永远运动下去",即做匀速运动。

媒体播放:伽利略理想实验。

笛卡尔补充了"不受力时,运动物体不仅速度大小不变,而且运动方向也不变,将沿原来的方向匀速运动下去"。

牛顿补充了"静止的物体将保持静止状态"。

教师:在三人的结论上,你能概括出物体在不受外力时运动的规律吗?

学生七嘴八舌地回答,教师可找基础一般的同学回答,基础好的补充,以加深对定律的理解。

不受外力作用是条件(理想状态),结果是原来运动的做匀速直线运动,原来静止的始终静止。

教师(回应课前媒体):回想动画——踢出的足球、运动的火车最终停下来等生活事例,从表象上看,运动需要力来维持,现在我们可以用牛顿第一定律的观点正确解释这个现象了。

三、教师设置不同层次的练习,借助平板上传资料

略。

四、小结

略。

五、拓展

1.学习小组查阅资料,了解牛顿。

2.利用家庭实验室,个人或自由结组,对斜面小车实验进行再研究。

【课后总结】

本节课,教师利用多媒体将生活中的物理现象带入课堂中,体现多媒体教学的一些教学模式。在一堂课中,根据课程标准要求(即三维目标)和学生的综合能力,设置分层教学、合作探究等不同的教学模式,并启发学生从不同的现象中提出问题,对出现问题的两种观点进行辩论,再用实验去验证,同时在分析时不断提问,引导学生进行思考,从而分析、推理得出结论。最后,组织学生查阅科学史事,培养学生的科学素养;利用家庭实验室,培养学生的动手动脑能力。这些都可以促进物理有效教学的进行。

上篇

中学物理课堂有效教学的讨论

第一章 课堂导入环节有效教学的探讨

第一节 物理教学中课堂导入环节分析

“有效教学”理念产生于20世纪上半叶的西方教学科学化运动，并迅速成为当时极具代表性的教学理论。“有效教学”理论产生至今，备受广大教育研究者的关注，成为教育教学的主题。各项研究普遍证实了“有效教学”理念在教育教学中的重要地位。一直以来，为了促进有效教学的发展，众多学者对有效教学的特征、实施与影响因素等各方面进行了深入的研究，旨在指导教学实践，实现更优的教学效果。在我国的新一轮课程改革中，要求教师转变教育观念，改变教学方式、方法，使学生成长为全面、和谐、积极、健康的可持续发展的现代人。然而，新课程的实施受到许多不利因素的影响，如部分教师的教学思想陈旧、教学水平不高等。这些因素使教学效果不明显等现象仍然普遍存在于实际教学之中，难以实现学生的全面发展。而对有效教学的研究能够促进教师教学观念的改变，提高教师的教学水平，指导教学实践，促进课程改革，其重要作用是显而易见的。

《〈基础教育课程改革纲要（试行）〉解读》一书中指出，有效教学是为了提高教师的工作效益，强化过程评价和目标管理的一种现代教学理念。首先，此理念强调教师应当具有正确的教学观念，注重学生在教学中所取得的发展；其次，还要求教师重视教学效益，能够合理把握教学时间，在一定的教学时间内取得更多、更好的教学效果；最后，有效教学要求教师能够主动地、自觉地反思自己的教学行为，从而不断提高教学技能，促进自身的专业发展。只有教师充分认识和理解有效教学，掌握创设有效教学的方法，在已有教学环境和教学条件的基础上，科学合理地进行教学计划，安排教学过程，并通过不断教学反思，提高教学技能，才能提高教学的有效性。

在课堂教学中，各教学环节都是有效教学的重要组成部分。各环节教学的有效性高低都会影响有效教学的实施，对整体教学的有效性有着重要意义。从赫尔巴特的五阶段教学法和加涅的教学九环节中可以看出，课堂导入是引起学生注意、告知学生学习目标并激活学生相关原有知识经验的重要环节。教师精心设计的导入能抓住学生的心弦，立疑激趣，使学生情绪高涨，步入智力振奋的状态，有助于学生获得良好的学习成果。课堂导入作为课堂教学的重要组成部分，创设有效导入对有效教学的实施有着不容忽视的作用，其有效性的确保和提高是当前课堂教学研究中最值得关注的问题之一。

一、对中学教师的基本专业要求

为促进中学教师的专业发展，建设高素质的中学教师队伍，各国均对中学教师提出了基本的专业要求。例如，美国国家科学教师协会于 2003 年颁布的《科学教师培养标准》中指出，教师应当通过各种教学技术手段，在充分了解学生的原有知识经验、信仰等基础上展开教学；创设和谐的、有利于学生学习的教学环境；将科学教学与生活相联系，利用社会资源，促进科学教学；通过多样化的测评手段，判断教学是否实现教学目标，是否满足学生需求，并通过测评，不断改进自己的教学等。美国新泽西教育部于 2004 年 7 月发布了《新泽西教师及学校领导专业标准》，此专业标准对教师的教学行为、专业知识与专业修养等提出了要求:教师应当掌握多种教学方法和教学技术;应当认识到学生原有知识经验对学生学习的影响,通过对科学概念进行多样化的解释和说明,将其与学生原有的知识经验有效地连接起来;了解学生是如何建构知识、掌握技能和发展思维的,从而运用多种教学策略促进学生学习;不断学习教育理论,从而针对学生不同的智力和认知情况进行教学;掌握改进教学方法的途径,从而促进学生的发展等。英国教育部于 2012 年 5 月发布的《教师标准》中指出,教师应当激发学生的学习欲望,激起学生的学习热情;知道何时采用科学的、正确的教学方法,保证学生的有效学习,确保课堂教学的有效性;下意识地改进自己的教学,提高自己的专业技能等。

近年来,随着时代的发展,我国对中学教师的专业要求也在不断提高,并进一步地细化与系统化。我国教育部根据《中华人民共和国教师法》及《中华人民共和国义务教育法》,于 2012 年 2 月 10 日特制定了《中学教师专业标准(试行)》(以下简称《专业标准》)。《专业标准》对中学教师提出了明确的合格标准,并做出了具体的要求和规定,反映了国家对中学教师和中学教育的高度关注和重视。《专业标准》是对合格中学教师的基本专业要求,是中学教师开展教育教学活动的基本规范,是引领中学教师专业发展的基本准则,是中学教师培养、准入、培训与考核等工作的重要依据。《专业标准》对中学教师应具备的各项能力进行了具体的阐述和说明,其中包括中学教师应当合理利用教学资源和方法设计教学过程;通过启发式、探究式、讨论式、参与式等多种方式,有效实施教学;主动收集分析相关信息,不断进行反思,改进教育教学工作;针对教育教学工作中的现实需要与问题,进行探索和研究等。

《专业标准》对教师的专业知识和教师的学科教学知识(Pedagogical Content Knowledge,PCK)做出了相应的要求。PCK 由斯坦福大学教授 L.S.Shulman 在 1986 年提出。PCK 的提出针对的是以往的一种情形:人们较多关注教师所掌握的学科知识和一般教育学知识,却忽视了它们之间的联系,这使得教师难以将学科知识有效地表征为学生能懂的知识,从而难以让学生真正掌握学科知识。这一情形表明,教师如何将学科知识表征为学生能懂的知识,应该受到关注,而 PCK 正是用来解释和解决这一问题的教师专业知识。全美教师资格鉴定委员会(NCATE)把 PCK 界定为教师通过学科内容知识和有效教学策略交互作用帮助学生有效学习的知识,这种知识要求教师在完全理解所教内容以及了解和掌握学生的文化背景、已有知识和经验的基础之上,运用多种方式进行教学。《专业标准》中对中学教师 PCK 的具体要求为:中学教师应当掌握所教学科课程标准,掌握所教学科课程资源开发与校本课程开发的主要方法和策略,了解中学生在学习具体学科内容时的认知特点,掌握针对具体学科内容进行教学和研究性学习的方法与策略。

对中学教师的基本专业要求,应体现在实际教学中的各个教学环节内。而物理课堂中的有效导入正是教师结合教学理念、教学策略、教育学知识及学科知识特点,并根据现实教学环境所进行创设的,是促进学生学习知识并实现学生发展的重要环节,能够促进有效教学的顺利展开。有效导入要通过教师运用正确的教学理念,合理利用教学资源,灵活采用教学方法进行设计,并针对现实问题不断实践与反思才得以实现。教师的专业知识、专业技能是实施有效导入的重要影响因素,而创设有效导入体现了对教师的基本专业要求。对有效导入的深入理解能够主动反思及创设,因而有效导入必然成为合格教师的必备能力。

二、教师专业发展的需求

教师专业自 20 世纪 80 年代提出以来,经过教育研究者多年的理论研究和实践探索,现已发展成教育界共同关注的话题。在我国,教师专业发展已成为教师教育改革的主流话语。教师专业发展不仅能促进教师更新自身的学科知识、教育理念和教育模式技能等,还有助于提高教育质量,促进学生的发展。众多教育研究者在对教师的专业发展进行研究的过程中发现,教师通过“反思”能够促进自身的专业发展。“反思”已然成为促进教师专业发展的重要手段,成为教师教学参与更为主动、专业发展更为积极的一种工具。教师的反思是指教师在教育教学实践中,以自我行为表现及其行为之依据的“异位”解析和修正,不断提高自身教育教学效能和素养的过程。教师个体对自己在实践中遇到的问题进行思考，寻求恰当的解决方式,这个反思过程使教师逐渐完善自身的素质,获得自我发展。

新一轮基础教育课程改革呼吁教师成为反思型教师，即要求教师在教学工作中主动反思,善于反思,并在此基础上实现自身的专业发展,从而实现教学实践的合理性。苏联著名教育家苏霍姆林斯基曾经说过:“如果你想让教师的劳动能够给教师带来一些乐趣,使天天上课不至于变成一种单调乏味的义务,你就应当引导每一位教师走上从事研究这条幸福的道路上来。”教师若能主动持续地进行教学反思,便能提高自身的专业素养,提高教学技能,从而实现更好的教学效果。与以往的课程相比,新时期课程教学更为复杂,对教学情境性的要求也更高。所以,只有教师持续、不间断地对自己的教学进行教学反思,找出自己的问题所在并进行改进,才能提高自身的教学技能,顺应课程改革的发展。

在新课程的背景下,为了促使学生迅速进入学习状态,保证新课教学的有效展开，就要求教师在课堂伊始实施有效导入，并利用好这一提高课堂效率的关键环节。教师作为专业发展的主体,提升自身的教学技能,以保证和提高导入的有效性,是教师的职责所在。只有在对有效导入的深入理解和教学反思的基础上,对影响导入环节有效性的各因素进行针对性的改进,才能不断提高导入的有效性,促进学生发展的同时,也能促进自身的专业发展。

本章对中学物理教师课堂导入有效性的教学反思进行了研究，旨在指导教师充分认识、理解有效导入,掌握创设有效导入的方法,并在反思的基础上,不断提高导入的有效性,以促进有效教学的展开和自身的专业发展。

首先,创设有效导入是实施有效教学的重要环节。课堂教学是由多个要素所组成的一个系统的活动过程,各个要素之间有着密切的相互联系,并且相互作用,显示了教学过程的规律性和复杂性。要改进教学,就要把教学分成若干部分,分别进行研究、解决,再把各部分综合起来整体考虑,以实现优化整体课堂教学的目的。原国家教委于 1994 年 2 月公布的《高等师范学校学生的教师职业技能训练大纲(试行)》(以下简称《大纲》)中就已经把教师的课堂教学技能分为包括导入技能在内的十项技能。随着对单项教学技能要求的产生,教师创设有效导入的能力值得关注。有效教学要求教师在上课开始时告知学生本节课的目标,并给学生提供一个先行组织者,而且还要求检查与任务有关的先前学习,为后面教学环节的顺利展开奠定良好的基础。研究如何创设有效导入,对有效教学的实施有着不容忽视的作用。

其次,教学反思是促进教师专业发展的关键点。教师的个体反思对于教师的专业发展有着积极的促进作用。教育者通过反思自己的专业实践,思考工作实践中的冲突、紧张、困惑以及矛盾问题,从而提出切实的发展策略,指导自身专业实践,实现由内而外的发展。然而,在教学任务日益复杂的新环境背景下,若不对教师反思进行指导,仅依靠教师自身独立思考教学中出现的教学问题,那么并不能取得较好的反思效果,不但不能很好地解决实际问题,也会限制教师自身的发展。教师个体反思面临的问题主要表现在:第一,反思主体单一,反思对象仅限于教师自己;第二,反思内容多为描述性的教学经验总结,随意性比较大,很少对问题进行系统而深入的分析,并提出解决办法。由此可见,为避免教师在反思过程中出现反思随意性较大、无实际反思效果等问题,需要对教师的教学反思进行指导。此外,所有教师都需要在指导下对自己的教学进行反思,即使教学经验丰富的老教师也不例外。因为经验本身不是思维、反思和学习如何教学的充分条件,经验是关键的,但必须与理论相联系，唯有如此，学生才能识别和分析实践中的重要因素，并从错误中学习。由以上所述可知，任何一位教师都需要通过一定的指导，实现有效的教学反思，探讨如何帮助教师针对具体教学问题进行有效的反思，对促进教师自身专业发展有着重要意义。

在实际教学中，教师通过正确运用教学策略，有目的地展开教学，能够实现有效的教学结果，促进学生的学习和发展。其中，教师的教是实现成功教学的关键，而教师的教主要表现为教师的教学行为。本章拟以教师的教学行为作为研究教师课堂教学中创设有效导入的突破口，结合中学物理学科特点，制订出一套中学物理教师提高课堂导入有效性的反思方案框架，使教师在提高导入环节有效性及自身教学专业发展方面有一个参照。此框架涵盖了有效导入的功能、创设方法、实施策略以及教师教学反思模式，旨在帮助教师在正确认识有效导入的基础上，进行导入环节的教学反思，从而提高导入的有效性。教师可利用此框架充分认识有效导入的功能，掌握提高导入有效性的教学策略与正确的反思方法，发现教学问题并加以改进，最终逐步掌握提高导入有效性的方法，具备在实践情境中识别并有效解决实际问题的能力，提高教师的反思意识。由于各方面原因，此框架必然不尽完善，但它对提高中学物理教师课堂导入有效性方面的作用是不可低估的。相信教师在反思的基础上，一定能够不断提高教学能力，提高导入的有效性，从而促进有效教学。

第二节　中学物理课堂导入理论基础

一、建构主义学习理论

建构主义学习理论在20世纪80年代开始流行于西方，皮亚杰、斯腾伯格、维果茨基等对建构主义理论都进行了论述。现代流行的建构主义教学论综合与发展了皮亚杰、布鲁纳、维果茨基和奥苏贝尔等人教育思想的精髓，强调学习过程的自主性、情境性与社会性。建构主义的学习观、教师观与学生观对指导有效教学有着十分重要的意义。

建构主义学习观的主要观点:学习是学习者对知识主动建构意义的过程。建构主义学习理论认为，学习者具备一定的知识背景，以学习者原有的知识经验为基础，积极主动地将新信息进行有意义的建构，便是知识获得的过程，此过程就是学习。在知识获得的过程中，学习者除了要具备一定的与新知识相关的知识经验外，还需要外界提供一定的帮助。此外，学习不仅仅是新知识的获得，同时也是旧知识的改造。也就是说，学习过程是通过新、旧知识的相互作用习得新知识的过程，即知识的同化与顺应。建构主义认为，学习总是在一定的情境中产生，因为学习者具备一定的知识背景，若教学情境与学习者的知识背景相贴近、相吻合，那么就越容易引起学习者的共鸣，越能帮助学习者在原有知识结构中提取与新知识相关的内容，并将新知识同化到自己的认知结构中;若新知识不能被已有的知识经验同化，那么就会改变原有的知识结构，即知识的顺应。建构主义认为，教学的最终目标就是意义建构，即找到事物之间的规律和联系。所以，教师要在教学过程中帮助学生对当前学习内容所反映的事物的性质、规律以及该事物与其他事物之间的内在联系达到深刻的理解。

建构主义认为，知识并不是对现实的准确表征，不能精确地概括世界的法则，而是会随着人类认识的进步，不断地被新的解释和新的假设所推翻、代替。所以，学生要学会的是建构知识的方法和途径。在具体的教学当中，不应当由教师直接教给学生知识，而应当让学生主动地参与到知识获得的过程当中。学生只有通过自主建构自己的知识，才能不断地提高、整合自己的认知结构。同时，学生的学习并不是信息的简单积累，只有将新知识与自身原有的知识经验进行联系，才能通过纳入新知识，改变和调整自己原有的认知结构，改变自己的旧知识和经验。所以，建构主义的教学观指出，教师在进行教学时，应当重视学生原有的知识经验，引导学生在原有知识经验的基础上学习、容纳新的知识。在此过程中，教师应该密切关注学生对知识的理解，明确学生的想法，了解学生的思维方式，这样才能更好地指导学生建构自己的知识，丰富自己的经验。

建构主义的学生观强调学生在学习过程中的积极性、自主性。建构主义认为，学生本身在日常生活当中已经具备一定的知识、经验和技能，能够在已有知识经验的基础上，通过新、旧知识经验反复的、双向的相互作用，建构其新的意义，从而充实、丰富、改造自己的知识经验。建构主义的学生观强调以学生为中心，确保学生在学习中的主导地位，同时也为教师的教学提供理论基础，要求教师重视学生的思维过程，重视学生的原有知识经验，关注学生建构知识的过程。

二、情境-认知学习理论

情境-认知学习理论是当代西方学习理论领域研究的热点之一，也是继行为主义“刺激-反应”学习理论、认知心理学的“信息加工”学习理论后的又一个重要研究内容。

情境-认知学习理论与加涅的信息加工理论不同，认为信息加工理论完全依靠规则与信息描述的认知，仅仅关注有意识的推理和思考的认知，忽视了文化和物理背景的情境认知。情境-认知学习理论认为，知识经验的产生与发展和社会密切相关，知识经验的获得是人与自然的相互作用，具有情境性。在分析人类的学习过程时，不能将情境与学习者个人独立开来，因为正是两者的相互作用、相互协调，才得以实现知识的获得与发展。情境-认知学习理论提出，人类活动是复杂的，涵盖了社会、物理和认知的因素。而情境认知的突出特点正是把个体认知放在更大的物理和社会的情境脉络中，通过与环境直接接触与互动来决定自身的行动。因此，情境-认知学习理论强调，教师应当在教学中把知识置于真实的情境中进行教学，而具体的现实情境能够让学生明确所学知识的必要性。同时，教师所设置的情境并不是一成不变的。因为随着科技社会的发展，随着人们经验的日益丰富，人类的情境-认知也在发生不断地改变。所以，教师应当帮助学生在面对新情境时寻找解决问题的新方法，促进学生知识与技能的生成。伴随着具体教学情境所获得的知识与技能有利于学习者将其迁移到其他的情境当中，促进学习者能力的发展。

三、维果茨基的“最近发展区”理论

“最近发展区”由著名的儿童教育学家维果茨基提出，在培养学生学习能力方面有着重要的地位，是处理教学和学生能力发展关系的一大突破。维果茨基认为，儿童至少具有两种发展水平：一是儿童现有心理机能的发展水平（儿童的实际发展水平），标志着儿童一些官能的成熟；二是在成人的指导和帮助下所能达到的解决问题的水平（儿童潜在的发展水平）。维果茨基将这两种发展水平之间的距离定义为“最近发展区”。也就是说，“最近发展区”是指儿童独立解决问题的实际发展水平与在成人指导下或在有能力的同伴合作中解决问题的潜在发展水平之间的差距。维果茨基认为，教师的教学与儿童的发展密切相关，教学的设置应当符合学生的

“最近发展区”。因为过于简单或过难的教学都不能取得良好的教学效果:若教学低于学生的“最近发展区”,则学生的学习将是无趣的;但若教学超出了学生的“最近发展区”,那么复杂、困难的教学内容只能让学生望而却步,无法取得有效的教学效果。所以,只有适合学生“最近发展区”的教学,才能取得良好的教学效果。

维果茨基的“最近发展区”理论为教师的教学提出了建议,强调教师应当重视学生的内部心理机能,教学的主要目的是让学生拥有能够自主发展自身的能力。因此,教师应当着力培养学生还不具备的心理机能,而不是对学生已有的心理机能进行不断强化。“最近发展区”理论认为,虽然学习的过程是学生自主内化新知识、新技能的过程,但知识的建构取决于学生的主动性。然而,此过程会受到多种外部因素的影响,如教师的指导、同伴的帮助等。学生在外界帮助的积极影响下,能够促进自己知识的内化和建构。而这就要求教师能顺应学生的发展情况安排教学,针对学生的“最近发展区”,适时地对学生的学习过程施以帮助和指导,促进学生发展。

维果茨基提出的“最近发展区”理论是在以儿童为研究对象的基础上所提出的。然而,能力的发展具有一定的规律性,不同年龄阶段的学习者能力发展虽然有着自身的特点和规律,但总体趋势上都是从低水平向高水平发展的。所以,维果茨基的“最近发展区”理论同样适用于本章中所讨论的中学生。

第三节　课堂导入有效性的界定

导入有效性的概念界定包括两部分的内容：一是导入的界定，二是有效性的界定。

一、导入

导入是课堂教学的首要环节，对有效教学的实施有着举足轻重的作用。虽然课堂教学有着不同的类型，如新授课（传授新知识）、实验课（进行学生实验）、复习课（复习已掌握的知识）等，但是在实际的教学当中，教师和学生接触最多的是新授课。教师在新授课时往往都会采用课堂导入，为引入新知识做准备。所以，本章所指的导入都是新课导入。

“导”为指引、传引、启发之义。在教学当中，“导”是指教师运用正确的教学方法和教学理念，引导学生进入积极的学习状态。在此过程中，学生的注意力得以集中，并能主动地参与到后续的教学活动中。而“入”为加入、进入之义，是指要让学生明确本堂课的学习目标，引导学生进入新知识的学习。综观国内外关于导入的研究，研究者对课堂导入的特点有着普遍的认识：导入能够创造良好的学习氛围，在此氛围下，学生能够集中注意力，对后续学习产生浓厚的兴趣；导入应当顺利引出教学课题，帮助学生明确学习目标，提升教学效率。

本章中的导入是指在课堂教学伊始，教师运用灵活多样的教学方法，合理运用教学技能，有目的地引导学生顺利进入新课学习所采用的一种教学方式。在导入环节，教师主要完成以下教学任务：营造学习氛围、唤起学生旧知、引起学生兴趣与成功引入课题。本章中所说的导入均指中学物理新课导入。

二、有效性

所谓有效性，是指事件结果与预期效果的符合程度，即活动对预期的实现程度。若符合程度越高,实现程度越高,则活动的有效性就越高,反之亦然。判断某一活动或行为有效性的高低,可以通过以下三个判断依据进行判断:第一,是否有效果,即判断活动是否产生了一定的效果;第二,是否有效益,即活动的结果是否符合预期,如果取得了预期的效果,那么此活动便是有效益的;第三,是否有效率,有效率可以评价投入和收益之间的关系,如果投入得越少,反而收益越大,那么此活动的效率就高。本章讨论的有效性是教学的有效性,是指课堂教学的实际效果和教师预期效果之间的关系,即关注在一定的时间内,教学活动产生的结果能否实现教师所设定的教学目标,能否实现学生的进步和发展。

本章将教学的有效性定义为:教师在正确的教学理念的指导下,运用适当的教学技能和教学方法设计教学,所取得的教学效果与期望效果的吻合度之间的关系。教学的有效性关注教师的精力投入、时间投入,关注教育结果是否能够达到教学目标,是否能够实现学生的发展。教师投入的时间和精力越少,而得到的教学效果越多且越符合期望,那么教学的有效性就越高。其中,学生的发展主要是指学生三维目标方面的发展,包括知识与技能、过程与方法、情感态度与价值观的发展。

三、导入的有效性

通过以上对导入和有效性的界定,可以知道,导入的有效性是由导入所产生的实际教学效果与预期效果的实现程度决定的。鉴于此,导入的有效性具有相对性,不存在完全无效的导入,只存在有效性低的导入和有效性高的导入。创设有效性高的导入需要教师对导入效果的合理预期，且运用合理的教学方法和技能实现预期效果。教师若不能充分认识有效导入,不能准确把握有效导入的特点与功能,则不能合理预期导入的教学效果，也就谈不上创设有效性高的导入。因而，只有让教师充分认识和理解什么是有效导入，把握有效导入的特点，才能找到提高导入有效性的方法。

从教师的角度出发，有效导入应当是教师运用正确的教学理念和教学技能精心设计的导入。有效导入具有以下特点：①以引出课题为目的。导入为新课教学做铺垫，所以导入应当以引出课题为目的，其内容应当与新课内容紧密联系，在有限的时间内让学生明确学习任务和学习方向。②以唤起学生原有知识为途径。学习的过程可比于（好比于）信息加工的过程。在此过程中，学生通过将新、旧知识的相互联系，以实现知识的同化或顺应，从而将原有认知结构进行重组或改造，建构新的认知结构。所以，在课堂导入环节，教师应当帮助学生回忆原有知识经验，为连接新、旧知识与建构新知识做准备。③以激发学生学习心向为保障。有意义学习强调学生的自主性和积极性。要实现有意义学习，就要求学生能够主动、积极地学习新知识，将其吸收并建构意义。第斯多惠十分看重教学对学生的学习动机和学习积极性的激发，认为如果使学生习惯于简单的接受或被动的工作，那么任何方法都是坏的；如果能激发学生的主动性，那么任何方法都是好的。所以，教师应当在导入环节吸引学生的学习兴趣，激发学生的学习动机，让学生能积极参与到教学活动中，主动建构新知识。

因此，有效导入是指在课堂伊始传授新知识之前，教师为促进有效教学的顺利展开，通过科学合理的教学方式，激发学生的学习心向，唤起学生原有相关的知识经验，从而顺利引出课题的过程。在中学物理教学当中，若教师的课堂导入能满足更多有效导入的特点，能实现越来越好的教学效果，那么导入的有效性就越高。

第四节 中学物理教师提高课堂导入有效性的反思方案框架的确立

本部分研究主要通过文献研究，确立供中学物理教师使用的以提高课堂导入有效性为目的的反思方案框架。

一、框架的主要内容

反思的程序结构、有效导入的功能是本框架的主要内容，是制订中学物理教师提高课堂导入有效性的反思方案框架的基础核心。

(一)反思的程序结构

反思，一般是指个体对自己的行为、思想进行批判性的思考。本章当中的反思是针对教师的教学反思，所指的是教师在自身的教学实践中，对自己的教学行为进行批判性的考查，通过回顾、诊断与自我监控等方式，或给予肯定与强化，或给予否定与修正，从而不断提高自身教学效能和素质的过程。

众多学者对反思的过程进行了讨论研究。例如，舍恩认为，行动者的反思往往是在不断实践当中回顾自己的行为，并在此过程中提升自我，然后在进一步的行动后再次回顾自己的行为，即评价—行动—再评价，从而实现不断进步。杜威认为，反思的过程可以分为六个阶段，分别是暗示、问题、假设、推理、用行动来检验、预测。

教育界对教学反思模型也进行了大量的探讨。对教学反思模型的研究发展至今，形成了多种反思模型，其中具代表性的有埃拜模型、爱德华兹—布朗托模型与拉博斯凯模型。各类模型的理论基础不尽相同，但也存在以下共同点：首先，各模式均认为反思的过程就是实践者回顾行动,从而对自身的问题进行思考,然后寻求解决方案进行改进的过程;其次,各模型都旨在帮助教育者不断提高自身的教学技能,并在此基础上实现更优教学,保障学生发展。

由以上研究得知,本章的教师反思方案包括四个环节,即计划、行动、回顾行动、评价与分析。

1.计划

在进行任何教学活动之前,行动者都会对其行动进行计划和安排。在教学当中,教师会对自己的教学进行详细的教学计划。本章中的计划是指教师的教学计划,即教师在授课前对教学活动的构思。计划的内容包括教师的教学行动,以及教师的教学理念和教学预期。

2.行动

在行动环节,教师将计划付之行动,即教师按照自己的预计和构思进行实际教学。

3.回顾行动

在行动环节结束后,教师开始回顾自己的教学行为。教师的教学回顾主要包括以下几个方面:教学设计、学生的课堂表现如何、取得了怎样的教学效果、实际教学效果与预期的符合程度等。

4.评价与分析

在对教学进行回顾的基础上,就回顾的教学情况,对教学进行评价和分析。此环节主要是教师分析自己的教学可以进行怎样的改进。例如,教师觉得教学效果未达到预期,则应当多方面思考产生此问题的原因,是否是自己对教学目标和教学内容的把握欠佳,或者是采用了不恰当的教学策略等。在此基础上,教师可以得出相应的解决方案,用于再次教学的需要。

本节采用以上四环节构成的教师反思模式，最终确立中学物理教师提高课堂导入有效性的反思方案框架。通过帮助教师回顾教学行为，有针对性地评价与分析教师导入环节的教学行为，从而改进教学。由于评价的出发点在于是否实现了预期的教学效果，所以运用此反思模式有以下事项需要教师注意：首先，教师应当对教学效果有正确的理解和预期，不能思考不足，也不能好高骛远。其次，教师在此环节关注的应当是学生的学，一切教学环节的设置和教学策略的采用都是为了能够促进学生的有效学习，促进学生的全面发展。当教学出现问题时，教师应当思考自己的设计是否符合学生的心理特点、思维特点和能力特点。再次，教学反思的目的在于教师发现自己的教学问题，并有针对性地进行改进。所以，教师应当对自己的教学有充分的认识，精心设计，明确自己的设计初衷，这样才能从根本上解决问题，改进教学。

以上反思方案适用于教师的日常教学。教师在自我评价和分析的过程中，为了找寻自己的教学问题以及提出有针对性的改进方案，需要对有效教学有着深入的理解。如果教师的教学理念滞后，教学技能欠佳，则不能取得良好的反思效果。所以，为了提高导入环节的有效性，教师全面的了解、认识有效导入，以及寻找创设有效教学的方法和途径是十分必要的。

（二）有效导入的功能

有效导入是教师激发学生的学习心向，唤起学生原有相关的知识经验，从而顺利引出课题，促进有效教学顺利展开的过程。有效导入应具备以下四个功能。

1.吸引学生的注意

在教育心理学中，注意是教育者长期关注的话题。早在 1890 年，著名心理学家威廉詹姆斯就说过，注意是心理学的中心课题。注意是心理活动的重要组成部分，是所有心理过程发生的一个不可或缺的背景条件。注意是心理活动对一定对象的指向和集中，指向性和集中性是注意的基本特征。注意的指向性是指人在某一瞬间的心理活动或意识选择了某个对象，而忽略了其余对象；注意的集中性是指当心理活动或意识指向某个对象的时候，它们会在这个对象上集中起来，即精神贯注，兴奋性提高。

认知主义认为，认知学习的起点是注意与预期。美国教育心理学家加涅的信息加工模型指出，学习过程犹如信息加工过程，此过程的开始便是对刺激信息的选择性注意。他强调说："学习者从环境中接受刺激，从而激活感受器是学习的第一步，但是需要经过注意才能使外界信息被转化为刺激信号，被人选择性感知，之后登记转换成声音或者形状的方式进入短时记忆。教学的措施要引起学习者的注意，促使学习者将学习的注意力指向与他学习目标有关的各种刺激。"此外，建构主义学习理论认为，学生在学习的过程中是主动地对新知识进行建构，强调学生的自主性和积极性。学生对新知识进行选择是基于对新知识的注意。学生通过对新知识的注意，从而对知识信息进行选择，以实现新、旧知识的相互同化和顺应。美国加州大学的维特罗克强调，学习过程不是先从感觉经验本身开始的，而是从对这一感觉经验的选择性注意开始的。所以，引起学生的注意应是有效导入应达到的效果之一，教师应当在课堂开始之前就吸引学生的注意。

2.激发学生的学习心向

教育不仅是为了学生能学习，还为了学生能主动地学习，并在主动学习中激起创新的欲望，迸发出创造的火花。也就是说，教学要能激发学生的学习心向。所谓心向，是指一种心理准备；所谓学习心向，是指学生在学习活动中的心理准备。具体来说，学生的学习心向是指在新知识学习之前，学生对新知识的学习产生积极的心理状态，对后续学习充满期待和热情。从学生的角度来看，对于有效学习行为的发生，学生必须要有学习心向。因此，教师应当在课堂导入阶段，激发学生的学习心向，调动学生在后续学习中的积极性，以促进有效学习的顺利展开。而这就要求教师在课堂导入环节能顺利引起学生的学习兴趣，激发学生的学习动机，以促使学生主动学习。

兴趣是人认识需要的心理表现，可以使人对某些事物优先给予注意，并带有积极的情绪色彩。杜威十分重视兴趣在学习中的作用。他认为，“兴趣是任何有目的的经验中各种事物的动力，不管这些事物是看得见的，还是呈现在想象中的”。首先，教师若能在教学中引发学生的学习兴趣，学生便能表现出学习的积极性，从而积极地参与到学习中。正如赫尔巴特所说：“兴趣代表各种智力追求的能量，能量通过兴趣这个词表达出来。”其次，学生若对将要学习的新知识产生学习的兴趣，那么学生便会将他们的注意力集中于新知识的学习中。正如夸美纽斯所说：“激发孩子们的兴趣，便能够吸引孩子们的注意力。”学生在学习中产生学习兴趣，能够让学生对掌握新知识产生求知的动力，寻求对新知识的掌握和理解，同时也能够让学生在学习的过程中伴随愉悦的心理体验。

动机是由学生的学习需要引起的，是指激发、推动学生进行学习活动，并达到一定学习目标的内部心理倾向动力，是制约学习行为和学习质量的关键因素，是用来说明学生发动和维持某种学习行为，以达到各种一定目标的中介变量。学习动机由学习需要与学习期待两个基本成分构成，前者为学习动机结构中的主导成分，后者指向学习需要的满足，两者协同作用，使学习活动得以发动、维持和完成。学习动机的产生能够让学生对新知识的学习产生期待，从而激发学生在后续学习当中的积极性。若是学习动机被激发，那么学生便能在后续的学习中产生较好的学习效果。因为学习动机的产生能够维持学生的学习兴趣和意志力，让学生向着学习目标不断努力，以达成预期为目的。德国著名教育家第斯多惠认为，如果使学生习惯于简单的接受或被动的工作，那么任何方法都是坏的；如果能激发学生的主动性，那么任何方法都是好的。所以,教师在进行教学活动时,应当明确学生是教学活动的主体,从而通过情境设置等教学方法,激发学生的学习动机,保证学生的自主学习。因此,教师在教学过程中,成功地激发学生的学习动机是有效教学的保障,是有效导入应当实现的功能之一。

所以,在课堂导入环节,有效的课堂导入应吸引学生的注意,引发学生的学习兴趣,激发学生的学习动机,从而激发学生的学习心向,满足学生的学习需要和学习期待。

3.让学生明确学习目标,顺利引出课题

学习目标是学习活动要达到的标准和任务的确定化的结果。课堂导入的目的是帮助学生顺利地进入新课学习,完成本堂课的教学任务。所以,这就要求学生能够明确本堂课的学习目标,明确学习方向。因此,在导入环节,让学生明确学习目标是有效导入的重要功能之一。学生明确学习目标后,便能明确学习此知识内容的重要性,从而对后续学习产生学习期望和学习动机,将注意力集中于新知识的学习上来,同时也能在后续学习中表现出较高的积极性,对于促进学生主动建构新知识有着非常重要的作用。

教师在导入环节应当让学生明确教学目标，让学生了解到学习此知识的重要性。教师在设置学习目标时,应当关注学习目标的科学性和合理性,让学生能够准确把握学习目标,顺利开展自主学习。所以,有效的课堂导入应当能够使学生明确学习目标,从而顺利引出课题。

4.唤起学生原有的知识经验

认知主义与建构主义都十分重视在教学中唤起学生原有的知识经验。他们认为,唤起学生原有的知识经验对于新知识的教学来说有着不可替代的作用和地位。

认知主义理论认为,学习是建立在学生已有的知识和经验上进行的,通过新、旧知识间的相互作用,学生便能将新知识纳入自己的认知结构当中。此外,学生本身的认知结构中还应当具备一定的与新知识相联系的知识观念。这样,学习材料才会对学生产生学习的意义。奥苏贝尔提出,若学生将要学习的新知识和内容与学生原有认知结构中相关的知识或经验产生相互作用,那么就会引起新、旧知识之间意义的同化,所以学生认知结构中已有的内容是影响学生进行学习的决定性因素。加涅的信息加工理论同样强调唤起学生已有知识经验的重要性。加涅提出,教师的教学活动安排应当符合学生的内部心理特点。学生的学习活动从注意与预期开始,所以教师应当在合适的时机,向学生提供一定的刺激信息,配合学生的内部心理需要,吸引学生的注意力。之后,教师应当唤起学生原有的知识经验。因为学生已有的旧知识是学习新知识的必要条件和基础,有意义学习是在此基础上使得新、旧知识相互作用,改变认知结构的。所以,教师应当激活学生原有的知识经验,帮助学生建立新、旧知识之间的连接,为新知识的学习做准备。

建构主义认为,知识并不是永恒不变的。随着社会的进步、科学技术的发展,知识也处于不断变化当中。所以,教师的工作并不是告诉学生知识,而是让学生主动建构自己的知识,形成自己的认知结构。建构主义强调学生的自主性,认为学习是学生积极、自主的行为,认为学生在日常生活中所积累的知识经验是学生建构新知识的基础。教师的工作在于给予学生一定的引导,帮助学生在已有知识经验的基础上,通过同化或顺应,重组自己的认知结构。新的认知结构形成后,新的学习又将在此新的认知结构上产生。所以,教师应当在教学中确保学生自主学习的地位,以引导者的身份帮助学生建构知识,促进学生能力的发展。

由以上论述可知,教师在课堂导入环节的教学活动中,应当帮助学生回忆已有的知识经验,为新知识的同化或顺应做准备。所以,在课堂导入环节,教师应当通过一定的教学安排,引起学生的注意,激发学生的学习心向,让学生明确学习目标;激发学生原有的知识经验,让学生进入积极的学习状态,从而为后续教学做准备,最大限度地促进有效教学的展开。

二、有效导入的创设

教师是学生学习活动的引起者、维持者和促进者,教师的教是改进课堂教学质量的关键,是学校教学改革的着力点,是促进学生学的最重要因素,也是影响学生身心发展的关键。教师只有在充分认识并理解有效导入功能的基础上,进一步掌握创设有效导入的方法,才能在实际教学中促进学生学习,最大限度地发挥有效导入的功能。

(一)导入方法的选择

设计导入的第一个步骤往往是选择导入方法。导入方法的确定直接关系到导入资源的选择与问题情境的创设,有着非常重要的地位。现代教学手段的发展丰富了课堂导入的类型,也给教师的导入设计提供了更为广阔的空间。在实际操作中,导入方法应根据教学内容和教学目的灵活选择。第斯多惠提出了“教学有法,但无定法”的观点,认为有经验的、熟练的教师并不严格地、无例外地遵循某种固定的方法。同理,选择新课导入的方法也不应遵循固定模式。巴班斯基所提出的教学过程最优化理论认为:“最优化永远是相对的。某种方法对某种情况是最优的方法,在另一种情况下,可能就不是最优的方法。”在实际的教学工作中,一个教师往往教授多个班级,而每个班级的学生情况都不同,所以一个教师在不同的班级上课采用同样的导入方法可能会出现不同的导入效果, 在同一个班级采用不同的导入方法其效果也不尽相同。因此,教师应在不违背教学内容和教学目标的基础上,灵活选择导入方法,根据学生的认知发展水平、实际接受能力以及自己的教学水平进行导入设计,从根本上保证导入的有效性。

(二)导入资源的选择

新课导入往往通过一定的资源展示作为开端,教师会向学生展示一些资料,如故事、图片、视频或实验等。此安排能够实现信息加工的第一阶段——注意刺激。合理的导入资源能够迅速帮助学生进入学习状态，提高教学的有效性。合理的导入资源应具有以下两种特点。

首先，导入资源要有针对性。导入为新课服务，所以导入资源应确保具有针对性。使用导入是为了更好地展开新课教学，完成教学目标，所以只有围绕教学目标的导入资源，才能有效地使学生明确学习目标与学习方向。

其次，导入资源应真实、新颖。真实具体的事物容易唤起学生的情绪，新颖的资源能够引起学生的学习兴趣，激发学习动机。物理教学倡导“从生活走向物理，从物理走向社会”，在此教学背景下，导入资源应首选那些与学生生活、社会生产紧密相关的事例或现象。真实的导入资源能够拉近新知识与学生之间的距离，从而促使学生积极地利用已有的相关知识与生活经验去“同化”或“顺应”所学的新知识。而新颖的资源能够激发学生的好奇心理，引起学生的学习兴趣和动机，让学生带着兴趣主动学习，在满足求知欲的同时，产生积极的情绪体验。

所以，无论选择怎样的导入方法，都应当尽可能地选择那些与教学内容紧密相关，并能引发学生学习兴趣和动机的新颖、合理的教学资源，使学生积极主动地投入学习。

（三）问题情境的创设

心理学认为，情境是对人有直接刺激作用，有一定的生物学意义和社会学意义的具体环境。教学情境就是在课堂教学当中教师所创造的情境，此情境的目的在于帮助学生体验知识的产生过程，在此过程中，学生能够产生积极的情感体验，同时学生的思维也得以发展。问题情境是教学情境的一种，是指教师通过设置一系列环环相扣的问题，为学生提供学习的阶梯，通过学生的不断思考，逐步获得知识的情境。在导入环节，创设问题情境能够在唤起学生原有知识经验的基础上，引发学生的认知冲突，让学生明确学习目标，促进后续教学的顺利展开。杜威把情境作为学习发生的第一个环节，认为“思维由直接经验的情境引起，而且思维必然趋向于确定的情境”。课程改革倡导教学情境的创设，强调让学生体验知识的生成过程，激发其学习兴趣。物理课堂教学关注全体学生科学素养的提高，注重培养学生发现问题、解决问题的能力。所以，教师应当把问题巧妙地设置在情境当中，创设问题情境，引发学生思考，使导入成为激发学生学习动机的有效手段。创设问题情境应当遵循以下五种原则。

1.诱发性原则

问题情境的创设应保证所设问题情境能唤起学生原有的知识经验，激起学生的认知冲突。奥苏贝尔认为：“影响学习的唯一重要因素，就是学习者已经知道了什么。”心理学研究表明，学生在学习新知识之前，头脑中已经具有了某种认知图式，学生试图以原有认知图式来同化新知识，如果新、旧知识有差异，那么就会产生认知冲突。认知冲突会激发学生的求知欲和探究心向，从而激活学生的思维。由此可见，新、旧知识之间的认知冲突是促使学生积极学习的关键。因此，教师在创设教学情境时，应当在帮助学生唤起原有知识经验的同时，让其感受新、旧知识之间的差异，使学生意识到困惑和挫折，从而唤起学生的求知欲，进入发现问题和解决问题的过程。

2.真实性原则

真实的教学情境能够促进学生的学习与知识的迁移。罗杰斯认为：“如果要使学生全身心地投入学习活动，那么就必须让学生面临对他们个人有意义的或有关的问题。如果我们希望学生成为真正自由的和负责的个体，那么就应该为他们创设各种真实的问题情境。”首先，基于真实的情境所提出来的问题最具有针对性，最接近学生的生活体验，能调动学生的感受力以及生活中所积累的经验去探讨与发现问题,促进学生学习。其次,学生学习的情境与实际的生活情境越相似,就越有助于学生知识与能力的迁移,这样所学知识才有可能在其他情境中再应用。

3.接近性原则

由“最近发展区”理论可以知道,教师所设置的问题应当处于学生的“最近发展区”内,是学生通过努力能够回答的问题。难度适中的问题能够激发学生的思考欲望,促进学生思考和解决问题。所以,在课堂教学中,教师应当合理把握问题的难度。如果问题难度过高,那么学生可能会因为害怕答错而拒绝回答,或者学生经过思考都无法得到答案,教师便难以进入下一个问题;若问题难度过易,则学生不假思索就能回答出的问题不能激起学生的求知欲,对促进学生的积极思考产生不利的影响。教师若要成功设置处于学生“最近发展区”的问题,就要对学生的情况有准确的把握。因此,教师应当认真了解学生已有的知识经验水平、思维特点和能力水平,让每一个问题都能成功促进学生的思考,促进知识的生成。

4.冲突、和谐统一的原则

教师在创设教学情境前,虽然会对每一个环节进行思考和设置,但是课堂的发展并不一定全部与教师的预期相符合。在问题情境的设置中,教师应当注重师生之间的交流与合作。学生对于问题的回答可能有多种答案,并不是所有的答案都在教师的预期当中。所以,教师要对学生进行正确、合适的引导,让学生积极思索,审视自己的回答,最终得到正确答案,顺利进入下一问题。除此以外,教师还应当在讨论环节,鼓励学生积极提出问题,师生相互启发、诱导,达到融为一体、和谐共存的境界。

5.层次性原则

问题情境是通过环环相扣的一系列问题,为学生提供学习的阶梯,通过学生的不断思考,逐步获得知识的情境。所以,组成问题情境的问题之间必然有着一定的联系,遵循层次性原则。问题情境所遵循的层次性原则符合人类认识世界的规律。

在社会生活、生产中,对于任何事物的认识都是从简单到复杂的过程。所以,教师在通过问题情境促进学生学习时,应当遵循层次性原则设置问题,让各个问题之间具有一定的连贯性,符合学生掌握知识的思维特点。教师在设置问题时,应当注意:每一个问题都具有代表性,都是在上一个问题基础上的合理提升;任意问题都应当符合学生的认知规律,保证学生对问题的正确理解;各个问题衔接自然,通过对每一个问题的成功解决,让学生能够一步步地被引入本堂课的教学主题中。

三、有效导入的实施策略

教师的教学行为能够引起、维持并促进学生的学习行为。教师对教学方法的选择、课程资源的重组、教学组织形式的选择、学习过程的管理、教学内容的呈现、学习方法的指导、反馈和强化的实施等行为都直接决定着教学效果的优劣。在课堂导入的实施阶段,教师往往按照所设计安排好的导入程序进行教学。基于教师对有效导入的理解,以及对创设有效导入方法的把握,教师所设计的导入在理论上能够取得很好的教学效果。然而,教师在教学当中采用的教学策略会对导入的具体实施效果产生重要的影响。所以,教师应当合理运用各种教学技能和教学策略,最大限度地实现预设,争取导入的最优效果。因此,在实际教学中,除了对有效导入的深入理解和对创设有效导入的方法的熟练掌握外, 还应当注重实际授课过程中的一些教学策略,以实现导入效果最优化。

(一)讲授的策略——清晰明了、生动热情

清晰明了的讲授是指教师的教学能够清楚地解释教学内容, 使学生对教师的讲授产生正确的理解。教师清晰明了的讲授被认为是促进教学有效实施的重要因素之一。Rosenshine&Furst 小结了教师教学与学生成绩关系的多项研究,发现教学清楚明了能产生良好的教学效果。同样,课堂导入环节也离不开教师的讲授。所以,教师应当掌握清晰明了的策略进行讲授:教师在讲授时,应当使用正确的、科学的

术语,发音清晰、准确;教师在讲授的过程中,应当避免口头禅的使用,语言应连贯,避免词汇的乱用和滥用;教师在讲授较为抽象的内容时,应当借助一定的教学技能,对教学内容进行具体的讲解和说明,如多媒体的使用或教师的亲身示范。

除了讲授要清晰明了外,教师还应当保证讲授的生动性和讲授热情。生动热情的讲授是指教师在讲授时能运用生动形象的语言、丰富多样的非言语表达以及饱满的热情,使讲授生动有趣、充满吸引力。生动热情的讲授是教师在讲授时表现出来的对学生的关爱、对学科教学的热爱,可以起到感染学生学习情绪的作用。Harlan 认为,教师有效教学的一种关键行为是热情。所以,教师在进行讲授时,除了清晰明了的语言表达外,还要对非语言手段进行熟练运用,在课堂教学中展示饱满的教学热情,感染学生的学习情绪。生动讲授可采用以下策略。

首先,避免生搬硬套、照本宣科的教学。若教师只是对教学内容进行简单的描述,则学生只会觉得学习是无趣的。即使是物理这种与生活、生产密切相关的学科,教师若不能把握学科特点,活化教学内容,对书本进行适当的扩展,仅仅是照本宣科,那么课堂知识对学生而言则毫无吸引,教学必然不能取得良好的教学效果。

其次,教师要对教学用语正确把握。一个问题的表述往往有多种方式,教师可以选择进行简单的叙述,也可以选择运用丰富的词汇、生动的语言、情境化的方式进行表述。这都能取得更好的教学效果。

再次,教师应当充满教学热情。教师的教学状态往往会感染学生的学习状态。若教师在教学中充满热情,则学生的学习情绪会受到感染,而且也会在学习中表现出较好的精神面貌和较高的积极性。教师要在教学当中展示教学热情,就应当正确、适当地使用多种非语言方式,如眼神、手势的使用,以及语音语调的变化。教师在讲授的过程当中,若能做到目光有神,语调高昂,适时使用丰富的表情和手势,让学生感受到教师的教学热情,那么就能吸引学生的注意力,感染学生的学习热情,提高教学效率。

(二)讨论的策略——适时引导

在导入环节,教师创设的问题情境是通过一系列的问题,将学生引入课题内容的教学中。而每一个问题答案的提出都需要学生的积极思考和讨论。只有每一个问题都得到正确的理解和解答,教师才能顺利地完成问题情境的创设,顺利引出教学课题。然而,在学生进行思考和讨论的过程当中,要将学生的思路和讨论集中于教学内容,按照教师的教学设计顺利展开往往并非易事。学生的思维具有跳跃性,在对问题进行讨论的过程中,学生很有可能偏离讨论的主题,同时也有部分学生思维较为局限,容易钻牛角尖,会使问题的讨论范围过于狭窄,不利于问题的解决。所以,学生的课堂讨论需要教师的适时引导。教师的适时引导能够确保讨论的方向性,使讨论不偏离主题,也不过于局限,这样的讨论才能高效地解决问题。因此,教师要掌握适时引导的讨论策略:当讨论偏离主题时,教师应当运用正确的方式,对学生进行引导;当学生不能就某一问题顺利展开讨论时,教师应当给予指导,通过给学生以提示和点播的方法,帮助学生寻找展开讨论的关键点,使讨论得以展开;如果教师发现导致学生讨论不能顺利展开的根本问题是自己在问题的设置上欠考虑或出差错,那么教师应当及时地改正,重新设置讨论的主题。

(三)适应性教学策略——表现灵活性

虽然教学计划能帮助教师在教学当中确定教学的主线,安排学习的环节,但没有教学计划是万无一失的,教学的具体发展多多少少总会与教师的教学计划有差别,课堂上总会出现教师意料之外的事件。教师在面对课堂中不同于教学设计的突发事件时,要能够灵活应对,针对出现的情况迅速做出反应,采取应对方法,及时根据变化调整教学计划。

(四)管理教学时间策略——减少教学时间的浪费

教师要在有限的教学时间内完成一定的教学计划和教学任务，就要求教师能够合理利用上课时间,避免时间的浪费。马克思认为,时间实际上是人的积极存在,不仅是人的生命的尺度,而且是人的发展空间。鲍尔提出,时间是教育王国的金钱,教育需要时间……教师用时间提供教学服务,学生用时间购买学习。高效利用教学时间对教师来说是十分值得重视的问题。能够在最短的时间内实现更多的教学效果,才能最大限度地保证教学的有效性。在课堂导入环节,教师必须在较短的时间内尽可能多地实现有效导入的功能。所以,教师应当掌握管理教学时间的策略,减少教学时间的浪费,提高教学效率。

首先,教师应当在课堂开始之时就迅速地进入导入环节的教学,并在导入环节迅速吸引学生的注意力。教师要做到以上两点,就要求教师能够在课前就对自己的教学有着合理的安排和精心的设计,不在课堂上参看教案、回忆教学设计和安排。

其次,导入时间虽短,但是导入环节也是由多个小环节组成的,如导入资源的展示、问题情境的创设等,各环节都需要安排过渡,且在问题情境的创设中也需要教师逐步呈现各个问题,组织学生思考和讨论回答。如果教师能够尽可能地缩短各个环节的过渡时间,那么导入环节的时间利用率就越高,反之则会浪费教学时间,影响后续教学。所以,教师在设计导入的各环节时,应当考虑好如何合理地、顺利地、快速地过渡各个环节,避免时间的浪费,提高导入效率的同时,为后续教学争取更多的时间。

再次,应预防课堂教学受到干扰。管理有序、便于时间利用的教学环境的一个特征是中断课堂活动的干扰少。课堂教学的顺利进行可能会受到各种因素的影响而产生中断。教师的教学设置不合理、学生的学习状态不佳等原因都会造成课堂教学的中断。除此之外,一些意外事件的发生也能造成教学的中断。所以,教师要精心设计教学程序和教学活动,避免因为自身备课方面的原因造成课堂中断。当学生的学习状态不佳时,教师应当调节学生的学习情绪,以饱满的教学热情感染学生,必要时需要指出学生的状态不佳,需要集中注意力。对于教学中出现的意外事件,教师应当及时处理,适当调整教学,降低其对课堂教学的干扰,防止教学的中断。

最后,教师要确保教学内容的科学性和教学方法的正确性。教师在课堂当中采用的教学技能和教学方法都是为了帮助学生理解知识，获得正确的知识内容。所以,教师的教学内容和方法必须是科学的、正确的、合理的,否则就会使学生的理解出现偏差,必然难以实现教学目标,浪费宝贵的教学时间。因此,教师在安排教学内容和选择教学方法时,一定要仔细研究其科学性和准确性,以保障教学的有效性。

第二章　物理分组实验有效教学的探讨

第一节　物理实验有效教学的现状

在 21 世纪,全体国民的科学素养决定了一个国家的整体实力,因此我国的首要目标就是实施科教兴国战略，全面推进素质教育。物理学作为一门基础自然科学,是培养学生科学素养的核心课程,对于学生科学素养的形成具有重要的作用。同时，物理学是一门以实验为基础的自然科学，实验不仅是物理研究的方法和手段,而且是物理知识学习的重要方法。所以,物理实验教学是物理教学的重要组成部分。实验教学在中学物理教学中有非常重要的地位,是物理课程与教学的基本内容之一,是培养学生操作技能和探究能力的重要手段,也是学生科学情感态度与价值养成的重要途径。2001 年,教育部颁布了《基础教育课程改革纲要(试行)》,其中明确提出了要大力推进基础教育课程改革,以建构一个符合素质教育的课程体系。其具体目标中提出,“改变课程实施过于强调死记硬背、机械训练、接受学习的现状,倡导学生勤于动手、乐于探究、主动参与,培养学生获取新知识的能力、分析和解决问题的能力、交流与合作以及收集和处理信息的能力”。基于课程改革的总体目标，2001 年教育部颁布了《全日制义务教育物理课程标准（实验稿）》（以下简称《标准》），把“提高全体学生的科学素养”作为义务教育阶段的培养目标。物理学作为自然科学的重要组成部分，物理教育对学生科学素养的形成有着不可替代的作用。《标准》中明确提出：“义务教育阶段，物理课程是一门注重实验的自然科学课程。此阶段应注意让学生经历实验探究的过程，学习科学知识与科学研究方法，提高分析及解决问题的能力。”其中，强调了物理实验在物理教学中的重要地位和作用。初中阶段，物理作为一门起始学科，其物理学习在很大程度上决定了学生是否对物理学科有兴趣，或以后是否会从事相关的研究工作。而物理实验的真实性和生动性极易激发学生学习物理的兴趣，让学生通过实验中的观察和操作，体验发现问题、解决问题的乐趣，从而增强学习欲望。物理实验有助于培养学生的创新意识，提升学生的创造能力。

新课程改革实施以来，课堂教学在朝着素质教育的方向发展，并取得了一定成效。但深入初中物理课堂，尤其是学生分组实验，仍存在着“低效”的现象。新课程改革后，物理实验教学仍存在“穿新鞋，走老路”的现象，而且部分教师受传统教育思想的影响，重理论轻实验，出现了学生实验变成演示实验的现象。同时，部分教师认为实验本身不重要，考试结果才最重要，只要根据教材中的图片，简单描述实验过程和注意事项，给出实验结果就足够了，“会答题，得高分”才是教学唯一的目标，从而只求结果，忽略过程。在这种思想下，初中物理教学普遍存在教师教得辛苦，学生学得痛苦，教学效果差、效率低的问题。即使是在实验室进行学生分组实验教学，也存在“低效”的现象。由于学生进入实验室后，往往情绪高涨，对实验器材急于观察、摆弄，而对整个实验目的、实验过程尚不明确，不知道如何操作，观察什么现象，所以往往导致在实验室教学比在教室要混乱一些。虽然学生看似热热闹闹，但大部分学生只是走马观花，一无所获。如此，教学缺乏有效性。这是新一轮教学改革必须面对的问题。也可以说,不研究并解决物理实验教学“低效”的现象,新一轮课程改革是不可能成功的。因此,为了适应新课程改革的需要,研究初中物理分组实验的有效教学是十分必要的。

一、物理教学中存在的问题

通过对几位教师进行访谈,发现学校对物理分组实验教学比较重视,实验仪器配备比较齐全,而且大部分教师也认识到物理实验教学的重要性,但是通过访谈发现,分组实验教学仍存在以下六个方面的问题。

(一)重视程度不够

义务教育物理课程旨在提高学生的科学素养,让学生经历实验探究过程,具有初步的科学探究能力,乐于参加与科学技术有关的活动。物理分组实验教学不仅是培养学生操作能力与研究解决问题方法的重要途径, 而且还是培养学生科学态度和创新能力的重要途径。

在物理分组实验教学中,很多教师由于课时紧张,有时候会把应该由学生动手探究的分组实验改为教师的演示实验。所以,学生去实验室做实验的机会并不多,实验技能得不到培养,导致学生动手操作能力低,学习兴趣不浓,学习效率低,影响学生探究能力、创新意识与科学态度的培养。

学生对分组实验的重视程度不够, 部分学生去做实验往往抱着逃避枯燥课堂和玩的态度。实验前不认真听实验要求和注意事项,不明确实验步骤,实验操作往往是凭感觉做,常忘记记录实验数据或不知道如何处理实验数据。学生对分组实验较为生疏,教学效果不佳,教学目标难以达成,导致学生在中考中实验题失分严重。

(二)分组方法的局限

物理分组实验教学往往采取小组分工合作的学习形式, 但一般都会存在分工不均或个别学生参与度低的现象,而且几个学生聚在一起,也常出现纪律问题。这就导致课堂效率低，浪费时间，实验效果不理想。

（三）缺乏有效教学目标的设计

教学目标决定着教学行为。在分组实验教学中，教师一般都忽略了教学目标的设计，常照搬标准或教学参考书中的教学目标，导致课堂教学的盲目性和随意性。同时，目标常与教学脱节，导致目标流于形式，降低教学的有效性。

（四）教学模式单一

课程标准提倡多样化的教学模式，注重科学探究。在物理分组实验教学中，教师为了让学生更“顺利”地完成实验，会把实验目的、实验原理、实验步骤和所测物理量都一一讲清楚，让学生按部就班地完成实验得出结论，几乎没有独立思考和探索的空间，他们的创新意识和探究能力没有得到提高。长此以往，学生就会丧失思考的能力，也不能把学到的物理知识灵活地运用到实际问题中。

（五）评价方式单一

《基础教育课程改革纲要（试行）》将评价改革作为课程改革的目标之一，明确指出：“改变课程评价过分强调甄别与选拔的功能，发挥评价促进学生发展、教师提高和改进教学实践的功能。”而实际上，评价方式单一化，笔试测验还是基本的评价方法，仍然过分注重评价的甄别和选拔功能，在日常的教学评价中唯分论英雄。在评价过程中，评价内容不全面，评价的焦点往往放在知识性目标的评价上，忽视技能性目标和情感性目标的价值。这样，会使得学生的表现始终与一个个枯燥的分数画上等号，影响学生学习物理的积极性，而且这种单一的评价方法也无法全面地考查和评价学生的物理学习水平。

（六）不重视分组实验教学的反思

苏霍姆林斯基说过：“教育，首先是活生生的、寻根究底的、探究性的思考。”自我反思是教师立足于自己的实践经验，通过深刻的内省来整合自己的知识和信念，调控自己的情绪和行为的活动。自我反思对教师的专业发展具有重要意义。教学反思是一个研究型教师必不可少的活动。物理教师不仅要在日常的授课后进行反思，而且在实验教学后也应该进行反思。但通过访谈了解到，虽然学校一直强调教学反思的重要性，但实验课后的教学反思一般仅仅停留在经验总结层面上，而没有在教学理念、教学方法和教学策略上进行深层次的反思总结。

二、中学物理实验教学的低效归纳

初中物理分组实验教学确实存在“低效”的现象。下面，将从教学准备、教学实施、教学检测与评价、教学反思四个阶段对存在的“低效”现象进行概括。

（一）教学准备阶段

首先，教师没有树立“有效教学”的理念。许多教师受传统教育思想的影响，重理论知识，轻过程方法，把“会答题，得高分”作为唯一的教学目标，把分组实验改为演示实验，导致学生动手操作机会少，实验技能得不到培养，学习兴趣不浓，学习效果差、效率低。

其次，学生学习主动性不强，预习情况不容乐观。虽然大部分学生都意识到学生实验的学习需要预习，但是主动性不够，所以导致在教学中教师不能具有针对性地对学生在预习中存在的问题进行教学，降低了教学的有效性。

最后，分组方法局限。固定的分组方法容易出现个别学生操作，其他学生“旁观”的现象，而且还会导致出现纪律问题。

（二）教学实施阶段

首先，教学模式单一。一般教师都采用教师先讲解、学生按部就班做实验的单一教学模式。这种教学模式没有达到课程标准提出的教学目标，也不能激发学生的学习兴趣，还限制学生的思维，实验教学的重要作用得不到体现。

其次，学生缺乏有效的学习方法。很多学生遇到困难时，都是被动地等着别人解决，缺乏合作精神，缺乏主动分析、解决问题的能力。

最后，学生学习兴趣不浓，课堂参与度不高。在分组实验教学中，教师的讲授常常代替学生的探究，遏制学生主动探究的思维，降低学生的兴趣，也降低学生参与的热情。

(三)教学检测与评价阶段

传统的物理实验教学评价有很多弊端。例如，评价方式单一，实验部分的评价方式主要还是传统的笔试，所以出现了学生背实验、在纸上谈实验的现状；评价内容不全面，笔试的考查内容是有限的，对学生的实验能力和实验技能的考查很少；过分关注评价结果，由于中考指挥棒的影响，教师和学生往往更看重分数，习惯了用成绩来评价学生和教师，出现了只依赖终结性评价而忽视过程性评价的现象。

(四)教学反思阶段

教师往往满足于之前用过的教学计划和方案，习惯凭借自己的“经验”去处理教学工作、教学问题，形成自己的风格后，不容易再改变。但在真实的教学生活中，总会有一些仅凭借经验无法解决的问题，而教师根据经验可能会对这些问题“习以为常”“见惯不怪”并“视而不见”，制约教师的发展。

第二节　初中物理分组实验有效教学的策略

教学是有目的、有计划的活动，不是即兴演讲，不能靠临场发挥，因而有效教学应以充分的准备为前提条件。所以，在教学活动前，必须做好准备工作。教学准备就是教师为了实现学习目标，综合考虑各种影响因素和资源，做出各种决定，并形成相应的方案。

一、树立正确的教学观

目前,我国基础教育阶段的物理实验教学存在一些问题,主要体现为采用教师先讲解、学生按部就班完成实验这种单一的教学模式,出现了教师教得辛苦、学生学得痛苦的现象,学生没有得到应有的发展,而且分组实验教学不能达到预期的效果。教师对于实验教学的作用还仅仅停留在帮助学生理解物理知识和提高成绩的层面,而没有从培养学生探究能力和创新意识的角度出发。要解决这个问题,教师应先树立"有效教学"的理念。

学生的发展是判断教学是否有效的主要依据。可见,有效教学的宗旨就是要以学生发展为本。在学生学习方面,有效教学能充分发挥学生的主体性。学生是学习的主体,有效教学必须充分发挥学生的主观能动性,鼓励学生主动探究、主动学习和主动发展。主动学习是指出于学生的自我需要,学生不仅爱学习,而且会学习。爱学习与学生的学习动机、学习目的有关,同时还与教师设计的教学活动是否符合学生的情况有关。在教学中,教师要注意联系学生生活的实际,让学习变成学生的内在需要;要多给学生创造成功的机会,让学生体会自我实现的成就感。按照建构主义理论,学生学习的过程是一个主动建构的过程。而这就要求教师设计出丰富多彩的教学活动,让学生在教学活动中主动独立地获取知识,陶冶情操,发展能力。主动探究就是通过收集资料,提出解决问题的方案,通过进行一系列的操作,进行论证的过程。探究学习可以改变传统讲授式的教学模式,发挥学生的主观能动性,让学生的主体地位得到落实。在这个过程中,让学生认识科学规律,获得科学知识,可以培养学生的科学探究能力。在以学生发展为本的思想指导下,物理实验有效教学必须建构学生的物理知识、探究能力、科学态度和精神素养。

二、设计基于学生发展的有效教学目标

美国著名教育家、心理学家布卢姆曾说过:“有效的教学始于准确地知道要达到的目标是什么。”教学目标决定着教学行为,同时也是评价物理课堂教学是否达成的标尺。倘若教学目标设计出现问题,那么必将导致教学活动出现偏差。“上课前告诉学生目标,有助于让他们组织思维,在他们头脑中提供可以挂靠要点的钩子。这激活了学习过程,并使学习者集中注意去获取所要求的行为结果。”一位称职的、优秀的物理教师应该知道每节课学生“学什么”“学到什么程度”,并把教学目标转化为学习目标告诉学生。所以,有效物理教学目标的设计是有效教学的前提。

(一)设计教学目标时存在的误区

新课程提出了三维教学目标,即“知识与技能”“过程与方法”“情感态度与价值观”,涉及了学生发展的不同领域。德国教育学家第斯多惠曾说:“教学的艺术不在于传授本领,而在于激励、唤醒、鼓舞学生,使学生乐于学习。”然而,在物理实验教学中,教学目标的设计还存在以下三种误区。

第一,由于物理教师对教学目标的功能认识不足,对教学目标的设计不够重视,常出现照搬课程标准要求或优秀教案中教学目标的现象,使教学目标往往流于形式,导致课堂教学的盲目性、随意性和无效性。《标准》是教学的基本要求,不是详细且有针对性的教学目标,需要物理教师结合教学活动进行细化,并依据学生实际设计教学目标。“拿来”的教学目标往往与教学脱节,缺乏教学目标的达成意识。

第二,教师运用模糊、抽象语言来表述教学目标。例如,教师在设计目标时,运用了模糊的动词,如提高、了解、掌握等,缺乏质和量的具体规定,不便于实际教学的评价。

第三,没有体现“以学生为主体”的教学理念。有些教师在设计目标时,常出现“培养学生……的能力”“使学生树立……的观念”等,教学主体不是学生,而成了教师。

(二)设计教学目标时的策略

针对上述误区,教学目标的设计可以采用以下四种策略。

1.设计三维教学目标

随着新课程改革的深入，三维教学目标已被广大物理教师所熟悉和接受。但是,在实际教学过程中,还有很多教师把传授知识作为主要目标,忽视学生的主动参与,忽视合作、探究等能力的养成。这已不能适应时代的要求。

确定适宜的三维教学目标是实现“以学生发展为本”教学理念的基础。三维教学目标必须有机整合。对于物理分组实验的有效教学，更应重视过程与方法的教学,让学生在探究过程中实现知识与技能的目标,提升学习的兴趣,提高学习的创造性和自主性。同时,还应关注学生的情感体验,为学生提供一个充满活力、师生互动、生机勃勃的课堂。

2.基于《标准》设计教学目标

物理教学目标的设计不是凭空想象的,而是基于《标准》的规定,将课程标准的要求转化为详细的、可操作性的目标。例如,针对《标准》中“通过实验探究,认识声的产生和传播条件”,教师在设计目标时,可以将目标细化为“通过观察敲击音叉和鼓面振动等实验,知道声音是由物体振动产生的;通过观察真空铃实验,认识到声音的传播需要介质”。

3.结合学情设计适合学生发展的目标

根据维果茨基的“最近发展区”理论,太高或太低的教学目标都是低效的。只有难度适中的目标,才能起到激励的作用。因此,教师要根据所带班级学生的实际情况,分析学生的认知水平和个性特征,确定难度适中的教学目标,促进学生发展。

4.使用可观察、可测量的行为动词

在教学目标的表述上,教师可以使用可测性的行为动词。例如,表述“理解”的行为动词有解释、说明、归纳或举例等,表述“经历”的行为动词有尝试、观察、经历或探究等。同时,教学目标还应说明在什么条件下完成指定的操作,如“通过观察实验”“通过合作交流”“通过查阅资料”等。此外,教学目标还应指出学生需要达到的学习程度,如“能准确无误地说出……”“准确率至少达到 80%”等,便于测评学生的学习效果,便于学生自检自己的学习程度。

总之,有效的教学目标应是在课程标准的基础上,结合教材内容、学生的学习需要和兴趣,以及实验器材、媒体设备等,从促进学生“最近发展区”的理念出发,设计的目标准确、可测,体现学生的主体性,能引导教师教学方向,评价学生发展的三维教学目标。

三、动态分组,合作学习

初中物理分组实验的学习形式一般采取的是小组合作的方式。通过小组成员的分工合作,完成实验任务,最后在全班展示实验成果。这一方式在当前的初中物理分组实验教学中最为常见。

由于人数较多和实验器材有限的条件限制, 物理分组实验教学的传统分组方法一般是“优生后进生搭配,男生女生搭配”,将学生分为 4~5 人一组。这种固定的分组方法容易出现只有个别学生操作,而其他学生无所事事、精神涣散的现象,可能造成课堂乱糟糟的局面,增加课堂管理的难度。所以,改变传统的分组方法,提高学生的参与度,是提高物理分组实验教学有效性的重要方法。

新课程改革理念提倡“以参与求体验,以创新求发展”。合作学习是新课程改革大力推行的学习方式之一,具有不同知识结构、思维方式与认知风格的学生形成互补,在小组活动中互相启发,碰撞出思维的火花,产生新的思想,学生的主动性和创造性得到发展。由此,笔者想到让每一位学生都参与到实验中来,可以采用动态分组的方法。

动态分组是指每次分组实验都有不同的组合方式。也就是说,每次实验时,小组内的成员都是不同的。这样的分组方式可以减少某些能力差的学生对能力强的学生的依赖,增加每个学生动手操作的机会,避免出现“旁观者”的角色。同时,还可以培养学生的合作能力,能力强的学生遇到强的可以在合作中竞争,遇到弱的可以在合作中帮助,而能力弱的学生遇到弱的可以在合作中扶持。此外,还能增加学生之间相互了解交往的机会,让学生领会沟通的技巧,积累集体合作的经验,有助于培养学生的合作能力,有利于学生社会性的成长和发展。例如,可以给班里的学生编号。假如有 60 名学生,可以从 1 号编到 60 号;如果 4 人一组,可以分为 15 组。其中,每次第一个成员不变,第二个成员上调一组,第三个成员上调两组,第四个成员上调三组,这样就能保证每次实验分组成员都不相同,实现“动态”的原则。值得注意的是,动态分组不是让学生自由组合。在与教师访谈中,我们了解到,有教师采用自由组合方法,但效果不好。因为学生只会和相处好的学生组合,往往出现纪律问题,不利于课堂教学的实施。

四、让学生做好预习工作

通过调查发现,对物理实验的学习,初中学生提前预习的主动性还不强,学生的课前准备情况不容乐观。初中学生已经处于具有相对独立学习能力的阶段,如果仅仅依靠教师讲授的方式学习, 那么不利于提高学生的学习能力和发挥学生学习的主动性。因此,教师应该重视课前学生的预习工作,要相信学生,学生有能力解决的问题就让学生去解决。

教师要明确要求学生在每个实验前做好充分的预习, 养成自行设计实验表格的良好习惯。当学生具有独立的学习能力时,就把主动权交给他们,也把学好这门课程的责任交给他们。这样,他们的学习劲头会比在课上听许多不需要再听的讲解振奋得多,在学习上花费的心力和获得的收获也比被动的接受大得多。对于预习内容，课上教师可以少讲或不讲，把更多的时间放在突破重点和难点上，但是也要加强对预习内容的基础强化训练，保证学习质量。

为了保证预习工作的达成度，教师可以设计好预习任务，布置预习作业；也可以提出几个问题，让学生带着疑问去学习，并鼓励学生对疑惑的地方敢于提问。在这个过程中，学生可以以小组为单元合作完成任务，小组成员之间互相交流、互相帮助、共享成果，也可以培养学生的合作精神和交往能力。

第三节　物理实验有效教学案例

一、初中物理实验有效教学课堂实施策略

时代发展对教学提出了新要求。联合国教科文组织曾在报告中指出，21 世纪的文盲将不是不识字的人，而是不会学习的人。世界各国都在加强培养学生的创新能力，以在人才竞争中占据优势。联合国教科文组织在《学会生存》的调查报告中提出了创新教育是教育的核心和方向，规定了教育的任务：保持一个人的首创精神和创造力量；鼓励他发挥天才、能力和个人的表达；关注每一个人的独特性，又不忽视创新的一种集体活动。

在这种背景下，学生的学习方式不能墨守成规，因为沿用原来的“接受式学习”方式已不再合适，必须符合时代的需求，创建新的学习方式。学习方式是学生在学习过程中感知、记忆和思维的习惯化的态度和风格。

现在倡导的学习方式主要有探究学习、合作学习、自主学习。新的学习方式让学生在特定的情境中，主动设问和探究，发现规律，获取知识，学会分析、解决问题

的方法，培养创造力。根据物理分组实验的特点，探究学习和合作学习在物理分组实验的学习中占主导地位。在这种以学生自主控制为主的课堂中，教师的角色发生了变化，成为引导者。引导有两层意思：一是为学生提供咨询、帮助和辅导；二是激励和诱导学生学习。如何对学生进行合理、正确的引导，是教师提高教学有效性的重要研究内容。

（一）探究学习指导

爱因斯坦曾说过："结论几乎总以完成的形式出现，读者体会不到探索和发现的喜悦，感觉不到思想形成的生动过程，也就很难达到清楚、全面理解的境界。"探究学习又叫发现学习，与"接受学习"相对，是指在物理教学中学生通过一定的物理思想的指导，运用一定的物理方法，对物理概念、规律或科学结论进行研究的学习方式。探究学习是学生在以探究为主的课堂中，经历探究过程，获得知识发展能力，并从中体会探究方法的学习过程。教师作为引导者，其任务是调动学生学习的积极性，为学生设置探究的情境，准备仪器，促进探究活动的开展，并评价探究的结果。

探究学习指导的作用：第一，有利于学生保持持续的独立的探究兴趣。通过教师的指导，可以激发学生的探究兴趣，并保持这种兴趣。第二，培养学生发现问题、分析问题、解决问题的能力。通过教师的指导，可以促使学生知道研究什么、为什么研究、怎样研究，让学生学会根据获取的信息尝试分析、解决问题。第三，培养学生实事求是的科学实验态度。通过教师的指导，可以让学生形成尊重事实、独立思考、敢于克服困难的科学精神和态度。

对于物理分组实验教学，通过与部分教师访谈，发现在以往的教学中，教师的讲授常常代替学生的探究，扼制了学生思维的发展，也降低了学生的学习兴趣和热情，成为学生发展的阻力。根据初中物理分组实验教学的特点，探究式教学是符合学生认知规律的，有利于促进学生发展的教学方式。探究式有效教学实施策略如下所示。

1.创设情境,激发学习兴趣

捷克教育家夸美纽斯曾说:“一切知识都是从感官开始的。”“在可能的范围内,一切事物应尽量放到感官的跟前,一切看得见的东西应尽量放在视官的跟前,一切听得见的东西应尽量放在听官的跟前……假如有一个东西能够同时在几个感官上面留下印象,那么它便应当用几个感官去接触。”这反映了学生认知规律的一个重要方面。直观的体验可以使抽象的知识形象化、具体化。

在组织教学前,教师应基于学生的特点和教材内容,充分运用和开发教学资源,给学生提供研究所需的仪器,准备适当的研究材料,精心设计探究活动的指导计划。比如,是通过创设情境还是让学生自己提出探究问题;对于预设问题的回答有几种可能性及应对方案,都做好计划;学生可能在实验中遇到的困难及解决方法;恰当提供研究方法、数据分析处理方法的指导等。

在创设物理问题情境时,要注意应符合学生的认知水平,与学生的理论知识建立联系,处于“最近发展区”内。在教学过程中,注重学生物理思维的培养,显化科学研究方法,引导学生运用实验、观察、类比与比较、归纳和分析等科学研究方法进行探究。

“从生活走向物理,从物理走向社会”是物理课程的基本理念。物理分组实验教学应贴近学生的生活,从学生熟悉的生活现象中发现问题、探究规律。创设情境是教师常用的方法。合理的情境创设有利于激发学生的学习兴趣,对学生要理解的知识和规律有重要作用。情境的创设要以学生的生活经验为基础,与学习内容密切相关。创设适合学生身心发展特点和认知规律的物理教学情境,可以调动学生的思维,激发学生的学习兴趣,使课堂“活”起来,让学生真正“愿学”“乐学”,从而提高教学的有效性。

案例 1:“压强”引入。

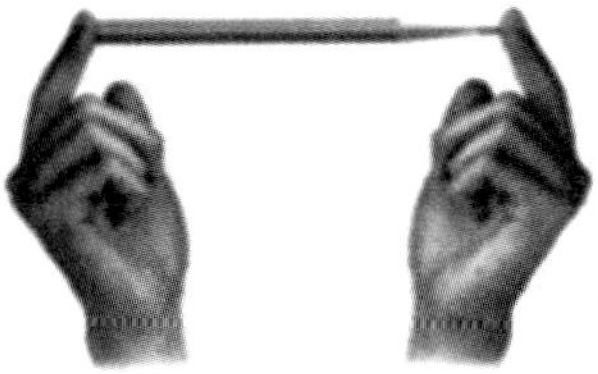

图 2–1　手指压铅笔

教师提出问题(如图 2–1 所示):两个手指的受力有什么不同?两个手指的感受有什么不同? 观察两个手指的凹陷有什么不同?

学生思考回答:根据力的平衡,两个手指受力相同。不过,尖的一端手指觉得更疼,而且尖的一端手指凹陷得更多。

教师接着引导:和这个实验类似的情况,生活中还有很多,我们再看一个图片(如图 2–2 所示)。

图 2–2　两人对雪地压力的作用效果

教师提出问题:两个人对雪地的压力是差不多的,但压力的效果相同吗? 你觉得压力的作用效果与什么因素有关?

对于“压强”这一节的引入,可以利用学生身边的物品——铅笔做实验,即用两个手指用力向中间压一支铅笔。在这个过程中,学生亲身体验并感受压力的作用效果。之后,又借助图片,通过一系列的实例,让学生观察、分析、思考、猜想影响压力作用效果的因素,激发学习兴趣,培养学生分析问题的能力。

2.大胆放手,发展探究思维

对于物理分组实验教学,实验设计是发展学生思维的有效途径。但是,在实际教学实施过程中,这个环节常被教师所忽略。因为教师的直接告知取代了学生设计实验的过程,限制了学生思维的发展。所以,在平时的教学中,教师应该相信学生,大胆放手,让学生自主思考、自主设计、自由交流,发展学生的探究思维。

教师指导探究学习的前提就是要转变接受式学习的教学行为,实行新的教学行为。教师应在学生遇到困难时给予适当的点拨,并为学生的探究提供机会和空间,而不是根据自己的思路来控制学生的研究过程,也不可越俎代庖,不要以"讲授探究"代替"亲历探究"。

案例 2:探究"影响压力作用效果的因素"实验。

器材:小桌、海绵、砝码、木板、装有沙子的容器、盛有适量水的矿泉水瓶。

教师:通过刚才的猜想,大家认为压力的作用效果可能与压力大小和受力面积有关。下面,请同学们利用提供的器材,设计实验方案,并将各组的设计方案写在小黑板上。

学生开始小组讨论,研究设计方案。

教师巡视各组情况,并请有问题的小组展示。

预设一:

学生 1:探究压力的作用效果与压力大小的关系。选用的器材有小桌、装有沙子的容器、砝码。具体方案是,将小桌放在装有沙子的容器上,观察沙子的凹陷程度;然后将砝码也放在沙子上,再次观察沙子的凹陷程度。通过两次比较,得到压力的作用效果与压力大小的关系。

教师:同学们,请对这种方案做出评价。

学生2:我认为这种方案不可行。因为第二次实验不仅改变了压力大小,还改变了受力面积,没有控制变量,所以两次实验应保证受力面积不变。对此,可以把砝码放在小桌上。这样,既可以改变压力大小,又能保证受力面积相同。

教师:很好,思维很严谨。下面,请各小组检查一下自己的方案,有类似问题的,及时更正过来。

预设二:

学生3:探究压力的作用效果与受力面积的关系。选择盛有适量水的矿泉水瓶和木板。具体方案是,先将矿泉水瓶正放在木板上,观察木板的形变程度;再将矿泉水瓶倒放在木板上,观察木板的形变程度。通过两次比较,得出压力的作用效果与受力面积的关系。

教师:同学们,请对这种方案做出评价。

学生4:选用的器材不合适,因为木板的形变属于微小形变,肉眼难以观察判断,所以应该替换成海绵或装有沙子的容器。

教师:说得很好,希望大家在实验设计时考虑到可操作性。再看看其他组的实验方案,有问题的可以提出来。

学生:……

本实验设计的难点在于控制变量思想的运用。教师从有问题的方案入手,让学生自主讲解和交流,发现问题,并通过其他同学的指导,引导学生明确问题所在。同时,教师应及时给予指导,明确问题后,给学生思考和改正的机会。此外,实验的可操作性是设计实验必须考虑的因素。

实验设计环节可以发散学生的思维，培养学生的创新能力。教师在教学过程中,要尽可能地让学生经历设计的过程,让学生在交流中提升,在设计中思考,体验设计的乐趣。

3.搭建小步子,解决复杂问题

要想使学生乐学,余文森教师曾提出他的观点——学会了才有兴趣学。对于物理这门学科,不少学生认为比较难学。因而,如何让学生学会学习物理,进而达到乐学的状态,是值得每一位教师思考的问题。“在教学过程中,教师通过有目的提出系列的不同类型的问题或任务,引导学生积极探索、主动发现、实践体验、解决问题,以便深层次地掌握、理解及运用基本知识,实现从能力到人格的整体发展,成为有效的问题解决者的活动。”在这一思想的指导下,教师要善于通过发问的形式,引导学生思考,探索解决问题,在问题解决过程中,掌握物理科学方法和技能。教师在组织实验教学时,要善于引导学生“生疑”“释疑”,让学生处于一种积极的探求知识的状态中。

如果在教学过程中创设的问题难度过高,偏离了学生的“最近发展区”,那么就会使得学生出现费力爬坡的问题。为了避免这个问题的出现,教师在进行教学设计时,要注意由浅入深、由表及里。

案例3:“探究平面镜成像的特点”实验。

活动:请同学们来照照镜子,靠近镜面,你是物,镜中的另一个你就是像。

教师:你和你的像大小有什么关系?

学生:相同。

教师:现在请你离镜子远些,感觉一下,像的大小有什么变化?

学生:变小了。

教师:离镜子近些,像的大小改变了吗?

学生:变大了。

教师:一开始发现像与物等大,之后又发现近大远小。那么,有什么办法可以比较像与物的大小关系呢?

学生:用刻度尺测量(到前面进行演示,先测物的高度5cm,后测像的大小出现困难)。

对此,学生讨论……

学生:用玻璃板代替平面镜,选取一样大的物体,看是否重合。

教师:介绍物理上的替代法,让学生利用准备好的两个金属块和玻璃板设计实验方案。

学生:一个是物,另一个是替代物,看前面物的像能否与替代物重合。

教师:说得很好(介绍实验器材,以及注意事项)!

学生活动:确定像的位置。

学生活动:看是不是近大远小。

学生:能够重合,说明像与物是等大的。

板书:像与物大小相等。

教师:之所以看起来近大远小,是由视角引起的(释疑)。还有其他发现吗?

学生:像距与物距相等。

学生活动:分组探究,将所测像距与物距填到表格内。

实验分析:发现像距与物距不完全相等,有较小的差别,请思考原因。

学生:玻璃板有一定厚度。

教师:很好,善于观察。前后观察平板玻璃,有厚度会产生误差,所以最好选薄玻璃板。

板书:像与物到镜面的距离相等。

教师:像与物连线与镜面有什么关系?

学生活动:连线和观察。

学生:垂直。

板书:像与物的连线与镜面垂直。

案例是探究平面镜成像的特点这一节，而本节的重点和难点就是引导学生设计探究方案。由于平面镜成像的特点较多,所以如果全部放手,让学生自主探究,那么对学生来说难度太大,实验效果不好。在案例中,教师充分发挥主导作用,把复杂问题分解为一系列相互联系、具有层次结构的问题,通过搭建“小步子”的方法,用循序渐进的问题引导学生思考,把难度大大降低,使实验过程顺利进行。

4.建构民主师生关系,营造良好课堂气氛

建构民主师生关系,重建课堂文化,是促进学生爱学、乐学的精神保障。为此,要做到以下四个方面:接纳学生、重视学生、相信学生有能力、让学生有安全感。苏联教育家斯卡特金曾指出:“很多合理、逻辑性的教学过程,由于给予的积极情感食粮很少,从而引起学生苦恼、烦闷等消极感受,阻碍他们积极的学习。”有效的教学过程应是学生愉悦的情绪和情感体验。为建构民主师生关系,可以在课堂中提倡七个允许,即不明白的问题允许发问;答错了允许重答;不完整允许补充;不同意见允许讨论;没想好允许再想;教师错了允许提出意见;讨论中允许学生自由发言,不必举手等待教师批准。对于这样的课堂,学生会感到安全、自由,自然思维活跃、参与度高。

(二)合作学习指导

基于物理分组实验教学的特点,一般采取分组实验的学习形式,这属于合作学习。合作式学习方式包含五个方面的要素:一是在完成共同任务中积极承担个人的责任;二是积极地相互配合、支持,尤其是面对面的促进性的互动:三是对于各人完成的任务进行小组加工；四是期望所有学生能建立并维护小组成员之间的相互信任,进行有效的沟通,有效地解决组内冲突;五是对共同活动的成效进行评价,积极寻求提高其有效性的途径。合作学习不是仅仅小组成员分工合作,完成实验,这一过程还必须得到教师的有效指导。如果教师对合作学习过程不进行适当的调控和介入，那么实验往往不能正常进行。所以，学生需要教师提供有益的帮助。

教师要适时介入学生的合作学习过程。当小组合作学习开始后，教师要忙碌起来，观察小组实验进行情况，并评价学生的进步、合作技能等情况。同时，教师要深入小组合作学习中去，有针对性地提供具体帮助。小组合作出现问题时，教师要适时干预：第一，小组内出现争吵、声音过大时，教师要及时制止，解决矛盾；第二，小组对实验操作表现不活跃、不主动时，教师可以提供情感的鼓励和支持；第三，当小组遇到困难无法解决时，教师要引导反思问题原因，确保实验正常进行。

（三）自主学习指导

自主学习是指学生在教师的启发、引导下，积极参与教学活动，始终处于自觉主动的学习状态，积极有效地获取知识信息，提高解决问题的能力，形成和发展正确的价值观与良好个性。在自主学习的过程中，倡导学生主动参与、乐于探究、勤于动手，学生的主观能动性会得到较好的激发和提高。在整个教学过程中，学生真正成为活动的主体，教师只是提出活动目标，然后组织学生开展自学活动，并从旁协助学习和恰当地指导学习。

课前自主学习：首先，对照目标，预习新知。目标是教学活动的方向盘和指南针，也是起始和归宿。其次，自主质疑，自主发现。发现问题和提出问题对科学探究具有重要意义。如果没有发现问题，那么就不能提出问题，而科学探究便无从谈起。在教学中，教师应鼓励学生在预习中从课本上初步获得知识信息的同时，更应该学会自己发现问题，带着问题听课，做到有的放矢，真正做学习的主人。另外，课本上每节内容后基本上都有相应的目标检测题，学生可在预习的基础上进行知识消化，增加听课的方向性和选择性。

案例4:“温度”一节的预习任务。

家庭实验:

1.仔细阅读教材上的两幅图片,准备冷、温、热三杯水。

做法:把两只手分别放在热水和冷水中,放置15s后,再把双手同时放入中间的温水中。

说一说:两只手对“温水”的感觉相同吗? ______

说明:凭感觉判断物体温度是 ______ 的,要准确地判断和测量温度,就要用 ______。

2.完成教材上的“想想做做”,自制温度计,如图2–3所示。

做法:①取口服液或青霉素空瓶一只、细塑料吸管一根;②在小瓶中灌满食用油,将细塑料吸管通过橡皮塞插入瓶中;③将小瓶分别置于热水和冷水中,观察细管内液柱高度的变化。

思考:细管中的液面为什么会变化?

图2–3 自制温度计

3.上网查找或查阅资料,找到以下物体的温度。

压力锅内最高水温是( )℃,我国最高气温是( )℃,我国最低气温是( )℃,人的正常体温是( )℃。

4.自带物品。

(1)收集生活中见到的各种温度计,上课时带到教室。

(2)自带体温计。

二、初中物理实验有效教学检验与评价策略

教学评价是以教学目标为依据,运用可操作的科学手段,通过系统地收集有关教学的信息,对教学活动的过程和结果做出评价上的判断,并为被评价者的自我完善和有关部门的科学决策提供依据的过程。新课程提倡运用多样化的评价方法,倡导"立足过程,促进发展"的评价理念,促进教师反思和改进教学,促进学生全面发展,实现评价的诊断、激励和发展功能。有效的物理实验教学评价通过从评价方法、内容、过程、结果等方面反馈的信息来促进学生的发展和教学的良性发展。物理实验教学评价应贯穿于教学过程的始终,通过教学评价,判断教学设计的合理性、可操作性和科学性,从而有依据地改进和优化教学设计。为达到有效评价的目的,教师首先应具备先进的评价理念,其次建构全面且合理的评价体系,最后运用多样且有效的评价方法。

(一)具备先进的物理教学评价理念

中学物理教学评价的目标是促进学生的全面发展。为了达到这个目标,教师应具备发展性的物理教学评价理念。

1.评价内容多元化

发展性评价强调评价内容的多元化。也就是说,在评价中,不能仅关注知识与技能的掌握程度,还要对过程与方法和情感态度与价值观方面进行评价。这样,才能促进学生的全面发展。

2.重视发挥评价的激励、诊断和促进发展功能

布卢姆认为,通过频繁反馈和评价,因人而异地对每一个学生以纠正,可以弥

补群体教学中的不足。物理教学评价应改变以往传统的过分看重甄别和选拔的功能，重视促进学生发展、激励学生、改进教学等方面的功能。通过评价，可以发展学生的潜能，让学生看到自己的成长和不足，提高学习物理的信心，并鼓励学生发展自己的特长，如在科技制作方面有突出的发展。

3.评价方法多样化

传统的评价方法比较单一，就是纸笔测验，主要关注学生的成绩。但是，这种方式已不能满足新课程的要求。而发展性评价倡导评价方法多样化。针对物理分组实验教学，除了笔试外，还可以采用档案袋、活动表现、实验操作等方法评价学生。

4.重视过程性评价

发展性评价不仅关注学习的结果，而且还关注学生的发展。而传统的评价过分看重学生学习后是否达标，从而忽视了学习过程的评价。因此，物理教师在教学过程中，要多次、动态、及时地评价学生，把终结性评价和形成性评价结合起来。对于物理分组实验教学，教师不仅要关注学生获得了多少知识，还要关注学生投入程度、实验操作规范程度、进步大小等情况，观察学生在学习过程中的表现。这样，才能有效激励和调控学生的学习，更好地促进学生的发展。

(二)建构全面且合理的评价体系

课程标准是进行教学和评价的首要依据，而教学目标是依据课程标准确定的。因此，评价内容和评价标准应该对应于教学目标来设计。教学目标有三个维度，即知识与技能、过程与方法、情感态度与价值观，决定了评价内容有三个方面。对于每一个维度的评价，都应该有其有效的评价方法。因此，要注意评价的三维目标没有主次之分，是统一的整体，都是为促进学生的发展服务的。

设计评价体系，就是规定评价哪些因素、不评价哪些因素，将评价内容和标准具体化、可操作化。评价体系包括评价内容和评价标准两部分内容。

1.评价内容

根据课程标准的要求，教学评价应从三维角度展开。其中，每一维度的评价内容又可以细化，然后据此编制测验、收集资料，对学生的学习做出合理评价。下面，简单介绍评价各维度内容的注意事项：首先，在知识与技能方面，传统教学往往只重视知识目标而忽视技能目标的评价，而物理分组实验教学更重视技能目标，技能目标占重要地位；其次，在过程与方法方面，“过程”可运用“通过、经历、观察”来描述，“方法”就是学生在学习过程中学到的物理方法，如“控制变量法、转换法”等；最后，在情感态度和价值观方面，可以通过成长记录档案袋、座谈、问卷、讨论会等方式进行。

2.评价标准

所谓标准，就是对事物评价的尺度，是指要求达到的程度。不考虑标准的评价是盲目的。评价标准编制得客观、科学、有效，评价结果的信度就高，而过高或过低的评价标准得不出可靠的信息，是没有意义的。所以，标准在设计评价过程中处于核心位置。要确定具体的评价标准，就要依据具体情况，以科学研究结果为基础，提高评价标准的质量和可行性。

(三)运用多样且有效的评价方法

发展性评价倡导多样化的评价方法。针对物理分组实验教学的特点，除了用等级量化的方法外，还应重视对学生探究、创新能力等方面的评价。不宜采取量化的方法时，可以采用行为观察法、档案袋评价法等进行评价。下面具体介绍这几种方法。

1.行为观察法

行为观察法是指教师通过有计划、有目的地观察学生，并加以记录，对学生的学习情况做出全面的评价的方法。观察结果最好记录在表格里，所以要预先设计观察表格。观察项目可以预先设计在表格里。表格可以放在学生的档案袋里，让学生了解自己的进步和考评的内容。

案例5:实验操作行为观察记录表(如表2–1所示)。

表2–1　行为观察记录表

班级:________ 姓名:________ 日期:________

操作内容	行为表现									
	1	2	3	4	5	6	7	8	9	10

行为表现栏10种表现:①激动、兴奋,表现随意;②无精打采,应付;③看别人操作,不在意;④按规定要求,操作规范;⑤积极思考,善于提问;⑥遇到困难,放弃操作;⑦遇到困难,自己想办法尝试;⑧遇到困难,求助他人;⑨数据有误,自愿重做一遍;⑩想办法提出改进方案。在对应表现栏打“√”。

2.小组成员之间互评和自评的方法

“只有对自己活动做出正确评价并善于分析自己活动的人，才是独立自主的人。”评价的方法可以是教师评价,也可以是组织小组成员之间的互评或自评。实践证明,互评实验操作效果很好,可以促进学生的实验能力的提高,激发学生学习的积极性和主动性。对于物理分组实验教学,不仅可以关注实验成功与否,还可以了解学生在设计实验、实验操作方面的情况。

3.档案袋评价法

档案袋评价是指在某段过程中所收集的相关资料,通过这些资料,可以展示个人的成长经历。成长档案袋是一种源于西方的重要评价方法,记录了学生在一段时期内一系列的“成长”故事,是评价学生努力程度、进步过程、反省能力及最终发展水平的重要方式。档案袋的资料收集具有很大的灵活性,范围也很广泛,如探究过程中的出色表现、小制作、遇到的问题或有见地的解答、考试测验信息、观察记录表、自评及他评等。档案袋评价有利于对学生的学习过程做出评价，也可以让学生更了解自己，培养学生自我教育的习惯。此外，档案袋评价还可以比较全面地评价一个学生，特别是对于有特长的学生，可以给予鼓励。

三、教学反思策略

苏格拉底说过："没有反思的生活，是不值得过的生活。"反思是人类的一种基本生存方式。早在20世纪30年代，杜威就提出了反思的概念。反思教学追求的就是杜威建议的"兼容"态度。胡森把"反思教学"解释为"一种批判分析的过程，在这个过程中教师发展自己的逻辑理性技巧、思维判断以及相关的思维态度"。反思教学是教师对自己的教学进行批判性分析的研究活动。也可以说，反思教学就是教师通过观察自己的教学行为、教学效果，及时对自己的教学做出合理的调整和修改。

反思教学是相对于"经验教学""习惯教学"而言的。当出现凭借经验无法解决的问题时，"经验教学"必须向"反思教学"转化。事实上，许多优秀教师都有教学反思的习惯，从而不断成长。对于物理教师，不仅要在日常的授课后进行反思，还要在实验教学后进行反思。教学反思的类型如下所示。

（一）事件记录型

事件记录型就是教师把教学中经历的关键事件记录下来，以便后续研究。这些记录的事件往往蕴含着值得研究的教育问题或教育思想。这些"实践中的问题可能是特定的、清晰的，也可能是隐含的、模糊的；可能是理智层面的，也可能是情绪层面的，或者两种因素兼而有之"。常用的记录方法有教学日志、教学后记、教学录像、教学录音、案例、随笔等。记录的内容可以是多方面的，关键清楚"为什么要记录"。对于物理分组实验教学，思考以下问题，有助于我们明确该记录什么内容。

第一，这节实验课中，我在教学目标、情境创设、课堂组织、重难点把握、问答、引导、指导等方面处理得怎么样？

第二，今天的教学中，什么事情让我很兴奋、很沮丧、很激动？

第三，这节实验课中，哪些地方处理得最成功？哪些地方处理得有遗憾？

第四，这节实验课中，学生的参与程度、投入情况怎么样？

第五，通过这节实验课，我对实验教学理念有什么新的体会？哪些事件可以体现这个变化？

明确这些问题后，选择记录的重点，可以详细描述与反思问题相关的场景。下面介绍三种记录事件的方法。

方法一：利用好教案。可以在教案右侧空出一栏，下课后，把这节课感触最深的地方记录到空白处。有时候很多灵感稍纵即逝，不要因为没有及时记录下来而白白流逝了。

方法二：使用记事本。随身带一个记事本，随时记录教学中的感悟。

方法三：利用录像或录音。例如，可以用录像机记录上课实录，下课后再看一遍，一定会发现许多值得反思的地方。

（二）对比分析型

对比分析型是把自己的教学过程与他人的教学过程进行对比分析，从不同的视角，发现自己的问题或优势。例如，对同一个实验方案的设计，不同教师就有不同的教学方案。这种差异为教学反思提供了丰富的资源。有时，某一个问题可能会让我们陷入僵局，这时不妨看看别人是如何解决的，尝试把他人的经验吸纳到自己的经验体系中。借助比较反思，可能让我们对问题有全新的理解或认识。对比的对象可以是我们的同事，也可以是专家、学者。像同课异构，集体备课、评课就是很好的对比研究形式。此外，还要注意，在比较时，要选一个具体的角度，如是教学理念、教学内容还是教学行为。这个角度尽量小而具体，这样反思才能深刻有效。思考下列问题，有助于我们确定同他人比较的层面。

第一,我的课、教学设计、教学活动、作业设计与他人有什么不同?

第二,我的教学风格与他人有什么不同?各有什么优缺点?

第三,我的教学评价、课堂组织与他人有什么不同?效果有什么不同?

第四,某人的课件制作、问题设计、情境创设、教学环节对我有什么启示?

第五,我在激发学生学习兴趣上与他人有什么不同?

第六,我在突破重、难点上与他人有什么不同?效果有什么区别?

(三)自我批判型

善于反思的教师已经具备一定的经验积累和知识素养,对教学有较深的认识和感悟。他们不会盲从,而是用批判的眼光确立自己的观念。自我反思是以经验和事实为基础,通过细致的观察、严密的推理、充足的证据分析问题、理清思路,并在这个过程中审视、批判和创造。思考下面的问题,有助于引领教师进行自我反思。

第一,我明确自己的教学理念吗?我的教学行为中哪些体现了自己的教学理念?哪些违背了自己的教学理念?

第二,我理想中的物理实验课堂是什么样的?为什么?

第三,我的评价理念是什么?为什么?

第四,我的教学过程中,哪些是合理的?哪些还需要改进?

第五,就分组实验教学,哪些设计可以引起学生的学习动机?

进行自我反思的方法有以下三种。

方法一:头脑风暴。针对某个问题,把所有想法都列举出来,对比利弊。

方法二:画思维图。针对某个问题,把相关的影响因素都列举出来,在纸上用图表形式显示各因素的关系。

方法三:开辩论会。确定自己的观点,进行辩护。

第三章 物理习题课有效教学的探讨

第一节 新课程标准下高中物理习题课有效教学的特征和功能

教育问题是目前亟待解决的问题之一。学生学习难度在不断增大,学业负担越来越繁重,而学习的积极性却在不断地降低,学生的学习压力和学习负担需要得到缓解。因此,如何才能激发学生学习的兴趣,提高学生学习的积极性,是需要重点考虑的问题。而习题课是高中物理课堂的一种重要形式,是学生感到压力和难度大的一个重要部分。习题课的教学直接决定了学生思维方式的培养和能力的发展。

但在中学物理课堂中,很多物理教师仅仅是完成教学任务,几乎不深入研究习题教学。在教学过程中,通常会从资料书上找一些题目来完成教学任务,无法上升到理论层次,题海战术的情况时有发生,对学生创新能力的培养力度较差,很少用到演示实验等方法来辅助解题等。

习题课教学是中学物理教学的重要组成部分，是深化应用物理基础知识的有效途径,是联系概念、规律的纽带,是理论联系实际的桥梁,是从感性认识上升到理性认识的必由之路。那么,怎样才能上好作为中学物理课堂教学中主要形式的习题课,做到事半功倍,有效提高学生的解题能力呢?为此,笔者对习题教学进行了专题研究与分析,希望对大家有所帮助。

一、习题课有效教学的特征

(一)学生的兴趣

兴趣是学生学习最强的动力。浓厚的学习兴趣会让学生表现得更加努力,在学习的过程中会更加专注,同时能够让学生保持理性的头脑认真仔细地分析,并保持充足的精神。

(二)课堂的灵动

教学是一种情感交流。教师通过课堂的展示,传递给学生的不仅仅是知识,还有情感的交流。通过教学中的分析,不断地进行互动,运用一些教学策略,使教师的思维和学生的思维不断地进行碰撞,从而产生新的问题,凸显新的矛盾,在这种新的矛盾的解决过程中,发现问题的解决方式,提出问题的解决方案,这样的课堂才显得更加轻松愉悦。

(三)思维的思辨

物理学作为一门科学,对思维的要求较高。学生不论是学习新课,接受新知识,还是利用已经学到的知识来解题,都对理性的思维活动有要求。因此,学生的理性思维能力在某种程度上决定了学生解决问题的能力。所以,要想提高课堂效率,则可以引导学生在习题中发现问题,带着思考去做题,寻找有价值的问题,活跃学生的思维,提高思维的思辨能力。

(四)文化的厚重

物理学应该成为一门文化,在课堂教学中不断地进行深化和渗透。科学是物理学科最典型的特点,但是学习物理不仅仅要学习知识,还要掌握规律,感受文化的魅力。通过习题课教学,要让学生知道如何去做题,让学生体验探究过程,感受物理活动带给人的成就感,体会运用物理学的思想来解决生活中、学习中、社会中、科技中的种种问题,从而让学生感受物理学科的文化厚重,提高学生的科学素养。

(五)方法的创新

物理不同于其他学科,对高中学生而言,绝大多数习题的答案是唯一的,但解题过程和解题方法则是多样的。比如,在“电磁感应”的问题中,可以利用力学来分析问题,也可以通过电流产生的安培力来分析问题,还可以利用功能关系中的能量转化来分析问题,不同的方法对应的解题步骤不同,但最终得到的答案是一样的。在解题过程中,教师要有意识地进行方法多样性的渗透,让学生不死记公式,要灵活处理,并且善于创新,培养学生的创造能力。

二、习题课有效教学的功能

(一)形成知识系统的功能

物理学科的知识内容是系统呈现的,初学者找不到各个知识点之间的联系,但是随着学习的深入,会慢慢地发现其内在的关系,而物理的学习就需要从整体上来感知。在新课的教学中,通常讲解的知识内容很少,而且知识点过于分散,知识点之间联系不够紧密,学习到的概念联系不够,在学习过程中认识到的规律运用得不够熟练。因此,习题课可以起到一定的促进作用。但仅仅是促进作用,是不够的,还需要进行知识点的对比和关联。习题课的有效教学有利于学生对整体功能的把握。习题课若是能够进行有效教学,则可以将学生所学习到的所有内容串联起来,让学生把各个知识点联系在一起,形成系统的知识框架,让学生对各个板块的知识都能做到特别熟练,将知识点连接成线,将线构成平面,最终形成知识系统。而这样的过程只有在有效教学中,才能更快速地建立。

(二)反馈与反思的功能

新课的教学效果如何、学生掌握的情况如何、学生对概念的理解如何、学生对规律的把握如何等，每一个问题都值得去反思。如何进行有效的教学，通常需要习题课的协助。因此，习题课的任务非常重。而如何在短短的习题课内完成如此多的信息反馈，则需要习题课的有效教学。因此，要加强习题课教学的互动性，从而在教师和学生之间建立起一个重要的渠道，通过习题课的有效教学，进行课堂的反馈和课后的反思。

（三）掌握问题常用方法的功能

物理习题的解题方法特别多，如在受力分析中会经常用到整体法和隔离法，在解决万有引力问题时会用到补偿法，在进行受力分析时会用到分析法，在电学知识中会用到等效法，在学习磁场时会用到类比法，甚至还会出现对称法、归纳法等。学生在学习中要掌握的是方法，并利用学习到的方法来解决实际问题。而这是需要一定时间的。对于每一种方法的学习，并不是教师进行简单的介绍，而是要通过习题课教学过程，对习题进行细致分析，让学生体会科学方法，并有一定的感悟，然后进行总结和归纳，进行体验式的学习。以上的这些方法如果仅仅告诉学生，是远远不够的，因为学生会很容易忘记。所以，习题课的教学需要将具体的科学方法融入课堂之中，这样的有效教学就有利于学生掌握常见问题的分析方法。

（四）培养解决物理问题能力的功能

高考大纲对学生应该掌握的能力做了以下分析：要求学生能够掌握理解能力、分析能力、推理论证能力、探究能力等。能力和知识不同，知识是直观的，只需要时间的积累，教师带领学生去体会，就能获取知识，而能力是学生本身的一种素养，并非说掌握就可以掌握的，只能让学生在学习过程中去感悟和体会。习题课的有效教学就是针对某些物理解题的能力，让学生不断地进行感悟，有针对性地让学生去感受学习过程。

（五）提高学生解题熟练程度的功能

从目前的教育来看，学生的整体水平和整体能力都是从习题完成的情况上反映出来的。通常情况下，解题熟练程度越高的学生，在完成习题时才能更加迅速，解决问题时正确率才更高。习题课的有效教学就是让学生体验如何去分析问题，并将分析出来的问题提取出来，然后将已知的知识转化为基本的元素，再利用这些基本的元素去解决实际的问题。

(六)提高学生思维能力的功能

物理对思维的要求很高。要解决一个问题，就必须要有严密的思维能力。只有具备较高的思维水平，才能做到完整且富有逻辑，而且要保证一定的深刻性，才能不至于在解题中漏掉相关的问题。因此，习题课的有效教学需要在课堂中训练学生解决问题的能力，要求学生按照一定的方式、方法解决问题。

三、习题课教学

(一)习题课教学的目的与方法

习题课教学是通过对典型问题的分析与讨论，使学生加深物理基本概念和规律的理解，总结归纳运用物理概念和规律解决实际问题的方法与技巧。它不仅可以用来帮助学生掌握物理概念和规律，加深对有关物理状态、物理过程和物理情境的理解，而且还能帮助学生有效提高理解能力、实验能力、分析能力、综合推理能力和应用数学处理物理问题的能力，从而达到开阔眼界、发展智力与培养能力的目的。

(二)常用的习题课教学方法

在习题课教学中，应结合教学内容和学生实际，采用灵活多样的教学方法，使学生真正掌握分析问题、解决问题最基本的方法，养成良好的具体问题具体分析的习惯。

1.讲授—练习同步法

这种方法是习题课教学中最常用的方法。它通过由教师对典型例题开展详细分析和讲解，总结归纳出分析和解决物理问题的方法与技巧，并在此基础上，结合同一类型的问题，让学生同步开展练习，使学生通过自己的实际练习，总结解题的方法与技巧，从而提高解题能力，达到举一反三、触类旁通的效果。

2.讨论—分析法

这种方法也叫“头脑风暴法”，是教师和学生一起，对某一具体的物理问题，边分析边讨论，充分发挥学生的发散性思维，最后得出正确结论。这种方法不仅可以贯彻启发式教学原则，还能充分调动学生讨论问题的主动性和积极性，充分发挥师生间的沟通与交流，及时捕捉到学生分析问题的错误思路、方法，并给予纠正，进一步培养学生分析和解决问题的能力。

3.讨论—归纳法

这种方法也叫作“错误纠正法”，即选择一些学生容易出错的典型问题，罗列各种错误思路和结论，先让学生讨论，通过讨论找出出错原因，然后针对学生暴露出来的问题，进行分析和归纳，并进行错误纠正，得出正确结论。

4.板演—讲评法

板演—讲评法是指先选择典型问题，让学生进行板演，把学生独立思考、分析与解决问题的思路和步骤充分暴露在全班学生面前，然后教师择机组织学生针对板演学生的分析思路和方法进行评议，充分肯定其正确的分析方法与解题技巧，找出其存在的不足之处，指出努力方向。通过板演这种方法，能够检查出学生运用物理知识分析和解决问题的能力，也可以极大地调动学生学习的积极性。通过评议，有利于提高全班学生分析和解决问题的能力。

四、习题课教学存在的问题

通过调查分析，发现在教师的调查中，有一些比较好的方面，但是也有一些比较令人担忧的方面。

教师都有一种意识：有效课堂的教学能够提高教学效率，而且应该尽量运用探究式、合作式等教学方法。教师应该多去学习,多关注理论知识,只有理论知识的积累,才能让我们站在更高的角度去看待课堂,从教育学、心理学和学生发展的规律出发,改善自己的教学方式。

但是,理想毕竟和实际相差太大。在实际教学中,仍然使用传统的教学方式。对于习题的教学理论和解题理论,教师理解得不是完全透彻,而且教学模式单一,题海战术依然很多,对学生思维方式的培养与理想中的情况脱节严重。同时,培养学生的思维方式,开展有针对性的教学,提高学生知识应用的水平,都做得不够好;迫于高考的压力,很多方面的问题目前受到束缚,传统教学需要进一步改善。

五、影响习题教学有效性的主要因素

(一)学生因素

学生是课堂的主体。在习题教学中,不管采用什么样的教学策略,不管教学环境如何完善,都有一个共同的目的,即通过学生积极主动的参与,从而取得良好的教学效果。而此时,学生的影响因素显得尤为重要。学生的积极性、学习动机与学习兴趣等因素都会影响课堂教学效果。一个能力突出、知识背景丰富的教师会采取合适的方式加以引导,让学生主动学习、探索学习,让学生提高兴趣,对学习充满乐趣,并从学习中找到相关的切入点,培养学生的能力。

(二)教师因素

教师在开展习题时可以起到主导作用, 因此教师的引导如果能够做到更加专业,对教学理解更加深刻,那么对教学会有更大的帮助,这样才能让习题教学的有效性得以实现,变得更加有可能。教师需要根据自身学习到的专业知识,运用相关的专业素质,形成自己的良好专业风格,促进有效教学的实施。相反,如果教师的知识素养不突出,教学策略不完善,无法利用合适的教学策略和教学设计来实施教学过程,那么有可能降低学生的学习积极性,影响学生学习的兴趣。

（三）教学环境因素

教学的物理环境通过外部的环境来影响学生的精神状态，这样的影响最终将波及教学策略的有效性。在一个嘈杂的外部环境中，教师和学生都无法集中精力去面对教学和学习，因此不论采取多么好的教学策略，都很难取得有效结果。同时，心理环境因素也对教学的有效性起着关键性的作用。如果教师和学生能够拥有一个轻松愉悦、积极向上的情绪，那么会使教师的教和学生的学变得更加有效率。所以，教学环境的影响非常重要。

第二节　高中物理有效教学的实施理论

一、习题课有效教学的目标和原则

（一）习题课有效教学的三维目标

传统的习题课课堂教学通常把习题的解题结果当作课堂的教学目标。因此，要想改变目标，就需要进行价值本位的转移。也就是说，需要把以知识为本位的目标转向以发展为本位的教学中来，从而实现三维目标的要求。

知识与技能：注重知识本身，要求学生能够掌握相关的知识内容。

过程与方法：能够熟练地运用相关方法来解决实际问题，同时重视解题的过程，对过程的分析要到位，让学生通过过程的分析去体会相关的方法，内化成学生自己的方法。

情感态度与价值观：感受物理学科与生活之间的关系，即物理源于生活，也应用于生活；体会最新的科学技术与物理学科之间的关系，让学生在这样的过程中，去感受民族自豪感,感受规律发展的过程,感受创新精神和创新能力。

在新课程标准下,习题教学的有效性不是单一的一种认知活动,而是学习过程与方法、情感态度与价值观等多个方面相互融合的过程。

(二)习题课教学的原则

1.目标性原则

教学目标是教育实施以前就已经确定的课堂教学实施的方向，是预先已经设定好的目标,不仅涉及知识,还涉及方法的培养,包含学生情感的调动问题。物理课堂的种类很多，如新课教学和习题课教学，以及复习课和实验课都要设置教学目标,这是一个课程的指导性内容。因此,必须要有明确的教学目标,而且应该是明确的三维目标。

2.主体性原则

在设定的教学目标中,不管是要求学生掌握的知识和技能,还是要求学生体会的过程和方法,甚至包括情感问题,都是针对学生而言的,因为学生才是课堂的核心。教师要以学生为教学的核心,教会学生去学习,培养学生应用知识的能力。在这个过程中,教师是一个指导方向的引路人,在给学生指出明确方向的同时,启发学生去学习,不能全部由教师代劳,指导学生去探究和发现。

3.启发性原则

在教学过程中,学生的学才是真正的核心问题。传统教学中的“灌输式”学习会让学生感受到学习中的枯燥无味,学生被动接受知识,没有主动学习的意识,永远抱有一种依赖的思想,并且所掌握的不是一种技能,而是知识本身。要想解决这一问题,做到学生主动地学习,就需要教师的启发作用。在教学中,教师要指导学生思考问题,引导学生发现问题,运用相关的物理方法解决问题。这样的学习才是一种体验式学习,学生更多地可以体会到学习的快乐,感受到学习的精髓。学习不仅是为了解决一个问题,还要掌握解题的方法,启发学生自己去解决问题。

4.循序渐进原则

近年来,高考的压力越来越大,竞争越来越激烈,高考题目的难度越来越大,所以在教学中,很容易不遵循循序渐进的原则。学生是一个成长中的人,不能过早地进行过度培养,但部分学校在这方面做得不科学。有些高中一年级的新生经过简单的学习之后,教师立即把综合性强的题目拿给学生去完成,过早地培养学生全面的思维方式,这样做反而百害无一利。所以,教育必须考虑学生的情感因素。教育学的规律告诉我们,只有循序渐进,才能满足事物发展的基本规律,学生认知的培养、方法的掌握是如此,学习也是如此。只有一步一步地,针对学生的学习情况,逐步去尝试一些难题,并将难题分解给学生,这样的做法才适合学生的发展和认知,才能称之为有效教学。

5.因材施教原则

每个班级的学生不管分班情况如何都会出现自身基础不同的情况，而且每个学生都是单独的一个个体。因此,个体的能力水平、认知水平与接受能力等各个方面都会存在很大的差异。学生成绩突出,往往与接受能力有很大的关联。相反,如果学生的接受能力比较差,那么就需要花更多的时间去理解和感受才行。因此,在一个班级中,学生情况不一样,对学生的要求则略有差异。为了提高学生的能力,就需要针对不同的学生开展教学。在新课的教学中,往往只是介绍概念和基本规律,而真正关于规律的运用则在习题课中涉及。所以,在习题课教学过程中,要认真分析学生的实际情况,有意识、有方向地开展习题教学。同时,有效课堂还必须尽可能地去关注每一个学生,做到因材施教。

6.教学相长原则

物理习题教学的对象是学生,课堂教学的主体是学生,所以习题课教学的中心是发展学生的能力，提高学生的水平，培养学生的科学素养，凸显三维教学目标。在教学过程中，学生完成习题的情况往往反映出学生的接受水平，甚至能够反映出学生的情感因素。因此，教师要把握这些因素，进一步强化。在这个过程中，提高的不仅是学生的水平和能力，还能提高自己的教学水平，为以后的教学积累更多的素材和案例，从而提高教师的教学能力。

二、习题课有效教学的教学策略

（一）课前精选习题

1.研究教学目标

教学目标是开展课堂教学的一个导向。在选择习题课的习题之前，必须认真研究本节课的教学目标。而对教学目标的制订，必须结合学生的学情，结合学生已经掌握知识的情况来设定三维目标。只有设定好科学的教学目标，才能为更好地选择习题提供依据。同时，对不同阶段的同一个知识点，其教学目标也不一样。比如，学生在学习“力的分解”时，目标是应该掌握力的分解方法，能够运用按照力的效果分解和正交分解两种方法。但是，在高中三年级进行一轮复习的时候，应该将教学目标调整为熟练掌握和熟练运用。

2.研究学生的能力水平

在科学的教学目标设定下，要认真分析学生，包括学生的学习情况、已有的知识储备情况、知识的运用能力水平、方法的掌握情况、学生对这一节内容的兴趣等。只有这样的考虑，才能兼顾学生的心理情况。只有依据科学的教学目标，根据学生的心理状态选择出来的习题，才是最适合本节课的习题。

3.控制习题数量

一节课究竟要准备几道习题才能让本节课的课堂变得更加有效？其实，一节习题课究竟要讲解几道习题，具体的数量是不一样的，要考虑的是习题的难度、学生的学习情况、学生的知识运用能力等。比如,在进行高中一年级上学期必修一第二章“匀变速直线运动的位移和时间的关系”这一节的习题课时,如果学生的基础较好,那么可以准备5~6道习题来强化学生的学习。但是,如果是“带电粒子在磁场中的运动”,并且学生基础较好,那么最多只能介绍两道习题。所以,依据难度、学情等各方面的因素,选择的习题数量也不一样。总之,要符合学生认知发展的基本规律,不能陷入题海战术。

(二)引入呈现习题

1.利用科学技术

青春期的学生充满好奇心和求知欲,而最新的科学技术会对学生有着非常强的吸引力,所以可以把科学技术成果引入习题课之中。比如,学完回旋加速器后,在上习题课的时候,可以介绍世界上最大的加速器——欧洲大型粒子对撞机。这个粒子对撞机的半径达到几十公里,是一个地下的装置。同时,通过多媒体展示欧洲大型粒子对撞机的示意图和工作图像,将抽象知识形象化,从而更好地进行理解。

2.利用多媒体

多媒体技术在高中物理课堂中得到了广泛的引用,其中投影仪基本上在大多数物理课堂上可以看到,甚至还可以用挂画等多媒体工具。利用多媒体技术,可以展示很多的素材,能够把习题中的某些关键点,通过一些图像展现出来,给学生一个比较直观清晰的感受,甚至还可以利用影像资料,去代替传统的题目,这样的过程会更加丰富多彩,在课堂上吸引学生的注意力。

3.介绍大自然的现象

大自然本来就是一个丰富多彩的素材库,所以可以结合自然界中的一些现象来引入当前学习的习题内容。比如,在学习“光的折射”时,可以给学生介绍天上所出现的彩虹,让学生思考彩虹是怎么来的,甚至可以让学生思考如何去做一个人造的彩虹。

4.从生活现象入手

生活中的许多东西都可以作为物理的基本元素加以运用。因此,可以从生活和社会中的一些现象入手,导入习题。例如,在学习“变压器”的时候,可以让学生描述一下所看到的变电站的情况,结合生活中的变电站来引入习题。

(三)创设习题情境

1.联系实际,创设问题情境

在实际的教学过程中,可以利用演示实验中的一些现象,去激发学生思考,让学生思考为什么会出现这样的情况。例如,在进行“自感和互感”的习题课时,可以做一个“千人震”的演示实验:找 10 个同学手拉着手,然后两边的同学拉住导线,再和一个多匝线圈并联以后,通过开关接在电源的正、负两极,通电以后,在断开电源的瞬间,同学们会有被“电”到的感觉。教师可以反问学生:断开开关,为什么会有电的感觉?是什么原因造成这么高的电压?

2.设置悬念,创设习题情境

在教学的时候,在某个特定的地方预留一定的疑问,设置悬念,从而让学生主动思考问题,激发学生的求知欲和好奇心,然后经过思考以后,在关键位置进行适当的引导和点拨,起到事半功倍的效果。例如,在进行“动量守恒定律”的习题课时,通过实验会发现,两个完全相同的小球发生碰撞后,原本静止的小球运动起来,原本运动的小球速度为 0,也就是发生了“速度交换”。那么,为什么会发生“速度交换”呢?此时,可以引入动量守恒定律中的完全弹性碰撞模型,通过这个模型的习题教学,让学生更深刻地掌握方法,体会物理过程。

(四)有效分析习题

有效分析习题就是通常所说的审题,是习题解答的第一个环节,也是非常重要的一个环节。能够正确地审题,对高效率地完成习题可以起到保障作用,并能在之前所理解的文字的基础上,寻找相关的线索。

1.抓住关键字眼

审题的时候,重要的条件必须要关注到。比如,在力和运动这一部分内容里面,“静止”“恰能”“匀速”“平衡”“刚好”“阻力不计”“光滑”就是一种隐含的条件。

2.寻找已知条件

哪些是已知的,哪些是未知的,这些问题分析清楚了,才能更进一步地去分析问题。

3.分析过程

物理是讲究过程的,尤其是涉及多个过程问题。比如,在“带电粒子在磁场中的运动”这一部分内容中,如果粒子涉及多个阶段的运动,那么就需要对每个阶段依次进行分析。在解题时,可以指导学生利用一些辅助解题的方法来解决相关问题,从而更加直观、形象、简单地去解决问题,如可以利用运动行程图、$v\text{–}t$ 图像、函数关系图等。

(五)扩展习题功能

1.一题多思

物理的概念和规律变化非常复杂,同一概念或同一规律会有多种变化,但不管如何变化,都是以最基本的物理知识为前提的,这些基本概念和基本规律是这一类变化的核心。对于同一个习题,教师应该让学生从不同的角度去思考这个问题。比如,在学习“电磁感应现象与力学综合问题”时,可以让学生从“牛顿第二定律”和“能量”这两个角度去思考问题,让学生在习题课中稍做训练,从而教会学生灵活地运用知识,深化训练学生,让学生从多角度、多层次运用知识,提高综合思维能力。

2.一题多问

在习题课的教学过程中，教师切记不能忙着给学生找题目开展题海战术，因为这样会让学生延误物理学科的学习，只会机械地完成任务，把做题当成一种负担，无法强化知识内容的理解，以及达到举一反三的目的。对于同一个题目，要形成多个问题。在设计题目的时候，可以把一个题目作为载体，多个知识点集中在这个题目之中，形成学生的发散性思维方式，提高课堂效率。

3.一题多解

虽然物理学科知识点多，但是可以将所有的内容串联起来，形成一个完整的知识链条。因此，在解题过程中，一个问题通常有多个不同的方法去解决。例如，在学完必修一第二章的"运动学基本规律"后会发现，如果要计算物体的位移，那么可以利用位移—时间关系来解题，还可以利用速度—时间关系来解题；可以运用平均速度解题，还可以利用位移差值相等来解题。运用多种方法来解题本身就是一种综合能力的运用，因此在课堂上，教师要引导学生主动思考，大胆提出不同的方案，打破常规，探寻新的解题方法，并不断鼓励学生大胆创新。

(六)培养解题能力

解题能力对中学生而言至关重要。在审题之后，分析物理过程，如果能找到合适的物理方法，那么对解题会有非常大的帮助。解题能力的高低直接关系到习题解答的效率。一般而言，解题需要关注的是方法，而通常最好的解题方法，不需要特别花哨，最重要的是适用，适用也就意味着科学、简洁。对同一个问题，解题的方法有很多，尤其是把整个高中物理学科的知识学完以后，会发现不同的方法可以解决相同的问题。因此，在教学过程中，教师要有意识地培养学生的解题能力，引导学生去体会解题的过程，感受解题的方法。在解题中，常见的方法有建立模型、矢量叠加、极限分析、对称处理、整体分离、近似处理等。

(七)课堂习题设问

提问是一种常见的活动。在教学过程中，教师会针对某些特定的环境提出问题,请学生来回答,有利于培养学生的思维能力。一般情况下,提问是有技巧的。提出的问题不能过于简单,否则就没有意义,但是问题也不能太难,因为太难的问题会使学生产生畏惧心理。学生在解答过程中,如果回答正确,说明学生找到了正确的思维方式,也可以在答题过程中收获成就感;如果回答错误,则有利于暴露知识上的盲区或思维上的误区,能够起到改善的作用。但是,回答错误的时候,要给学生足够多的鼓励,让学生收获一定的成效。此外,通常情况下,设计问题也要遵循一定的规律,即有层次、有节奏、递进式地提问,难度适中,机会适宜,相互呼应等。只有合理地设置问题,才能提高习题课堂的有效性。

(八)习题课后评价

1.批改的有效性

习题课是教师带领学生学习，因此具有一定的导向性。而学生要想得到真正的锻炼,就要经历一次训练,也就是完成教师布置的作业。完成作业后,教师要对作业进行评价,对知识进行评价,对学生完成的态度也要进行评价。对学生完成的每一份作业,教师都应做到细致分析、认真批改,在批改过程中,去发现学生掌握知识的情况,以及对知识应用的水平能力问题,并通过批改作业反馈学生信息的作用,进一步实现有效性教学。但是,仅从班级层面来关注学生的信息情况还远远不够。要想真正提高学生的能力水平,还应该建立数据库,利用多媒体平台,对每个学生错误的类型和错误的知识点进行归类,分为知识上和方法上的错误,从而建立练习情况分析数据库。教师可以利用 office 软件中的 excel 进行操作,每操作一次记录一次,可以了解学生的基本情况,知道学生近期某些知识的进步如何。

2.评价的有效性

作业不仅仅是为了批改，只是机械性地给出一个标准答案，然后判断对错。单凭分数，是无法给出一个正确的评价的。因此，一个冷冰冰的等级或分数不符合新课程标准所提出的要求。教师应该把每份作业当作学生独一无二的作品，从这些作品中，要看到的不仅是知识，还包含学生对待知识、对待作业的一种态度，甚至是学生对待学习、对待生活的一种态度。比如，可以从学生的作业中看出认真执着，也可以从学生的作业中看出漫不经心。对此，教师应该在每个学生的作业中多一些人性化的评价，不应该只是一个分数。

3.学生反思的有效性

学生拿到批改后的作业后，教师应该要求每个学生根据个人情况进行反思和改错，完成题目，在达到训练目的的同时，也可以反馈出学生的知识盲区。此时，学生及时的反思和改错就显得相当重要。学生拿到作业后，先自行分析错误，在重新思考后，尝试新的解答，如果依然无法得到正确的答案，那么就经过教师的点拨，然后自己再订正。自我反思的有效性在于能够认识到自己学习中的一些问题，便于发现问题、分析问题并尝试解决问题。

4.评讲的有效性

部分学生因为课堂不认真、学习能力较差等问题，经过自我反思后，也许无法真正地解决问题。此时，需要教师带领学生进行新的反思和评价，有可能是我们通常所说的课堂作业评价，也有可能是个别辅导。在这个过程中，教师起主导作用，可以为学生弄清楚习题的基本情况提供良好的导向作用。

教师可以将学生的错误问题或者无法解答的问题展示于学生面前，通过反问、追问，让学生在矛盾冲突中重建与调整知识体系。在此过程中，教师不应该直接给出答案，更不应该直接展示完整的解题过程，而应该多留下问题，运用启发式的教学方法，指引学生对问题进行二次思考，重新理解和整理问题，关注错误的内容，并在此基础上，进行二次解答。学生在教师的指引下完成订正后，教师还应该督促学生对整个错误的问题从一个新的角度来理解，进行整体反思。

（九）师生情感交流

新课程标准要求教师在课堂中占主导地位，引导学生学习。因此，教师和学生的情感交流成为有效课堂的一个关键性影响因素。教师应该更加贴近学生，成为学生心目中可亲的朋友。不管是在学习中还是在生活中，师生都应坦诚交流，让课堂效率更高。因此，要适度地体会学生的心理，并在习题课中做到以情动人，从而实现课堂学习有效的目的。在习题课的课堂氛围上，不适宜管理太紧，因为过紧的课堂管理容易造成师生之间出现管理者与被管理者的地位关系，不够融洽。

三、新课程标准下高中物理习题有效教学的评价

（一）有效教学的评价

习题教学评价的宗旨与考试是不同的，考试是评价学生的一种方法，但并不是唯一的方法，只能起到一种参考的作用。在现行的习题课课堂教学中，出现了一些评价的漏洞和误区。比如，现行的评价方式过于依赖考试，考试的结果往往带着很强的偶然性，而且通常只是评价一个结果，但学生的评价应该是多方面的，不能只看到学生的分数；现行的教学中，评价的方法过于单调，仅仅依赖试题，对成绩的量化依赖过多，对其他的考查方式和评价方法不够重视。《基础教育课程改革纲要（试行）》对学生的评价有了新的要求，即评价体系应该全面完善，不能只依靠分数去评价学习情况。所以，要建立完善的评价体系、科学的评价机制，关注学生的全面发展，让学生建立自信，挖掘学生的潜能。因此，有效教学的习题课课堂必须要实施新课程标准所倡导的评价观。

（二）习题有效教学的评价标准

习题课的有效教学评价是指对习题教学活动过程和结果做出的一系列有价值的判断行为。

1.是否发挥习题教学的功能

物理习题教学服务于物理概念和物理规律，是概念教学和规律教学的具体延伸拓展和补充，可以让学生通过习题来巩固物理知识，形成基本技能。从这方面来讲，这是习题教学的知识功能。同时，习题教学还有一个问题功能。因为只有通过习题教学，才能知道真正的问题在哪里，以及如何来解决这些问题。习题教学就是要培养学生的动手能力，让学生掌握相关技能，促进学生科学素养的提升，培养学生毅力，提高学生的美学意识和爱国主义情操。这些都体现了习题教学的教育功能。

2.是否注重过程与方法的渗透

新课程标准所提出的目标“过程与方法”体现的是对学生的能力要求。在物理习题教学过程中，不能仅仅关注学生学习的结果，还应关注学生学习的具体过程。不同的教学过程都能得到想到的知识答案和结果，物理教师教学都能达到最终的教学目标，但是不同的教学过程让学生体验到的学习过程是不相同的。因此，教师应该关注以下几点：学生掌握的知识点情况如何；学生如何去体会解题过程；在处理问题的时候，学生感觉到的难点是什么；学生如何才能收获成就感，怎么样才能更高效地开展学习；学生在课堂上最感兴趣的内容是什么；在教学过程中，应该如何去把握学生的兴趣和爱好。这些都是值得重点关注的问题。

3.是否体现师生的共同发展

评价的目的是为了创造适合学生的教育，而考试和测验这样的评价却是为了选拔适合教育的学生。所以，评价的主要功能不是为了选拔和甄别，而是为了创造更合适的教育，改进教育方式，以得到更高效率的教育结果。因此，真正的评价不仅仅是为了使学生获取更高的分数,还是为了在这样的评价过程中,发现学生知识上的盲区、能力上的薄弱环节,改进教育教学方式,同时促进教师多一些反思,主动分析学生、分析教学。这样的分析过程能够让教师发现自己教学过程中的不足之处,并做出进一步的分析和进一步的改善。

4.是否尊重学生的主体地位

只有让学生作为学习的主体,才能让学生对自己的学习负责,对自己能力的成长负责,关注自身的学习状况,调整自己的学习方法,促进自我学习的有效性,并能适当地进行自我评价。因此,教师应该关注学生在学习中的表现,学会欣赏学生、鼓励学生、帮助学生、服务于学生,让学生在学习中找到快乐,感受学习进步给自己带来的成就感。

四、有效教学实施的相关问题

(一)过程与结果相统一的评价原则

新课程标准已经提出很长时间,评价的科学性越来越强,评价的对象和范围也逐步得到突破,同时要求把课程、教学和评价进行整合,融合为一个整体,从而贯穿到教学活动当中。因此,在习题课有效教学的评价中,不能仅仅局限在对学生学习成绩的单一评价中,还应体现在学生的活动以及其他的教学活动中,并将学生的学习效果和学习过程做到统一,从而实现过程与结果的相统一。

(二)定性和定量分析结合

评价的方式、方法很多。在注重过程和结果相统一的评价原则后,需要对评价进行定性分析和定量的科学性分析,需要教师对教育测量和统计有一定的了解,并能熟练运用部分统计方法,对部分评价的特性从数值转化为文字描述。此外,定性评价有一定的不足,定量评价也存在一定的缺陷,而过于量化的评价往往会忽略发展规律。教育是一个负责性的科学,有很多难以量化的因素。因此,只有将评价方法定性和定量有机结合,才能更加真实地反映实际情况。

第三节　习题课教学案例

一、教学案例一

法拉第电磁感应定律

什么是一劳永逸的成分？是知识点的归纳。如果说新课的知识点是中规中矩地展示大纲要求，那么习题课的知识点则是对重点知识的强调，是直接针对应用解题时必要的知识拓展，是对历届考试中要点的归纳。因此，教师仔细地研究考试，会归纳出一劳永逸的东西。以下是笔者对法拉第电磁感应定律习题课的教学设计文本。

一、教学目标

在物理知识方面的要求：第一，通过复习，进一步理解感生电动势的概念，明确感生电动势的作用；第二，在复习巩固的基础上，熟练掌握法拉第电磁感应定律。

通过本节复习，培养学生运用物理知识、分析和解决一些实际问题的能力。

二、重、难点分析

重点：对法拉第电磁感应定律的进一步理解和运用。

难点：法拉第电磁感应定律的综合运用。

三、教具

投影片（或小黑板）。

四、主要教学过程

（一）复习引入新课

1.叙述法拉第电磁感应定律的内容。

2.写出其表达式

设在 Δt 时间内，导体 MN 以速度 v 切割磁感线，则移动距离为 $d=v\Delta t$；设 MN 长为 L，这一过程中，回路磁通量变化为 $\Delta\Phi=\Phi_2-\Phi_1=B(s+d)L-BsL=BLd$。

根据法拉第电磁感应定律说明，上述推导需条件：磁感应强度 B、导线切割速度 v 与长度 L 三者互相垂直。若上面三类垂直中只有两类垂直，而 v 与 B 不垂直，设夹角为 θ，则请全体学生推导电动势的计算式。教师指点方法：将 v 分解，其中与磁感线平行的速度分量没有作用，有效切割速度为 $v\sin\theta$，因此得 $\varepsilon=BLv\sin\theta$。

3.关于 $\varepsilon=BLv\sin\theta$ 的意义

（1）$\sin\theta$ 的意义是把公式中的 B、L、v 转化为两两垂直：①$v\sin\theta=v_\perp$，是将切割磁感线的速度 v 分解为垂直于 B 和 L 的有效分量；②$B\sin\theta=B_\perp$，是将磁感应强度 B 分解为垂直于 v 和 L 的有效分量；③$L\sin\theta=L_\perp$，是将导体长 L 等价成垂直于 B 和 v 的有效长度。上述分解和转化的方法是等价的，所得结果完全相同。

（2）在上式中，若速度 v 是即时速度，则电动势 ε 为即时电动势；若速度 v 是平均速度，则电动势 ε 为平均电动势。

（二）课堂练习

例题：边长为 a、总电阻为 R 的闭合正方形单匝线框放在磁感应强度为 B 的匀强磁场中，磁感线与线框平面垂直。若线框由平行位置转过 180°角，则此过程中流过线框导线横截面的电量是多少？

学生审题后会发现，本题与以前所学均不同。在这种情况下，感生电动势的求法一时难以想象出。不过，可做些提示：线框在磁场转动的过程中，转到不同位置时，产生的感应电动势的即时值不同，因而线框中的感应电流也不同。解答本题的关键是，如何理解和计算转动 180°角的过程中穿过线框的磁通量的变化量。

可以这样理解：一个平面有正、反两面，从正面穿入的磁通量设为正值，而从另一面穿入的磁通量就是负值。线框处于平行时，磁感线从线框一面穿入，磁通量是$\Phi_1=BS=Ba_2$；转过180°后，磁感线从线框的另一面穿入，这时的磁通量就是$\Phi_2=-BS=-Ba^2$。所以，先后两次穿过线框的磁通量的值相等，但正负不同。那么，线框在转动180°角的过程中磁通量的变化量为$\Delta\Phi=\Phi_2-\Phi_1=-Ba^2-Ba^2=-2Ba^2$，取绝对值就是$2Ba^2$。由此可应用法拉第电磁感应定律求得转动180°角的过程中的平均感应电动势，最后应用欧姆定律和电流强度的定义式求出通过线框截面的电量。

(三)课堂小结

组织学生归纳总结法拉第电磁感应定律应用的基本思路与方法。

五、教学说明

由于是复习课，故本设计安排了较多的内容，而且前后知识的联系有一段距离，所以学生可能会感到有些吃力，特别是基础较差的学生，会困难更多。正因为是这样，所以教师可在课前做些知识准备。这样，可以降低难度，让学生接受好些。教师在讲述问题时，切不可就题论题，而应把重点放在充分发挥学生学习的主动性和能动性上。同时，每个问题都应留给学生一定思考、分析和讨论的时间，应允许课上争论，并及时做出评价。这样，师生就可以共同总结、归纳、运用法拉第电磁感应定律解答问题的基本思路与方法。

二、教学案例二

理想气体定律

“理想气体定律”是高中物理热学部分的重要内容。本节习题课以“理想气体定律”为基点，通过设置梯度习题，将之与相关知识连线编网，从题型和解法上归类，且与其他学科相联系，有助于培养学生的多种能力，并通过问题的解决和讨论，培养学生良好的解题习惯和攻关意识。

典型习题一：气柱、液柱移动与变化问题。

例 1:如图 3-1 所示,一根一端封闭的玻璃管开口向下插入水银槽中,内封一定质量的气体,管内水银面低于管外,在温度不变时,将玻璃管稍向下插入一些,下列说法正确的是(AD)。

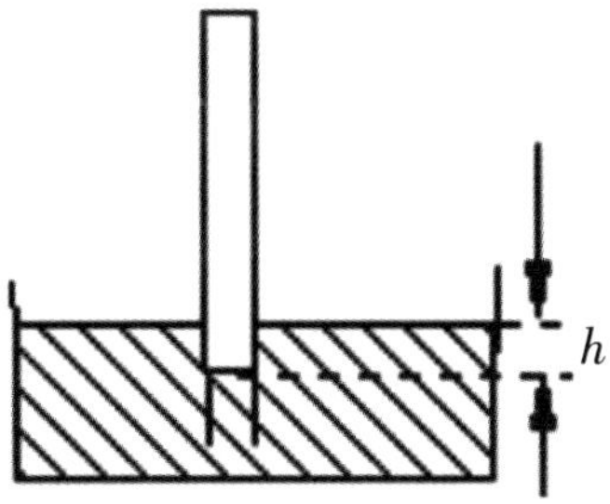

图 3-1 例 1

A.玻璃管内气体体积减小　　B.玻璃管内气体体积增大

C.管内外水银面高度差减小　　D.管内外水银面高度差增大

解析:运用假设法,即设某一个量不变,判定假设是否成立。

例 2:如图 3-2 所示,一根两端封闭、粗细均匀的玻璃管,内有一小段水银柱把管内空气柱分成 a、b 两部分,竖直放置时,上、下两段空气柱长度之比 $\frac{L_a}{L_b}=2$。当两部分气体的温度同时升高时,水银柱将如何移动?

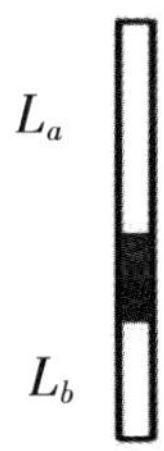

图 3-2 例 2

解析:

①公式法:设液柱不动,气体等容变化;升高相同温度时,原来压强大的升压多。

②图像法:假设体积不变,做图像(如图 3–3 所示),利用图像判定假设是否成立。

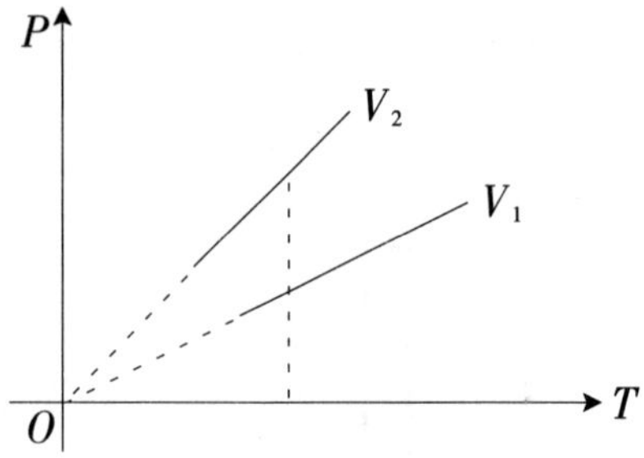

图 3–3 图像

典型习题二:气体与浮力的动态讨论问题。

例 3:如图 3–4 所示,将一瓶子开口向下压入水中,恰能悬浮在液体内部某一深度 h 处。若液体温度降低,则瓶子将如何运动?若液体温度升高,则瓶子又将如何运动?若将瓶子轻轻下按马上释放,则瓶子是上浮还是下沉?

图 3–4 例 3

解析:假设法研究气体状态的变化、浮力作用下的平衡与运动问题。

三、教学案例三

气体中极值谈论的问题

例题:如图 3–5 所示,一个竖直放置的圆筒下端封闭,上方有一个无摩擦的轻活塞,将一定质量的空气封闭在筒内,活塞上方装的水银恰好与筒口相齐。已知这时圆筒内空气的压强为 HcmHg,现在要继续向活塞上缓慢地倒入水银,问起始时被封闭的气柱高 h 满足什么条件时,继续倒入的水银可不溢出(设气温不变,h 单位是 cm)?

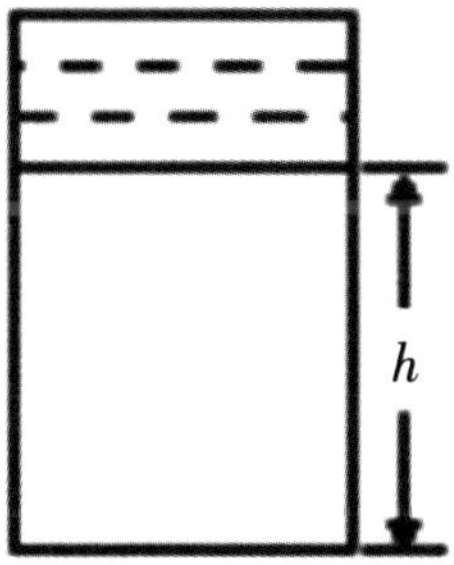

图 3-5　例题

解:设导入高度为 x 的水银柱未溢出。

对封闭气体:$P_1=H$cmHg,$V_1=hS$。

倒入水银后:$P_2=(H+x)$cmHg,$V_2=(h-x)S$。

代入 $P_1V_1=P_2V_2$ 得 $HhS=(H+x)(h-x)S$,化简得 $x^2+(H-h)x=0$。

$\because x\neq 0$,$\therefore x=h-H$。

又 $\because x=h-H>0$,$\therefore h>H$。

【巩固练习】

例 1:如图 3-6 所示,把装有气体的上端封闭的玻璃管竖直插入水银槽内,管内水银面与槽内水银面的高度差为 h,当玻璃管缓慢竖直向下插入一些时,问 h 怎样变化?气体体积怎样变化?若将玻璃管倾斜,保持管的上端高度不变,则液柱的高度 h 怎样变化?若将玻璃管倾斜,保持管的液面外长度不变,则液柱的高度 h 怎样变化?

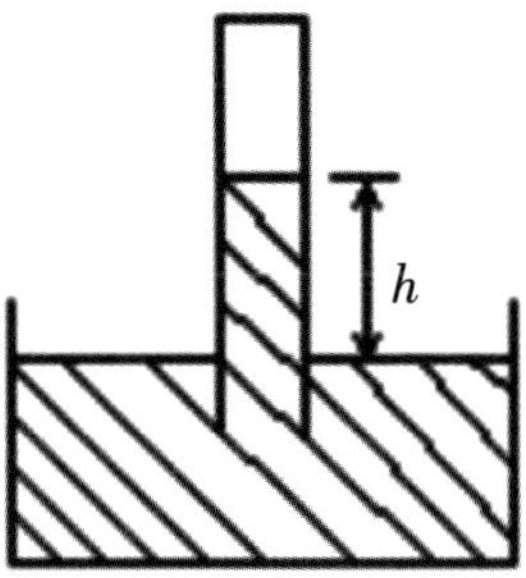

图 3-6　例 1

例 2:如图 3-7 所示,活塞把密闭容器分隔成容积相等的两部分 A 和 B,在 A 和 B 中分别充进质量相同、温度相同的氢气和氧气,则活塞将(　　)。

A.向右运动　　　　B.向左运动

C.不动　　　　D.不能确定

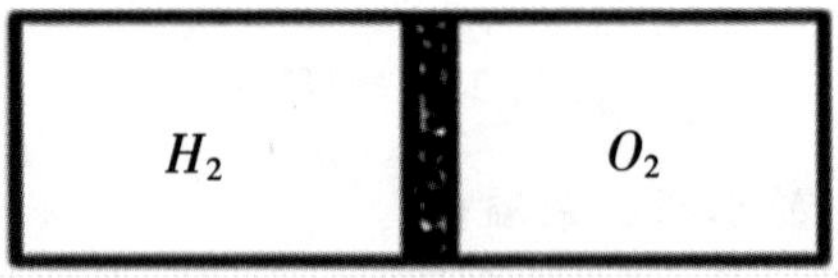

图 3-7　例 2

例 3:如图 3-8 所示,汽缸内有一个 T 形活塞,活塞两侧分别封有气体,汽缸的 C 孔与大气相通。最初活塞两侧气体温度相同,活塞静止不动,现让活塞两侧同时升高相同的温度,若活塞不漏气,活塞与汽缸的摩擦不计,则活塞将(　　)。

A.向左移动　　　　B.向右移动

C.不动　　　　D.无法判定

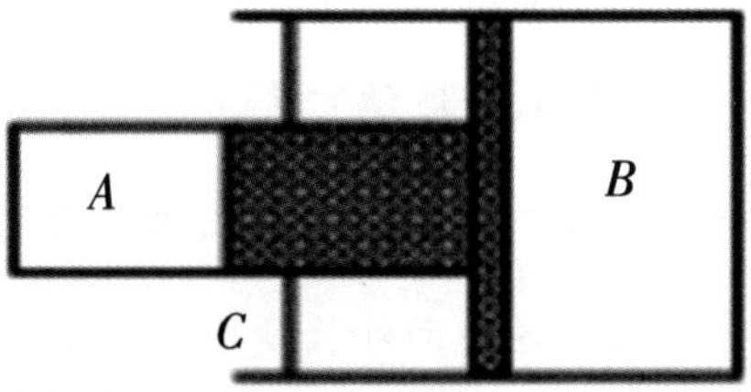

图 3-8　例 3

【课后练习】

1.如图 3-9 所示,两端开口的弯管左管插入水银槽中,右管有一段高为 h 的水银柱,中间封有一段空气,则(ACD)。

A.弯管左管内外水银面的高度差为 h

B.若把弯管向上移动少许，则管内气体体积增大

C.若把弯管向下移动少许，则右管内的水银柱沿管壁上升

D.若环境温度升高，则右管内的水银柱沿管壁上升

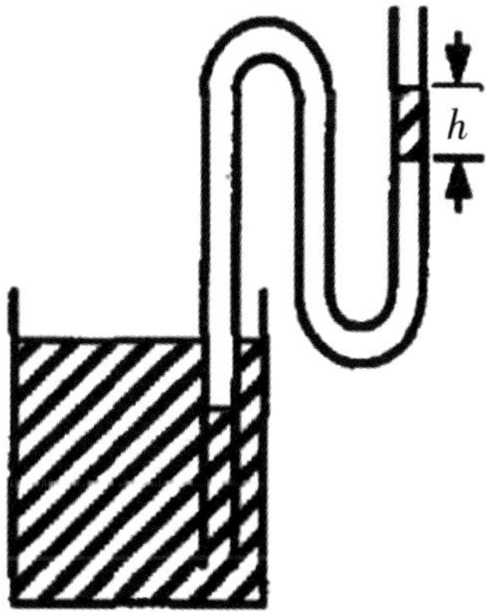

图 3–9 课后练习 1

2.如图 3–10 所示，竖直放置的均匀细管上端封闭，下端开口，轻弹图甲中细管，使两段水银柱以及被封闭的两段气柱分别合在一起成图乙状。设此过程中不漏气，温度保持不变，则甲水银下端 A 与乙水银面下端 A' 相比较(A)。

A.A'低于 A　　　　B.A'高于 A

C.在同一高度　　　　D.无法确定

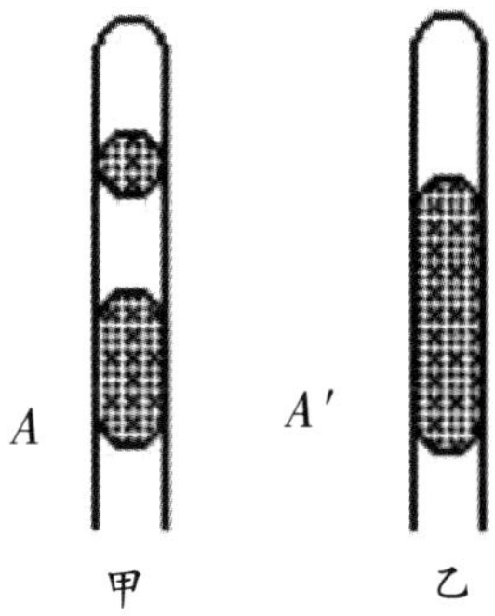

图 3–10 课后练习 2

3.图 3–11 为由粗细均匀的细玻璃管弯曲成的“双 U 形管”,a、b、c、d 为其四段竖直的部分,其中 a、d 上端是开口的,处在大气中。管中的水银把一段气体柱密封在 b、c 内,达到平衡时,管内水银面的位置如图 3–11 所示。现缓慢地降低气柱中气体的温度,若 c 中的水银面上升了一小段高度 Δh,则(AD)。

A.b 中的水银面也上升 Δh

B.b 中的水银面也上升,但上升的高度小于 Δh

C.气柱中气体压强的减少量等于高为 Δh 的水银柱所产生的压强

D.气柱中气体压强的减少量等于高为 $2\Delta h$ 的水银柱所产生的压强

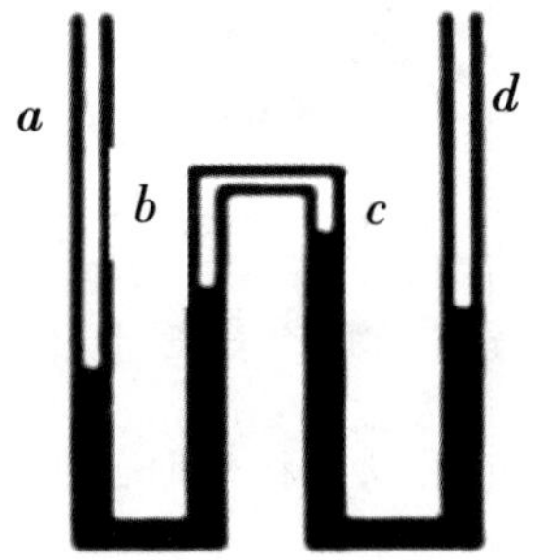

图 3–11　课后练习 3

【课后回顾】

第一,分析选择的例题应具有典型性、代表性。典型例题具备两个特点:一是综合性,二是示范性。通过解此题,能抽出具有代表性的解题思路、方法、步骤和技能。教师引导学生分析典型例题时,解题思路要清晰,依据的物理概念、规律要准确,选出的代表性解法应简洁,确定的解题步骤要合理,这样才能引导学生形成综合解题能力。

第二,要注重一题多解、一题多变、一题多联。

第三,概括思路方法。通过对典型例题的分析和求解,经过分析、综合抽象与概括等一系列的思维活动,悟出解这一类问题的关键和规律。教师在教学中,要指导学生注意这方面的积累，如气体性质问题一般选用这样的程序来表达：选对象—定状态—选方法—列方程—求解答。概括思路方法可以为学生准确、快捷地解决问题打下良好的基础。

四、教学案例四

光

【教学目标】

1.知识目标

通过例题的讲解，使学生对本章的基本概念和基本规律有进一步的理解，并能熟练应用本章知识分析、解决物理问题。

2.能力目标

在熟练掌握基本概念、基本规律的基础上，能够分析和解决一些实际问题。

3.物理方法教育目标

通过复习，培养学生归纳知识和进一步运用知识的能力，并学习一定的研究问题的科学方法。

【复习重点】

对物理概念的深刻理解、对物理概念的综合性运用。

【教学方法】

复习提问、讲练结合、学案导学。

【教具】

投影片、学案。

【教学过程】

一、本章知识脉络

本章知识脉络如图 3-12 所示。

光
- 光的折射：折射率 $n=\frac{\sin\theta_1}{\sin\theta_2}=\frac{c}{v}$。
- 光的干涉：双缝干涉→测定单色光的波长（$\Delta x=\frac{l}{d}\lambda$；）
  薄膜干涉→用等倾法检查平整度。
- 光的色散：不同颜色的光，波长不同，在同种介质中，波速不同。
- 光的衍射→泊松亮斑。
- 光的偏振→光是横波。
- 全反射：光密介质射入光疏介质，入射角达到临界角，$\sin C=\frac{1}{n}$。
- 全反射棱镜、光导纤维。

图 3–12 本章知识脉络

二、本章要点追踪与典题例析

（一）光的折射

折射是光从一种介质进入另一种介质并改变传播方向的现象。

1.光的折射定律

折射光线在入射光线和法线决定的平面内，且入射光线和折射光线分居在法线的两侧，入射角的正弦与折射角的正弦成正比。

2.光路可逆

在折射现象中，光路可逆。

3.折射率

介质的折射率：$n=\frac{\sin\theta_1}{\sin\theta_2}=\frac{c}{v}$（对应光从真空进入介质）。

（1）任何介质的折射率均大于 1。

（2）n 由介质本身的特性以及光的频率决定。同种介质对不同频率的光，由于 v

不同，所以 n 就不同。例如，对白光来说，v 红最大，n 红最小，所以出现色散现象。当光从一种介质进入另一种介质时，f 不变，v 变。

(3)实验：测定玻璃的折射率。

例 1：安全门上观察孔的直径 d=4cm，门的厚度 L=3.464cm。为了扩大向外观察的范围，在孔中嵌入折射率为 $\sqrt{3}$ 的圆柱形玻璃，圆柱体轴线与门面垂直，如图 3–13 所示。从圆柱底面中心看出去，可以看到的门外入射光线与轴线间的夹角称作视场角，求嵌入玻璃后的视场角。

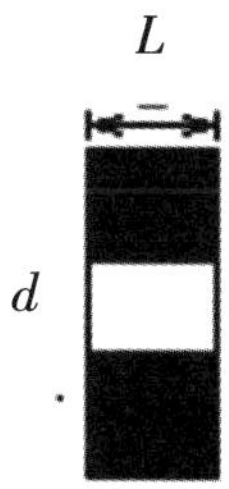

图 3–13　门的截面

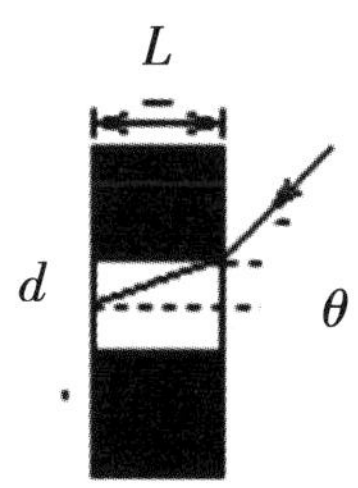

图 3–14　光路图

解析：由题中给出的视场角定义，做出如图 3–14 所示的光路，则图中 θ 角即为视场角。

由折射率公式得 $n=\frac{\sin\theta}{\sin\alpha}$，由几何关系得 $\sin\alpha=\frac{d}{2\sqrt{L^2+(\frac{d}{2})^2}}$。

联立解得 $\sin\theta=\frac{nd}{\sqrt{4L^2+d^2}}=\frac{\sqrt{3}}{2}$，所以视场角为 60°。

例 2：某研究小组的同学根据所学的光学知识，设计了一个测量液体折射率的仪器。如图 3–15 所示，在一个圆盘上，过其圆心 O 做两条互相垂直的直径 BC 和 EF，在半径 OA 上，垂直盘面插上两枚大头针 P_1 和 P_2，并保持 P_1 和 P_2 的位置不变。每次测量时，让圆盘的下半部分竖直进入液体中，而且总使液面与直径 BC 相平，

EF 作为界面的法线，而后在图中右上方区域观察 P_1 和 P_2 的像，并在圆周上插上大头针 P_3，使 P_3 正好挡住 P_1 和 P_2 的像。请同学们通过计算，预先在圆周 EC 部分刻好折射率的值，这样只要根据 P_3 所插的位置，就可以直接读出液体折射率的值。

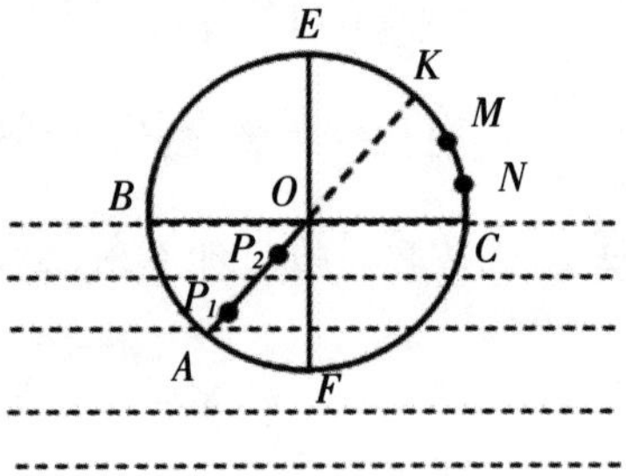

图 3-15　圆盘

(1)在用此仪器测量液体的折射率时，下列说法正确的是 ________(填字母代号)。

A.大头针 P_3 插在 M 位置时液体的折射率值大于插在 N 位置时液体的折射率值

B.大头针 P_3 插在 M 位置时液体的折射率值小于插在 N 位置时液体的折射率值

C.对于任何液体，在 KC 部分都能观察到大头针 P_1 和 P_2 的像

D.可能有一种液体，在 KC 部分观察不到大头针 P_1 和 P_2 的像

(2)若 $\angle AOF=30°$，OP_3 与 OC 的夹角为 30°，则液体的折射率为 ______。

答案：(1)BD；(2)$\sqrt{3}$。

(二)光的干涉和衍射

1.双缝干涉

产生稳定干涉的条件：两光源发出的光频率相同，相位差恒定。

现象：屏上出现明暗相间的条纹。

分析：路程差 $\Delta r=(2k+1)\cdot\frac{\lambda}{2}(k=0,1,2,3\cdots)$→暗纹；

路程差 $\Delta r=2k\cdot\frac{\lambda}{2}(k=0,1,2,3\cdots)$→亮纹。

相邻亮条纹间距：与单色光波长成正比，公式 $\Delta x=\frac{1}{d}\lambda$。

应用：用双缝干涉测光波的波长。

例 3：在双缝实验中，双缝到光屏上 P 点的距离之差 $d=0.6\mu m$。若分别用频率为 $f_1=5\times10^{14}Hz$ 和频率为 $f_2=7.5\times10^{14}Hz$ 的单色光垂直照射双缝，则 P 点出现条纹的情况是(　　)。

A.用频率为 f_1 的单色光照射时，P 点出现明条纹

B.用频率为 f_2 的单色光照射时，P 点出现明条纹

C.用频率为 f_1 的单色光照射时，P 点出现暗条纹

D.用频率为 f_2 的单色光照射时，P 点出现暗条纹

解析：本题主要考查学生对双缝干涉规律的理解和应用。

根据波的叠加规律，P 点出现条纹的情况决定于路程差 d 与波长的关系。由 $c=\lambda f$ 可知，两种单色光的波长分别为 $\lambda_1=\frac{c}{f_1}=\frac{3\times10^8}{5\times10^{14}}m=0.6\mu m$，$\lambda_2=\frac{c}{f_2}=\frac{3\times10^8}{7.5\times10^{14}}m=0.4\mu m$，与 $d=0.6\mu m$ 比较，得 $d=\lambda_1=\frac{3}{2}\lambda_2$。

答案：AD。

例 4：用双缝干涉测光的波长。实验装置如图 3-16 所示，已知单缝与双缝之间的距离 $L_1=100mm$，双缝与屏的距离 $L_2=700mm$，双缝间距 $d=0.25mm$。用测量头来测量亮纹中心的距离，测量头由分划板、目镜、手轮等构成，转动手轮，使分划板左右移动，让分划板的中心刻线对准亮纹的中心（如图 3-17 所示），记下此时手轮上的读数；转动测量头，使分划板的中心刻线对准另一条亮纹的中心，记下此时手轮上的读数。

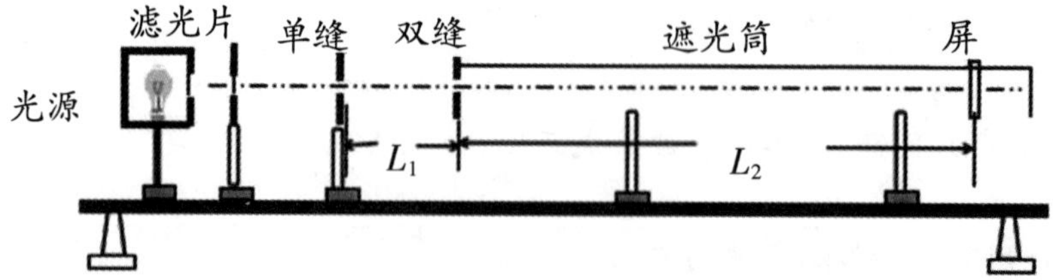

图 3–16　实验装置

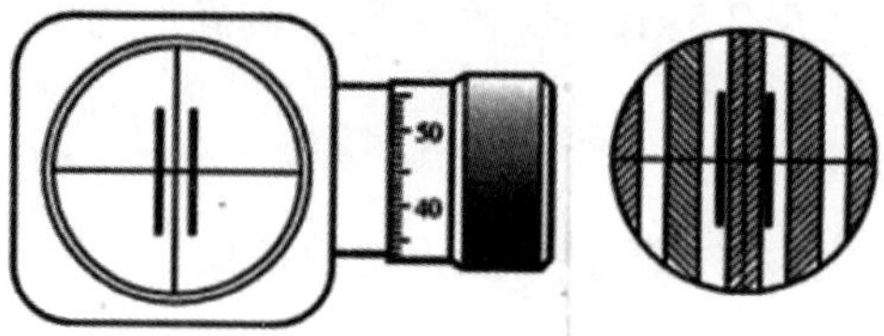

图 3–17　测量头

(1)分划板的中心刻线分别对准第 1 条和第 4 条亮纹的中心时，手轮上的读数如图 3–18 所示，则对准第 1 条时读数 x_1=______mm，对准第 4 条时读数 x_2=______mm。

(2)写出计算波长 λ 的表达式：λ=__________(用符号表示)，λ=_____nm。

解析：螺旋测微器读数特别注意半刻度线是否漏出，则图 3–18 中两个读数分别为 2.190mm，7.868mm。第 1 条与第 4 条之间有三个条纹间距的宽度，而相邻条纹间的距离 $\Delta x=\frac{x_2-x_1}{3}$，由公式 $\Delta x=\frac{L_2}{d}\lambda$，可得 $\lambda=\frac{d(x_2-x_1)}{3L_2}=6.76\times10^{-7}\text{m}=676\text{nm}$。

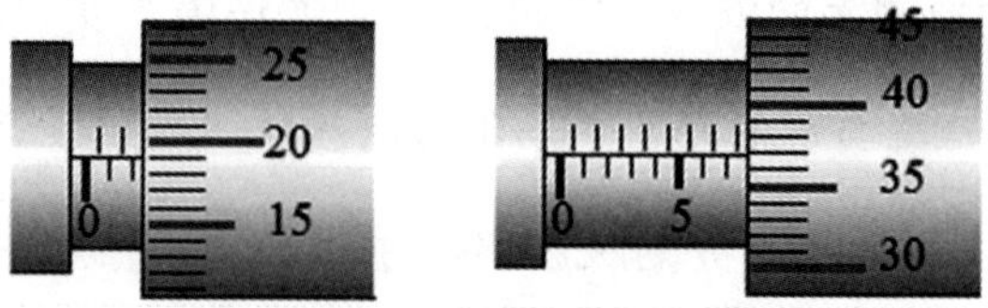

第 1 条时读数　　第 4 条时读数

图 3–18　手轮读数

答案：(1)2.190,7.868；(2)$\frac{d(x_2-x_1)}{3L_2}$,676。

2.薄膜干涉

薄膜干涉原理：利用薄膜前后表面反射光作为相干光波。

应用：检查平面平整程度。

3 光的衍射

光的衍射：光离开直线路径绕到障碍物阴影里去的现象。

明显衍射的条件：障碍物或孔的尺寸比波长小或者跟波长相差不多。

单缝衍射现象：明暗相间的条纹。条纹宽度和亮度不等，中央亮纹最宽、最亮。

泊松亮斑：影子中心一个很小的亮斑。

(三)光的色散

色散：含有多种颜色的光被分解为单色光的现象叫作色散。

干涉、衍射或折射时都会发生色散。

色散现象表明：①白光是复色光；②当各种色光通过同一介质时，紫光的折射率最大，红光的折射率最小；③在同一介质中，红光的传播速度最大，紫光的传播速度最小。

折射率与波长之间的关系：波长越短，折射率越大。

(四)全反射

发生全反射的条件：①光从光密介质射向光疏介质；②入射角大于临界角。

临界角：光从光密介质射入光疏介质时，折射角为90°时的入射角。临界角$C=\arcsin\frac{1}{n}$。

例5：如图3-19所示，将半圆形玻璃砖放在竖直面内，其左方有较大的光屏P，一光束SA总是射向圆心O。在光束SA绕圆心O逆时针转动过程中，在P上先看到七色光带，然后各色光陆续消失，则此七色光带从下到上的排列顺序以及最早消失的光是（　　）。

A.红光→紫光，红光　　　　B.紫光→红光，红光

C.红光→紫光，紫光　　　　D.紫光→红光，紫光

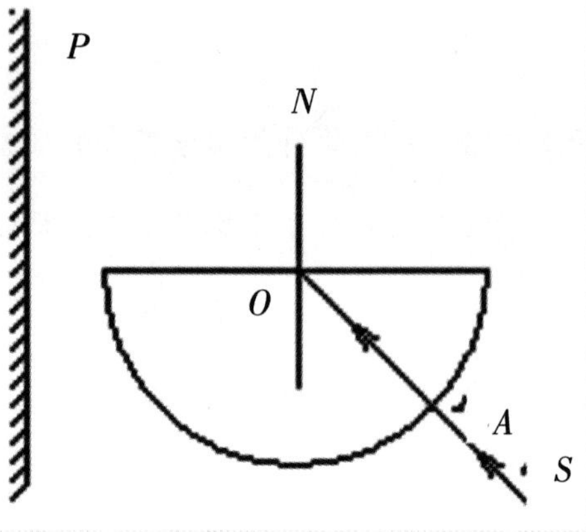

图 3–19　例 5

解析：紫光折射角最大，所以最下面的是紫光，而且紫光最容易发生全反射，因此紫光最先消失。

答案：D。

例 6：在清澈平静的水底，抬头向上观察，会看到一个十分有趣的景象：

（1）水面外的景物（蓝天、白云、树木、房屋）都呈现在顶角 θ=97°的倒立圆锥底面的“洞”内；

（2）“洞”外是水底的镜像；

（3）“洞”边呈彩色，且七色的顺序为内紫外红。

试分析上述水下观天的奇异现象。

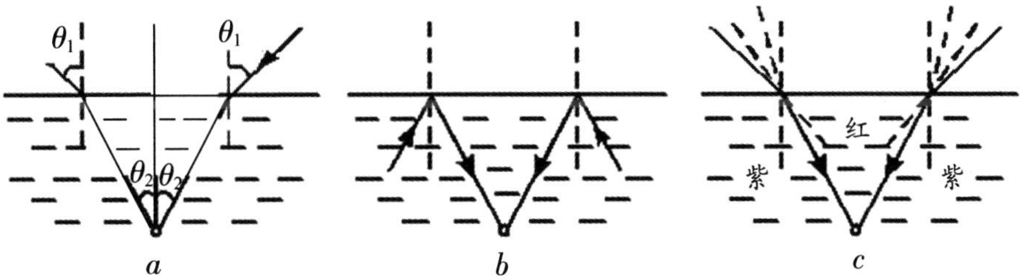

图 3-20　例 6 分析

解析：水面外的景物射向水面的光线，凡入射角 $0\leqslant\theta_1<90°$ 的，都能折射入水中，被人观察到（如图 3-20 中的 a 所示）。根据折射定律，在 $\theta_1=90°$ 的临界条件下 $n=\frac{\sin\theta_1}{\sin\theta_2}$，所以 $\sin\theta_2=\frac{\sin\theta_1}{n}=\frac{1}{n}=\sin C$。因为水的临界角 $C=48.5°$，所以倒立圆锥的顶角为 $\theta=2\theta_2=2C=97°$。

水底发出的光线通过水面反射成虚像，也可以在水下观察到。但是，由于“洞”内有很强的折射光，所以只有在“洞”外才能看到反射光（尤其是全反射光）造成的水底镜像（如图 3-20 中的 b 所示）。

光线从空气中折射入水中时，要发生色散现象。其中，红光的折射率最小，偏向角最小；紫光的折射率最大，偏向角最大。因为眼睛感觉光线是沿直线传播的，所以从水中看到的彩色“洞”边是内紫外红的（如图 3-20 中的 c 所示）。

说明：本题所给的三种景象对应三个不同的物理规律——折射、反射和色散。在简要解释物理现象时，首先要将现象和物理规律联系起来，然后从规律入手，归纳总结出产生现象的原因。

（五）光的偏振与激光

1.光的偏振

光的偏振现象说明光是一种横波。

2.激光

激光是一种人工产生的相干光,具有高度的相干性、平行度非常好、亮度非常高等特点。

3.应用

光纤通信、全息照相、控制核聚变等。

利用激光的这一特点能够准确测量距离和速度。此外,激光在医疗上被用作“光刀”进行手术。

例 7:利用旋光仪这种仪器可以用来测量糖溶液的浓度,从而测定含糖量。其原理是偏振光通过糖的水溶液后,若迎着射来的光线看,偏振方向会以传播方向为轴线,旋转一个角度 θ,这一角度称为“旋光角”,θ 的值与糖溶液的浓度有关,将 θ 的测量值与标准值相比较,就能确定被测样品的含糖量。如图 3–21 所示,S 是自然光源,A,B 是偏振片,转动 B,使到达 O 处的光最强,然后将被测样品 P 置于 A,B 之间,则下列说法正确的是(　　)。

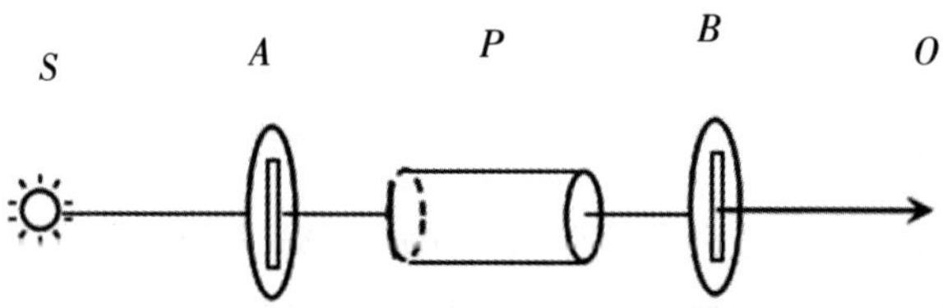

图 3–21　例 7

A.到达 O 处光的强度会明显减弱

B.到达 O 处光的强度不会明显减弱

C.将偏振片 B 转动一个角度,使得 O 处光的强度最大,偏振片 B 转过的角度等于 θ

D.将偏振片 A 转动一个角度,使得 O 处光的强度最大,偏振片 A 转过的角度

等于 θ

答案:ACD。

例 8:激光散斑测速是一种崭新的测速技术,应用了光的干涉原理,用二次曝光照相所获得的"散斑对"作为双缝干涉实验中的双缝,待测物体的速度 v 与二次曝光时间间隔 Δt 的乘积等于双缝间距。在实验中,可测得二次曝光时间间隔 Δt、双缝到屏之间的距离 l 以及相邻两条亮纹的间距 Δx。若所用激光波长为 λ,则该实验确定物体运动速度的表达式是(　　)。

A.$v=\frac{\lambda\Delta x}{l\Delta t}$　　B.$v=\frac{l\lambda}{\Delta x\Delta t}$　　C.$v=\frac{l\Delta x}{\lambda\Delta t}$　　D.$v=\frac{l\Delta t}{\lambda\Delta x}$

解析:设双缝的距离为 d,则由题设得 $d=v\Delta t$,而双缝到屏之间的距离 l 以及相邻两条亮纹的间距 Δx、双缝距离 d、光波长 λ 满足 $\Delta x=\frac{l}{\mathrm{d}}\lambda$,所以解得 $v=\frac{l\lambda}{\Delta x\Delta t}$,故选项 B 正确。

答案:B。

三、补充练习

例 1:如图 3–22 所示,ABC 为等腰三棱镜,顶角 A 的大小为 60°,一条光线由 AB 面入射,折射光线与底边 BC 平行,出射光线的偏向角 δ=30°,那么这个三棱镜材料的折射率是多少?

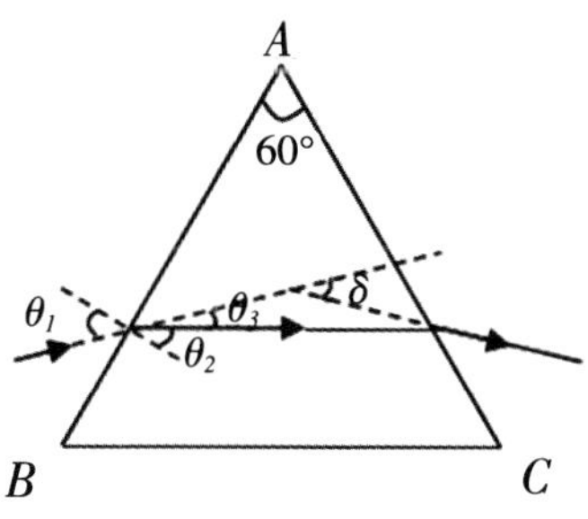

图 3–22　补充练习 1

解析：由折射率公式 $n=\frac{\sin\theta_1}{\sin\theta_2}$ 以及几何关系可知 $\theta_2=90°-60°=30°$，而出射光线偏折角 $\delta=\theta_2=30°$，由对称性可知 $\delta=2\theta_3$，所以 $\theta_3=\frac{\delta}{2}=15°$，而入射角 $\theta_1=\theta_3+\theta_2=45°$，所以 $n=\frac{\sin\theta_1}{\sin\theta_2}=\frac{\frac{\sqrt{2}}{2}}{\frac{1}{2}}=\sqrt{2}$。

说明：本题主要考查折射率定义以及三棱镜对光线的偏折作用。该题难点是不能看出对称性，继而不能由几何关系求出入射角 θ_1 和折射角 θ_2，避免出错的方法是画图要规范。

例 2：如图 3-23 所示，在双缝干涉实验中，光源发出波长为 6×10^{-7}m 的橙光时，在光屏上获得明暗相间的橙色干涉条纹，而屏上的 A 点恰是中央亮纹一侧的第 2 条亮条纹。现改用频率为 6.25×10^{14}Hz 的光，则在屏上 A 点应出现明条纹还是暗条纹？

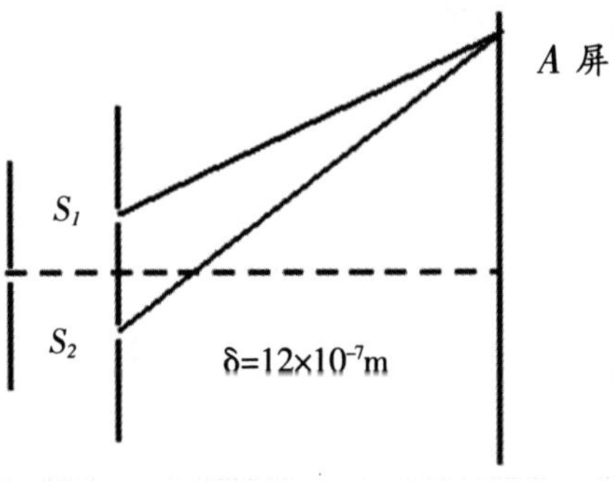

图 3-23　补充练习 2

解析：在双缝干涉实验中，中央亮纹是路程差 $d=0$ 的第 0 条明条纹，而中央亮纹一侧的第 2 条亮纹是 $d=2\lambda$ 的第 2 条明条纹，所以对于 A 点 $d=2\lambda=2\times6\times10^{-7}\text{m}=12\times^{-7}\text{m}$。若改用频率为 6.25×10^{14}Hz 的光，则由 $c=f'\lambda'$ 得 $\lambda'=\frac{c}{f'}=\frac{3\times10^{8}}{6.25\times10^{14}}\text{m}=4.8\times10^{-7}\text{m}$，$\frac{d}{\lambda'}=\frac{12\times10^{-7}}{4.8\times10^{-7}}=2.5$，即 $d=5\times\frac{\lambda'}{2}$，故 A 点是暗条纹。

说明：此题考查干涉现象中出现明条纹的条件 $d=n\lambda(n=0,1,2,3\cdots)$ 和出现暗条纹的条件 $d=(2n+1)\frac{\lambda}{2}(n=0,1,2,3\cdots)$。由此可知，第 2 条明条纹 $d=2\lambda$，第 1 条暗条纹 $d=\frac{\lambda}{2}$，第 2 条暗条纹 $d=\lambda+\frac{\lambda}{2}$，依此类推。

例 3：发出白光的细线光源 ab 长度为 l_0，竖直放置，上端 a 恰好在水面以下，如图 3–24 所示。现考虑线光源 ab 发出的靠近水面法线（图中的虚线）的细光束，经水面折射后所成的像，由于水对光有色散作用，若以 l_1 表示红光成的像的长度，l_2 表示蓝光成的像的长度，则（　　）。

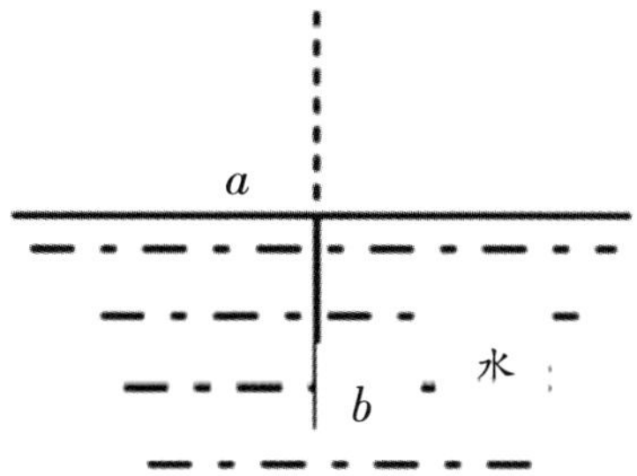

图 3–24　补充练习 3

A. $l_1<l_2<l_0$　　B. $l_1>l_2>l_0$　　C. $l_2>l_1>l_0$　　D. $l_2<l_1<l_0$

说明：本题考查光的折射，蓝光的折射角最大，蓝光的像点最靠近水面。

答案：D。

例 4：现有毛玻璃屏 A、双缝 B、白光光源 C、单缝 D 和透红光的滤光片 E 等光学元件，要把它们放在如图 3–25 所示的光具座上，组装成双缝干涉装置，用以测量红光的波长。

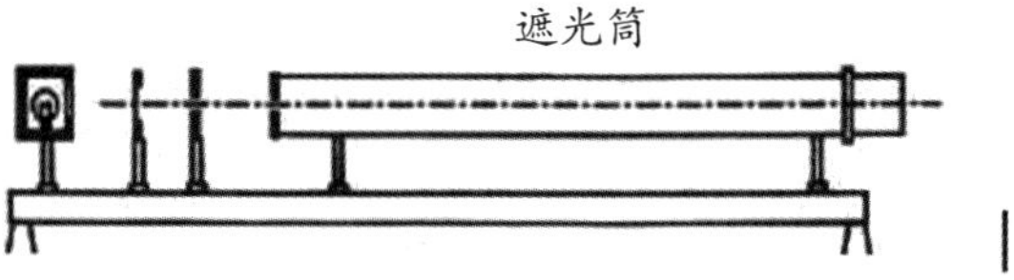

图 3–25　补充练习 4

(1)将白光光源 C 放在光具座最左端,依次放置其他光学元件,由左至右,表示各光学元件的字母排列序为 C、____、____、____、A。

(2)本实验的步骤:

①取下遮光筒左侧的元件，调节光源高度，使光束能直接沿遮光筒轴线把屏照亮;

②按合理顺序在光具座上放置各光学元件，并使各元件的中心位于遮光筒的轴线上;

③用米尺测量双缝到屏的距离;

④用测量头(其读数方法与螺旋测微器相同)测量数条亮纹的间距。

在操作步骤②时,还应注意 __________ 和 ____________。

(3)测量头的分划板中心刻线与某亮纹中心对齐,将该亮纹定为第 1 条亮纹,此时手轮上的示数如图 3–26 所示,然后同方向转动测量头,使分划板中心刻线与第 6 条亮纹中心对齐,记下此时图 3–27 中手轮上的示数 ______mm,求得相邻亮纹的间距 Δx 为 _____mm。

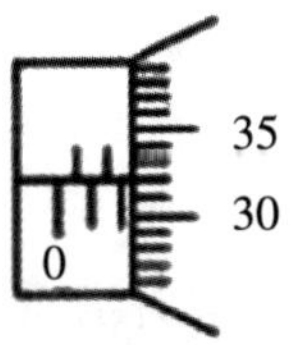

图 3–26　读数 1

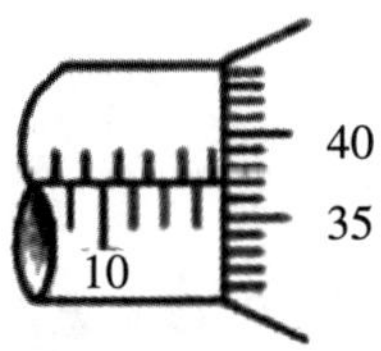

图 3–27　读数 2

(4)已知双缝间距 d 为 2.0×10^{-4}m,测得双缝到屏的距离 l 为 0.700m,由计算式 λ=_____,求得所测红光波长为 ______nm。

答案:(1)E,D,B;(2)单缝和双缝的间距 5~10cm,使单缝与双缝相互平行;(3) 13.870,2.310;(4) $\frac{d}{l}\Delta x$,6.6×10^2。

第四章 物理有效教学的评价体系

第一节 物理有效教学评价体系的概述

20 世纪末以来，世界范围内兴起了新一轮的科学教育改革运动。世界各国普遍在反思传统科学教育的基础上，倡导改变狭隘的学科中心的科学教育观，取而代之的是以学生为中心的、以发展科学素养为宗旨的科学教育观。“科学探究”即师生通过探究来学会“做”科学，从而认识科学的本质，学习科学知识，成为科学教育改革的核心理念。

在美洲，美国《国家科学教育标准》明确指出，科学探究是科学与科学学习的核心。同为北美国家的加拿大，其科学课程亦重视科学探究。安大略省 9~10 年级的科学课程内容都由 “科学调查技能和职业探索”“生物学”“化学”“地球与空间科学”“物理学”五个部分组成，并且要求学生学会在“发起和设计”“操作和记录”“分析和解释”“交流”四大领域中应用相应的科学调查技能。

在大洋洲，澳大利亚的《新南威尔士州 7~10 年级科学课程纲要》重视科学探究，把“技能”区分为“识别数据来源”“设计第一手的探究方案”“选择实验设备或资源”等

13个逻辑联系、逐步递进的要素，并对每个要素规定了基本学习内容及其表现水平。这种做法明确地把科学探究作为学习内容，内化于科学课程之中。新西兰科学课程把科学内容主题分为整合分支和情境分支两类。在情境分支中，包括“认识生命世界”“认识物理世界”“认识物质世界”“认识地球与地外”四个二级主题，而在“认识物理世界”中所提出的四条学生成就目标要求中，有三条涉及探究。具体而言，新西兰科学课程要求学生在物理世界学习中要使用他们发展中的科学知识、技能和态度，以通过实践探究和对科学模型的思考，获得对物理现象本质的理解；建立科学的能量概念，调查能量转化能被利用的途径；探究并确定物理现象的发展趋势、关系和模式。

在亚洲，新加坡的《初中科学课程纲要》指出，科学探究精神是科学课程框架设计的中心，科学课程致力于培养作为探究者的学生，而教师是科学课堂中的探究引路人。韩国的科学课程强调所有年级都要进行探究。探究分为探究过程和探究活动，而探究过程又分为基础探究和统合探究两类，探究活动则是指在探究教学中的活动类型，如讨论、实验、调查、参观、课题研究等。

在欧洲，爱尔兰的《初级证书科学课程纲要》在内容框架中包括“科学中的实践活动”和“主题及学习结果”两个部分，其中“科学中的实践活动”是指“探究”和“实验”，并在阐释和分解实践活动功用、活动类型的基础上，明确提出探究和实验是两种整合不同类型活动的实践方式，在科学学习中是互补的。

在非洲，南非的《7~9年级国家课程标准（修订稿）》在自然科学学习领域，从“科学探究”“建构科学知识”“科学、技术和环境”三个维度提出了学习结果要求，而在科学探究维度，要求学习者在对自然现象好奇心的驱动下自信地行动起来，探究事物间的联系，并解决科学、技术和环境情境中的问题。

与上述国家类似，我国物理课程亦十分重视科学探究在学生科学素养发展中的作用。《义务教育物理课程标准（2011年版）》在课程性质中提出“此阶段的物理课程应注意让学生经历实验探究过程,学习科学知识和科学方法……”;在课程基本理念中提出“提倡教学方式多样化,注重科学探究”;在设置义务教育物理课程的内容时,将科学探究纳入“课程内容”;在教材编写建议中提出“内容选择要有利于促进探究活动的开展”;在教学建议中提出“重视科学探究式教学”,并对“合理设计科学探究活动”和“有效实施探究式教学”提出基本建议。

一、美国科学和数学课堂观察方案研究

美国《国家科学教育标准》倡导科学探究,但同时也明确指出“探究并非教授科学之唯一方法”。因此,其科学和物理课堂观察方案研究往往持有综合的视角,适用于包括探究在内的许多教学方法或策略。同时,此类课堂教学质量评价工具又往往具有鲜明的科学教育改革特征,从而较多地表现出对课堂教学中“探究特征”的关注。因此,它们对物理探究课有效教学评价指标体系的建构研究有较好的参考价值。

在美国科学教育界影响较大的课堂教学质量评价工具:亚利桑那州立大学开发的《基于改革的教学观察方案》(简称 RTOP),由该校及国家科学基金会资助;国家科学基金会出版的《教学标准发展成果:课堂观察方案》(简称 IMDPCOP),它是该基金会教学标准发展项目的最终成果;华盛顿西部大学开发的《科学课堂观察指南》(简称 SCOG),它是美国教育部数学和科学合作伙伴项目的一项核心成果,该指南也同时得到国家科学基金会的资助;零点调查公司开发的《课堂系统变化:教师进一步观察方案》(简称 LSCTEOP)以及《走入课堂:观察和分析方案》(简称 I-COAP),它们也获得了国家科学基金会的资助;波特兰 RMC 研究公司开发的《俄勒冈数学领导协会课堂观察方案》(简称 OMLICOP)。

二、美国科学和数学课堂观察方案概述

(一)课堂观察方案的研制目的

从当前社会环境来看,人类社会由于在知识爆炸、经济全球化、网络和技术进

步等方面发生了深刻变化，而使教师处于比以往更为复杂的职业情境之中；从教育政策环境来看，世界各国多在以人为本的教育理念下，强调教师和学校责任，以提高学校教学质量。

在这一背景下，美国在检视其数学/科学课程改革种种经验和教训的基础上，通过在传统与革新间寻求必要的平衡，建构中学数学/科学教师效能的各种评价方法。美国教师质量中心指出，这些方法中最普遍的两种是增值模式和课堂观察。其中，增值模式运用统计技术处理学生近几年来的考试成绩，测量学生年与年之间成绩的进步，以对学校和教师做出终结性评价；课堂观察则试图把握教师教学策略运用上的信息，以服务于对教师效能的形成性评价。

（二）课堂观察方案的主体结构

课堂观察方案主体有三种呈现方式。第一种以 IMDPCOP、LSCTEOP、ICOAP、RTOP 为代表，由两大要素构成：其一是基本信息，如观察日期、学科、观察者、教师、课题与授课起始时间、（男、女）学生数、课堂环境、学习/教学目标、教学重点、所用教材、学生分组情况、学生活动的类型及组织形式、使用技术设备或视听资源的情况及其组织形式等（不同方案基本信息多寡不同）；其二是课堂观察量表，由数个维度及相应评价标准构成。这部分是方案的核心，是授课质量等级评定的主要依据。第二种以 OMLICOP 为代表。除上述两大要素外，还包括教师访谈信息。第三种以 SCOG 为代表，仅由维度及其评价标准构成。

三、美国科学和数学课堂观察方案选介

（一）基于改革的教学观察方案（RTOP）

该方案由美国亚利桑那州优异教师培训合作体的评价促进小组研制，目的在于帮助职前教师和任职 3 年以内的中学科学及数学教师为基于改革的教学做好准备。RTOP 的正式版本于 1999 年由美国的职业数学家、科学家和教育家团体发布，

并在美国科学教育界得到普遍应用。RTOP在国际科学教育界亦有一定影响,如我国学者吴维宁指出,RTOP是具有较强可操作性和权威性的课堂教学评价工具,引入RTOP将对我国理科课堂教学产生十分重要的影响。

(二)走入课堂:观察和分析方案(ICOAP)

"走入课堂"计划由零点调查公司协调并获得美国国家科学基金会资助。在2000年11月至2002年4月间,零点调查公司的职员和顾问使用结构化的观察方案观察了总计364节的数学和科学课。对每堂课先按"教学设计""实施""教学内容""课堂文化"四个维度评级,即观察者首先对每个维度所涵盖的若干评价标准进行评级,再做该维度的整体等级评定,同时阐明给予该评级所依据的理念。随后,再做第五个维度"授课综合等级"中的评价标准评定。此维度的评价标准关注教学效果。琼斯认为,零点调查公司所研制的观察方案可以帮助观察者把注意力集中到课堂实践中与探究式教学相联系的那些方面,其评价标准所提供的可观察性描述有助于判断在教师的科学课中探究是否真实发生了。因此,零点调查公司研制的课堂观察方案与探究课教学质量评价密切相关。

ICOAP把课的质量评为3个等级5种水平。水平1:无效教学,包括被动学习以及为活动而活动。水平2:有效教学的初级阶段。水平3:有效教学的起始阶段(分低、中、高3个层次)。水平4:有效教学。水平5:示范性的教学。水平1和水平2属于低质量教学(等级1);水平3的低、中两种层次属于中等质量的教学(等级2);水平3的高层次、水平4和水平5属于高质量的教学(等级3)。该方案的一大特色是明确了不同质量的科学课教学各有怎样的特征。

第一,无效教学(水平1)的表现:几乎没有证据显示学生思考或参与到重要的数学/科学概念学习中。无效教学无法提高学生对该学科的理解或发展他们学数学/科学的能力。它又分两类:一类是"消极学习",即教学是学究式的和无趣的,学生从教师或书本处被动接收信息，资源以不被多数学生接受的方式呈现；第二类是“为活动而活动”，即学生从事动手做活动或其他小组工作，但仅仅是为活动而活动，教学缺乏一个明确的目的以及与学生概念发展的明显联系。

第二，有效教学初级阶段（水平 2）的表现：教学包括有效教学的一些要素，但在设计、实施、内容、（对学生的）适宜性上有严重问题，如内容缺乏重要性和适宜性，没有成功突破难点。教学在提高学生对该学科的理解及学数学/科学能力发展上作用可能十分有限。

第三，有效教学起始阶段（水平 3）的表现：教学是有目的的并具有较多有效教学的要素。学生不时参与到有意义的工作中，但也存在不足，或多或少地在设计、实施、内容方面存在问题。例如，教师告诉学生“应发现什么”而阻止了探究，没有满足某些学生需要。教学在提高学生对该学科的理解及学数学/科学能力发展上作用可能有些有限。

第四，有效教学（水平 4）的表现：教学目标明确并使大多数学生参与其中，学生主动从事有意义工作（如调查、教师展示、生生之间与师生之间的讨论和阅读），教学设计与实施令人满意，但内容改编、适合学生需要及兴趣的教法上存在不足。教学在提高大多数学生对该学科的理解及学数学/科学能力发展上作用可能相当好。

第五，示范性教学（水平 5）的表现：教学目标明确，所有学生在大多数时间或全部时间中积极从事有意义的工作，精心设计教学并巧妙实施，灵活性地回应学生的兴趣及需要。教学可能会提高大多数学生对该学科的理解及学数学/科学能力的发展。

从上述教学质量等级描述中，明确体现出该方案从“教学设计与实施”“科学内容”“课堂氛围”“教学效果”等方面出发评价授课质量。

（三）教学标准发展成果：课堂观察方案（IMDPCOP）

该方案是美国国家科学基金会“教学标准发展项目”的最终成果，包括“关键措施的实施”“内容”“课堂文化/公平”“综合等级”四个维度。其中,“综合等级”维度的评价标准与教学效果评价有关。与零点调查公司的 ICOAP 方案相比,该方案少一个“教学设计”维度,但其他维度的关键评价标准大多相似,且对授课质量的五级水平描述相同。

(四)俄勒冈数学领导协会课堂观察方案(OMLICOP)

该方案由波特兰 RMC 研究公司开发,分为“课的设计和实施”“数学讨论和意义建构”“履行任务”“课堂文化”“整体评级”五个维度,并对课的代表性进行判断。如果课的代表性不强(师生表现做作,该课像是提前进行过演练一样),那么就要相应降低授课质量评级。

该方案的一个特点是,在“整体评级”维度中,就授课质量评价应关注哪些方面,给出了明确建议。该维度下包括四个评价标准:学生知识和理解的深度、数学权威的逻辑、社交支持与学生做数学。同时,对每个评价标准又做了五级水平描述,对应由低到高的教学质量。比如,在“数学权威的逻辑”中,水平 1 为“学生依赖教师和教材作为数学权威的合法来源”,即学生只是在教师说一个答案是对的或在教材中能找到时,才认为该答案是对的;当被问题难住时,学生总是向教师寻求答案。水平 2 为“学生依赖教师和某些更有数学能力的同学作为数学权威的合法来源”,即为加快教学进度或更正错误回答,教师通常依赖这些更有能力的学生来提供正确答案,其他学生通常依赖这些学生以寻找正确解决方案,确认正确答案,或在遇到困难时寻求帮助。水平 3 为“许多(20%~50%)学生在他们之间分享数学权威”,即他们试图依赖自己观点的合理性去确认答案,但仍把教师视为最终决断的权威。当学生僵持在论证的细节中时,教师提供答案,以加快进度。水平 4 为“多数(51%~90%)学生在班级中分享数学权威”,即当学生陷于僵持时,教师通过问题集中学生注意力或帮助他们看到被忽视的矛盾所在。教师通常通过问题来回答学生的问题,虽然也时不时地直接回答。水平 5 为“几乎全体同学(90%~100%)在班级中分享数学权威”,即学生信赖自己论证和推理的合理性,教师几乎总是用问题来回答问题,许多(20%~50%)学生在离开教室时还能主动继续讨论数学概念。

OMLICOP 整体评级维度的四个评价标准分别对应教学中知识目标的达成度、学习的自主性和探究性、师生关系及课堂氛围、学习积极性及有效教学时间,反映该方案教学有效性评价的核心关注。

四、美国科学和数学高效课堂总体特征反思

美国数学和科学课堂观察方案在高效课堂学习情境、师生角色上呈现的特征与内涵对本研究——物理探究课有效教学评价指标体系中的指标及评价标准设计提供了一些有益启发。

(一)学习情境特征及内涵

高效课堂具有严谨、尊重和全纳的学习情境特征。

严谨:课堂中洋溢着观点的共鸣及争鸣,教师鼓励学生基于证据得出并捍卫自己的观点,挑战别人的观点并提出建设性的意见。

尊重:课堂中充盈着欣赏和尊重的情感氛围,教师关注的是引导学生参与任务,而不是控制他们。

全纳:所有学生都是平等的,不因种族、性别、体质或学习能力而被区别对待,要确保所有学生都参与到学习任务中来,没有任何学生精力不集中或是去扰乱课堂秩序。

(二)教师角色特征及内涵

教师是课堂中的倾听者、支持者和启发者。

倾听者:倾听表现的是教师对学生的耐心。教师通过倾听,查知学生概念理解的程度。当其与预期不符时,在后继的教学中,教师或是为学生的意义建构留下更充分的时间,或是让学生参与确定下一步课堂活动的焦点和方向,或是对教学策略进行调整。

支持者:教师支持有实体性和社交性两种表现。实体支持是指教师作为课程资源,为适应学生思维特质及观点的差异,承担了“在旁引导”的任务。教师不是课堂的“指挥部”,命令学生做什么和如何去做。而社交支持是指教师积极评价全体学生,尊重学生在学习上付出的努力。教师表达了对学生的高度期望,鼓励他们不怕失败,从事有挑战性的工作。

启发者:教师并不扮作权威知识的合法来源,也不依赖班级上少数更有能力的学生来回答问题。教师关注的是高认知水平问题、候答和理答行为,集中学生注意力,帮助学生看到被他们忽略的矛盾,而不是快速地提出一系列的问题。

(三)学生角色特征及内涵

促进学生发展是教师效能的重要表现层面。因此,在高效课堂中,学生将因主体性地位的彰显而成为责任者、合作者、反思者和收获者。

责任者:如果课堂上由教师来提出解决问题的思路,从事各种活动以解决问题,那么学习责任的承担者就是教师,而课堂教学低效乃至无效的一个主要根源就在于学生对学习“无须承担责任”。有效教学要求学生承担学习责任,使他基于证据提出观点、进行推测,倾听他人观点或解释,利用各种方法呈现和交流观点,寻求解决问题的各种途径。

合作者:学生由于经验、心理和生理特质等的不同而构成多样化的课程资源,从而为通过合作建构深入理解奠定基础。学生作为学习共同体中的成员,每个人的活动都是整体性活动的内在有机组成部分。他们致力于回答问题,分享概念理解或解决某个问题的方法,说出自己的困惑以求澄清,反驳或挑战别人的观点或解释,捍卫自己或本组的观点或解释。

反思者：反思是一种元认知及批判性的思维活动，其作用对象包括自身及他人，作用方式分为个体性与集体性。当作用于自身时，学生思考其已有经验与当前课堂活动间的联系：课堂上是否出现了与其原有想法不一致的证据，对自己的推理和解释进行复核等。当作用于他人时，反思者识别出他人的观点，质疑他人的活动过程、推理和解释等。当以合作者身份进行反思时，学习小组对他们理解的和不理解的科学内容进行讨论，思考他们当前正在做的事情对下一阶段的探究有何意义等。反思使学生不仅主动做某件事，而且使他们主动思考。

收获者：在知识方面，学生理解核心概念并将其推广到其他领域中；在知识本质方面，把科学理解为通过探究生成的动态的知识体；在过程方面，表现出从事探究的能力；在情感方面，对学习科学既有兴趣，又有信心。收获者实现了学习目标，满足了社会、学校、家长及其他利益相关人的期望。

综上所述，在辨析基本概念的基础上，对“国内外探究教学评价已有模型”及“美国科学和数学课堂观察方案”的研究，为物理探究课有效教学评价指标体系的整体维度和评价标准设计提供了有益的思路。

第二节　物理探究课有效教学评价指标体系研究

一、建构探究课有效教学评价指标体系面临的基本问题

（一）指标体系的建构原则

物理探究课有效教学评价指标体系应依据教育评价指标体系建构的一般原则建构。不同研究者在教育评价指标体系设计原则上有较大的共识，一般认为应遵循

整体完备性和本质性、方向性、可测性、可比性以及同层次指标相互独立性等原则。

1.整体完备性和本质性原则

整体完备性是指指标体系内的指标能够全面、系统地反映对评价对象数量和质量的要求，而本质性原则是指指标应能反映评价对象主要的、本质的和切合实际的方面。

2.方向性原则

评价目标是教育目标的具体化，是教育目标某一个特定方面的规定，因此设计评价指标体系时，不能偏离评价目标和教育目标。

3.可测性原则

指标作为目标的具体化、行为化表现，应该具有可测性。它要求指标应尽量用具体可操作化的语言来描述，并通过观察或测量得到明确的结果。

4.可比性原则

这一原则要求指标体系中的每一个指标必须反映被评对象的共同属性。

5.同层次指标相互独立性原则

这一原则是指同一个层次的指标之间不能存在因果关系，不能由这一个指标导出另一指标，它们之间既不存在包含与被包含的关系，也不存在交叉关系。

物理探究课有效教学评价指标体系建构中尤应关注“可比性原则”。由于课堂探究可在不同层次上展开，所以就必然使某些指标在一定程度上不能很好地符合可比性原则。例如，研究者设计了“学习者提出探究问题”的次级指标，但它并不是所有探究课的共同属性，因为在许多探究课中，探究问题是教师提出的。为有效处理教学评价指标体系符合“可比性原则”的问题，可从以下两个方面入手：第一，指标设计充分考虑“整体完备性和本质性原则”与“可比性原则”的结合，既最大化涵盖反映评价对象数量和质量要求的主要的、本质的方面，又尽可能集中于评价对象的共同属性;第二,当将本指标体系用于评价"部分探究"类型的物理课时,对某些未观察到的次级指标,可不对其进行评定,而是依据同层次的其他指标评定给出上一级指标的评定结果。

(二)指标体系的建构过程

在物理探究课教学质量评价工作中,评价指标体系的建构至关重要。它体现着评价者背后的价值取向,影响着评价信息的收集与最后的综合评价结论。而本研究中的"有效教学评价指标体系"包括"指标体系"和"评价标准"两个组成部分,因而是在"评价方案"层次上认识这一指标体系的。其设计一般遵循以下过程:第一,明确评价目的、评价目标和评价对象;第二,设计评价指标体系;第三,分配和确定指标权重;第四,制订评价标准;第五,对评价方案进行论证。

二、指标体系建构中应考虑的几对关系

物理探究课有效教学评价指标体系研究从属于课堂教学评价研究领域,其评价对象——物理探究教学课具有自身的典型特征和教学中的核心关注,因而在指标体系建构中,需要梳理一般性评价标准与特殊性评价标准、学生评价标准与教师评价标准、探究教学中的"活动性"评价标准与"思维性"评价标准的关系。

(一)一般性评价标准与特殊性评价标准的关系

一般性评价标准是指反映所有物理课堂都应具备的教学质量标准。它们主要对课堂教学是否符合"有效教学"的基本要求做出判定。因此,指标体系中各级指标的分解以及相应评价标准的制订,都应考虑一般性规定和特殊性规定的结合,协调"探究质量"评定和"教学质量"评定的关系。

特殊性评价标准是指反映探究质量的标准。它们对课堂教学在多大程度上符合"科学探究"特征,在质和量两方面做出判定。例如,在"设计探究方案"要素中,教师在进行探究前给予学生一步一步的指示,意味着探究质量较低;而学生设计他们自己的探究步骤,意味着探究质量较高。因为与前者相比,后者的开放性更高,从而可为学生提供更好的机会,发展认知和科学推理能力。但是,“探究质量高低”与“探究教学质量高低”并不是等同的。如果在一堂物理课上,由于学生缺乏探究经验和相关知识基础,在设计自己的探究步骤时占用大量的课时,或是不能设计出合理可行的探究方案,那么就会违背有效教学的基本要求。

(二)学生评价标准与教师评价标准的关系

对“有效教学”的界定以及“什么是课堂教学评价”的认识,将显著影响指标体系和评价标准设计。本研究认为,凡是能促进师生发展的教学就是有效教学,其中尤应关注教学对学生发展的促进作用。而课堂教学评价要着眼于学生和教师的发展,对课堂教学过程中教师的教学行为、学生的学习行为表现与师生共同建构的课堂环境做出价值判断。因此,指标体系中各级指标的分解以及相应评价标准的制订,应综合考虑对学生行为特征、教师行为特征、师生共同行为特征的反映。

(三)探究教学中“活动性”评价标准与“思维性”评价标准的关系

在探究课堂上,学生遵循一定步骤,使用工具、设备和材料进行实验,记录数据并报告结果,积极从事一系列的活动。但探究教学质量不能仅仅由活动来保障。如果在活动中,学生不清楚他正在从事的工作意义,不知道活动和他已有知识经验的联系,也不知道探究结果对其概念发展的作用,那么就仅仅是在“为活动而活动”,这种学习将成为过眼云烟,不会使他从中获得多少积极的学习体验和收获。在探究教学中,存在着“活动”与“思维”这一对矛盾因素之间的竞争。无论用活动“压迫”“侵占”思维一极,抑或相反,都是一种“殖民化”现象。因此,探究教学质量要由“活动”和“思维”共同保障,以活动为载体,学生主动进行批判性和反省性的思维,在活动中建构知识的意义。由于他们从事分析论证、因果推理,依据事实证据形成解释,并把探究结论和外部世界密切联系起来,所以就使得探究具有明确的目的、目标,促进学生的概念发展。因此，指标体系中各级指标的分解以及相应评价标准的制订，应兼顾“活动性”评价标准与“思维性”评价标准。

三、评价标准可操作化策略探寻

在教育和心理评价中，有些特质非常难以测量，因为它们不能被直接观察到，同时在不同的评价者那里，对某一特质可能代表不同的内涵。为此，需要将特质解释得更明确些，并通过行为进行推断。其中，最简单的方法是给该特质所涉及的术语下定义，以使评价者有统一的参照系，或者给出描述有关特质的词语汇编，对评价者也是非常有用的。

在探究课有效教学评价中，同样面临上述困难。例如，就一些代表学生思维活动或师生关系属性的特质，抑或是在一些行为特质上，都存在着评价者间并没有统一参照系的问题。为此，在评价指标体系建构中，需要下定义或给出有关特质词语汇编的方式，以更清楚地解释它们，帮助使用该指标体系的观察人员理解这些特质的意义。

例如，在“物理探究课有效教学评价指标体系初步设计”中，就三级指标“评价证据”下的评价标准“学生分析数据的可靠性和有效性”，其实质是学生的思维活动通过外显的行为加以推断，为使不同评价者有统一的参照系，而给出反映该特质的有关行为的词语汇编，即通过“多次测量、分析他人数据、比较相关资料、用其他方法测量、排除异常数据、使用恰当的仪器和技术手段、计算相对误差”等词语来说明何为“学生分析数据的可靠性和有效性”。又如，三级指标“准确”下的评价标准“在有必要时，对抽象化表达，如使用符号建构理论的做法给予鼓励”，其设计内涵是反映学生将探究结论组织起来，使其成为某个更大的理论体系中的组成部分，此处给“抽象化表达”所下定义为“使用符号建构理论”。然而，专家仍然认为该特质的描述较为模糊。为此，将该评价标准修改为“师生对探究结果进行意义建构，使用文字、符号等物理语言规范表述探究结论”。在这一修订的评价标准中,更明确地阐述其行为表现,并给予术语“意义建构”以明确定义:使用文字、符号等物理语言规范表述探究结论。该评价标准在随后的第二轮专家意见咨询中获得了一致认同。

除了以上述方式促使探究课有效教学评价中的隐性特质显性化以外，为进一步帮助评价者理解有关特质的内涵、意义,在本研究中将对最终建构完成的“物理探究课有效教学评价指标体系”开发《使用指南》,从而保证不同评价者在使用该指标体系时具有高度的一致性。

四、物理探究课教学的价值定位

物理探究课教学的价值定位主要表现在“以生为本,彰显学生的主体地位”和“提高学生的科学素养”两个方面。

(一)以生为本,彰显学生的主体地位

探究性教学表现为学生与学习环境、教师与学习环境、学生与学生以及教师与学生等要素构成的关系系统。与传统课堂相比,在这个关系系统中发生的一些深刻变化彰显了学生的主体地位。

探究课堂是师生合作与对话的课堂，物理课从强调教师的权威与控制转变为强调师生的合作与对话。在传统课堂教学中,教师是知识的权威代言人,对科学现象的阐释和问题解决策略不容置疑。在这样的课堂中,教师关注的是课堂纪律和全体学生的服从。而在探究课堂中,教师不再是知识的权威代言人,不能告诉学生答案而阻止学生探究,相反教师要充分地与学生交流、共同劳动和相互协作,引导学生通过实践和反思,探寻解决问题的途径。

探究课堂是学生体验和领悟的课堂,物理课从强调灌输和机械训练转变为强调学生在学习中的体验和领悟。传统物理课程的实施强调接受学习、机械训练和死记硬背,这种方式无法触及深层次的思维过程,难以使学生获得新的观念和新的思想方法。而探究教学促使学生从问题开始,通过积极主动地寻找解释和答案来扩展自己的知识与理解,提高科学思维能力,并在此过程中发展过程技能,领悟科学思想。学生在探究性学习中获得的体验和领悟将对其未来的思维和行动起到积极作用。

探究课堂是以学生为中心的课堂,物理课从强调教学情境创设转变为强调学习情境创设。前者关注教师的教学预设,教师作为“导演”来安排学生“演员”的各项学习活动,其课堂实践是僵化的,教师全力控制课堂上的各项活动,以按照预期的“轨道”行进。而后者关注的则是探索、开放和生成,学生对自然的好奇心和探索精神、向自己发起挑战主动尝试解决问题的信心和毅力得到教师的尊重和支持。同时,在课堂上,学生提出的各种各样的想法、出现的困难也不断地促使教师调整自己的教学预设,使探究课堂成为以学生为中心的学习环境。

因此,在探究课堂上,那种“只有一种思维——教师的思维”“只有一种声音——教师和书本作为权威代言人的声音”的现象不复存在,学生可以提出自己的观点和想法,也可以和他人交流论证自己的实验设计、问题解决策略和解释。如此,真正具有了自己的思维,向他人展示出自己的特长和才智,发现自己的潜能,实现自身的主体生命价值和意义。

(二)提高学生的科学素养

传统物理课堂教学过于注重知识传授,课堂上极少给学生提供机会,以反思科学技术如何塑造人类社会的物质、文化和精神生活,以及科学技术在给人类社会带来便利与进步的同时,对自然环境产生的影响,给人类社会带来的有关伦理道德问题。因而,学生缺乏应用所学知识与技能参与公民事务的意识,以及在相关个人和社会生活领域中应用知识与技能的基本能力。

物理探究课教学则有助于提高学生的科学素养。2006 年度的国际学生评价项目(PISA)通过知识、能力和态度三个维度评价学生的科学素养,其评价重点是科学能力，而科学能力的核心又是科学探究能力。物理探究课教学注重发展学生的科学过程技能和科学思维能力，使学生具备从自然和社会生活现象中提出问题、主动收集证据、解释现象、得出结论的意识和能力。在此过程中，尊重学生的好奇心，激发学生的科学学习兴趣，鼓励学生向难题发起挑战，允许学生失败，并在探究与社会生活间建立密切的联系。因此，物理探究课教学不仅可以使学生形成对物理知识的概念性理解，还可以发展学生的探究能力、科学态度和社会责任感，全面诠释未来公民科学素养的内涵。

五、物理课堂探究教学的评价

教育评价试图把握价值主体与价值客体之间的价值关系，其灵魂是评价目的。由于物理课堂探究教学的直接价值主体是学生和教师，“师生需要” 就是确定评价目的的起点，所以物理课堂探究教学评价以促进学生发展、改进教师教学、促进教师专业成长为目的。在该评价目的统摄下，将发挥以下一些职能：第一，甄别课堂探究教学质量，判定探究教学在促进师生发展上的价值，为管理者从事探究教学质量评价服务，这是课堂探究教学评价的工具价值；第二，通过鉴别课堂探究教学的不足之处，促使师生改进探究性的教与学，引导师生课堂探究中的行为，这是课堂探究教学评价的导向价值；第三，评价在本质上是一个心理建构过程，其核心问题是价值问题，而单一主体的评价实际上是将某一种价值观视为唯一正确并强加于人的，显然不足取，探究课堂教学评价应将评价者评价、教师评价和学生评价相结合，这是课堂探究教学评价的伦理价值。

下篇

中学物理有效教学手段的探究

第五章 基于合作学习的物理有效教学

第一节 合作学习在物理教学中的内容

新课程改革的推行与深入为高中物理课程改革的实施奠定了基础，并提供了制度保障。在这一过程中,高中物理课堂教学进行了多种方式的尝试,并取得了一定的成效。但是,从整体角度而言,在实施过程中,由于组织不利等原因,导致目前高中物理课堂教学有效性难以有实质性突破,加之高考成绩指挥棒的影响,很多新的教学方法往往因为应用不当,导致高中师生负担加重,而成绩难有实质性突破,使得很多新的教学方法无疾而终。究其原因,一方面在于高考体制的影响,使师生过于看重学习成绩；另一方面在于教师与学生对新教学方法的具体实施路径、方法、注意事项等不够清晰,在实践中摸索,短期效果不明显,甚至有些教师为了使用新教学方法,而影响了学生的学习成绩,貌似事倍而功半,导致很多教师放弃了新的教学方法。在这种情况下,如何激发师生对新方法的参与热情,提高课堂教学质量和教学效率,就成为高中物理课堂教学中密切关注的话题。以往,高中物理课堂曾广泛应用合作学习这种方式,但是由于教师教学策略应用不得当,加之对学生合作学习的实施监督落实不足,很多流于形式,使得合作学习的方法一度遭到质疑。在这类情况下,必须要在明确高中物理课堂教学中合作学习的同时,促进课堂的有效教学。

一、高中物理课堂有效教学的途径或方法

在高中物理课堂有效教学的途径或方法的研究中，不同的学者对不同的方法进行了尝试。就目前来讲,研究较多的方法主要有以下两种。

(一)围绕问题开展的课堂教学研究

例如,王晓琢选择从课堂教学设计、课堂模式设计方面,分析以往研究的不足,通过调查研究的方式，确定以问题为中心的教学方法对高中物理课堂教学中的新授课、习题课、复习课、实验课以及试卷讲评课均能起到好的促进作用,因而“问题化”课堂值得推广。周鹏将问题中心的教学策略应用于实验教学模式,探索该方法在实验课教学中的有效性,并从理论梳理的角度验证该方法的可行性。

(二)启发—探究式教学方法研究

在高中物理课堂有效教学的研究中,启发式教学的相关研究成果较为丰富。例如,王蒙以目前高中物理课堂有效教学的改革现状为切入点,对启发—探究式的教学方法进行了分析,明确在课堂教学中可以借助教育学、心理学的理论,对高中学生实施启发—探究学习,提高高中物理课堂教学效率。陶丽娟以高中物理探究式教学设计的研究为题,对高中物理课堂教学方法中的教学设计环节进行了分析,并提出了高中物理课堂教学设计的有效方法,为教学效率的有效提升奠定了基础。李远蓉在其教材《物理探究式教学设计与案例分析》中,对启发—探究式的教学方法进行了详细阐述,并以案例分析的形式对该问题进行了深入探索,提升了方法的应用性。

二、合作学习的优势

合作学习法是一种十分可取的教学方法，可以充分发挥学生的主体性和创造

性，让课堂上教学关系由传统的师生单一关系向师生、生生共同交流转变。同时，我们也要认识合作学习的一些优点，这样才能更好地帮助我们运用合作学习。

（一）培养学生的合作能力与团队精神

合作是社会发展的基石，也是社会的主流，就像篮球运动、足球运动讲究团队合作一样。学生是社会的一员，教育必须培养他们具备社会人的主体性，学会使个体融入群体之中，参与社会活动合作与分工。

当今社会发展涉及的学科门类越来越多，要解决的问题越来越复杂，综合性越来越强，而个人力量毕竟是有限的。因此，我们只有学会合作，融入集体，发挥和提高集体的力量，才能促进社会的发展。就像学生进入班集体时，就已进入一个特有的“小社会”一样，积极参与集体活动中，发挥个人的能力，从而适应这个小集体，同时让自身得到发展和提高。

合作学习可以提供给学生相互认识、相互交流和相互了解的机会，让每个学生在表达自己个人意见的基础上，学会虚心听取别人的意见，做到相互取长补短、共同提高，这是他们在适应社会中所必备的条件。

（二）培养学生的独立自主性

合作学习的前提是每个学生都能独立自主地表达个人见解。高速发展的社会人才竞争越来越激烈，没有竞争就没有合作，没有合作社会就无法向前发展。

合作学习虽然强调合作精神，但不排除培养学生的竞争意识、独立自主性。一个具有能动性、自主性和独立性的人，可以对事物发表创造性的思维与见解。通过合作学习，小组成员积极交流，将自己的见解通过语言表达出来参与集体活动。合作学习需要建立一定评价机制，来引导学生的竞争意识与独立自主性。因此，可以通过小组评价、组内成员评价、小组之间评价等方式，让学生在合作中追赶个人目标，在完成个人目标的同时又促进小组发展，形成良性循环。

(三)有利于学生综合素质的提高,促进学生全面发展

在传统教学中,交流形式单一,课堂气氛沉闷,大部分时候是教师在讲,即使有学生回答,也属于优生范畴,很多后进生难以被照顾到,大部分学生表达的机会非常有限,更不用说培养思维能力发展了。而合作学习可以改变这样的教学局面,改变交流形式,扩大学生交流的范围,实现师生、生生之间一起交流的目的。

合作学习让学生成为学习的主体,克服了传统师生交流单向形成的心理恐惧的局面。讨论时,学生没有"心理压力",学生间经常有参与交流讨论、表达自己意见的机会,这样学生的语言表达能力自然会不断地提高。

学校是学生最主要的活动场所,学生在学校里生活和学习,需要尊重与被尊重、归属感等。在合作学习中,每个学生都表达自己的见解,在小组中相互交流,彼此尊重,共同分享,达成合作,学生的主体地位被大大地肯定与提高,促进学生的全面发展。

三、合作学习的内容及实施策略

什么样的教学内容、学习内容适合采用合作学习方式?合作学习方式适合在哪些年段或内容的教学中实施?一些研究学者认为,合作学习方式适合较为复杂或较高层次的认知学习任务,如合作推进式课型,以及学生的日常学习生活问题,需要学生从一定的情境、活动、游戏中亲身感受、体验、反思等。

通过合作学习,让学生学会合作。在一些教学任务中,本身就包含人际交往等能力的培养,所以更需要采用合作学习的方式。

在我们平常教学活动中,如果教学任务或学习内容含有以下因素,则应该优先采用合作学习的教学方式。

第一,教材内容具有一定难度,适合学生开展自主学习。一些学习内容有一定难度,教学内容容量大,学生有生活体验,有一定的认识和感知基础,涉及动手操作

或需要学生之间互相合作才能较好地突出教学重点、突破教学难点的，可以运用合作学习方式。

第二，教材内容符合学生生活实际的活动类内容，适宜开展调查、采访等活动，以交流互动的方法进行教学。

第三，教学任务是否强调需要师生、生生之间的交流互动等。这种教学任务不只是简单的提问回答，而是需要师生、生生之间讨论、展示等互动环节。教学活动需要学生能积极主动地参与，有较强的互动能力，并且要勇于质疑，大胆提问，充分发挥自身的主体作用。

第四，教材内容偏重于社会知识类，适合学生开展自主学习；学生在学习某些知识内容方面受到身心发展以及生活领域的限制，需要进行互助交流。学生由于各自不同的实践经历与不同的学习实践，对同一学习内容的学习方法、要领的掌握等方面可能存在差异，导致“应得出相同的结论，结论却存在差异”的现象。这种现象背后实则透露着学习过程与方法方面存在着问题。因此，在学习过程中，要求学生掌握相关相同的学习目标、相同的结论等知识内容，学习结果却展示出不相同的结论的过程。通过小组合作学习，促使学生发现问题，再经过师生、生生之间的指点与合作，促使学生对学习过程与方法有正确的认识和把握。合作学习可以使学生从“各自不同成长实践经历”的交流过程中不定期发现学习方法存在的问题并及时改进。

第五，教学任务是否包含不同层次的要求，有可能会产生一定理解上等方面的分歧，需要通过寻求帮助等方式才能解决。例如，对于一些具有开放性、探索性的问题，可用多种策略解决，这是激发探究思维很好的诱因，可以让学生独立思考之后，再进行充分的合作交流，改善学习效果。

第六，教学任务是否只有通过小组成员分工，发挥自己的优势和吸取他人的长处相结合，协作共事、齐心协力，才能完成学习任务。例如，分角色表演需要学生在特定的情境中进行生生互动，让学生在活动前进行分工，通过相互协作，在表演中进行角色的相互配合协作，这样小组的任务才能完成。

在实际教学过程中，教学内容是否包含合作学习方式的因素，很多时候依据实际教学情况而定，需要执教者充分了解学生的实际情况和教学内容，来决定是否适合采用合作学习的教学方式。例如，学校是否具备教学所需要的硬件设施，教师和学生是否有熟练运用信息技术的能力，合作学习活动是否得到家长、教师的积极支持，学生是否有充足的活动时间，学生是否具备一定的学习能力，包括上网搜索信息、处理信息的能力。

四、合作学习的要素

关于合作学习的内涵，在前面已经进行过阐述。合作学习的内容也可以理解为合作学习的基本要素。目前，应用合作学习的方法多种多样。约翰逊兄弟认为，在合作学习中有 5 个必不可少的要素：①积极互赖，即让每一位组员都感受到他们是一体的，不仅要共同提升本组成绩，还要相互帮助，不掉队；②面面交流，即让组员之间面对面沟通交流，从而促进彼此的学习；③个人责任，即要求每一个学生都有责任心，且有自己的任务，为达成本组共同的目标必须完成个人任务，分工明确；④社交技能，即学生必须会一些社交技能，这样才能有高品质的合作，同时能完整表达自己的意思，以达到共同促进；⑤小组自评，即要求小组每天、每周或每月来评价学生共同的活动情况，检讨自己且互评组员，以保证小组活动顺利进行。

合作学习首先需要解决的是学生的分组问题，这是合作学习能否取得成功的前提。为了让学生得到有利的锻炼和提高的机会，为了让学生的个性得到充分、健康、全面的发展，为了让学生进行愉快和谐、富有成效的合作学习，创设快乐有趣的情绪氛围，提高积极高涨的学习热情，从而推动学生孜孜不倦、锲而不舍地努力，实现知识技能的积累和智商、情商的发展，必须科学地建构合作小组。

五、合作学习的原则、方法与管理

（一）分组原则

1.同组异质

将不同层次的学生搭配分组，这样有利于同学之间互相帮助、互相促进、共同提高，同时活动进度相对统一。考虑因素包括成绩优劣、能力强弱、性格差异、走读与否、性别及班级干部分配等。

2.异组同质

保持组际之间的均衡性，有利于组际间的交流和竞争，有利于对各组学习活动的评价。

（二）分组方法

1.合理安排小组人数

学习小组人数一般为偶数，以 2 人为基本互助单位，根据班额大小，分成 4~6 组。在小组合作学习时，大的问题由组长布置分工、安排学习，小的问题由 2 人组交流，难的问题由全组解决，组内每个学生都有展示、交流的机会，有利于小组成员的共同发展。

要保证组与组之间的平衡，因此组内成员要差异互补。分组完毕后，不再随意调换组内成员，尽量保证小组的完整性和持续性。有研究证明，4 人组成的小组最为灵活高效，因为它便于随时调整配对形式以及人员搭配，提高合作学习的效率。确定小组人数后，将班上的学生总数除以 4 得出班上的小组数。如果能被 4 整除，那么商数就是班上的 4 人小组数；如果用 4 除不尽，多余的可能是 1、2、3 人，那么可以使一个、两个或三个小组分别是 5 人或 3 人。

2.精心搭配小组成员

合作学习小组一般不提倡学生自愿组合，学生个人意愿只能作为参考。合作小组的人员搭配一定要遵循“组内异质、组间同质”的原则,因而教师应按照学生的知识基础、学习能力、兴趣爱好、性格特征和性别等差异进行分组,让不同特质、不同层次的学生优化组合,使每个小组都有高、中、低三个层次的学生,而小组之间实力相当。由于每个小组成员都是异质的,所以就连带产生了全班各小组间的同质性,而这就充分体现了“组内异质、组间同质”的原则。其中,“组内异质”为小组成员间的互相帮助、互相促进提供了可能,“组间同质”为全班各小组创设了公平竞争的宽松环境。而同组同质容易造成两极分化、班级混乱,使小组合作学习成为空谈。

此时,教师要认真研究学生各方面的情况,包括其性别、民族、社交能力、性格、成绩等。成绩上“好、中、差”搭配,社交能力上口若悬河和沉默寡言的学生搭配,性格上活泼好动与内向沉稳的学生分在同一组。这样,不仅有助于小组角色分工,还可以让每一个小组中都有不同学习风格的学生,利用互补优势,提高合作学习的质量,让他们相互帮助、相互促进、相互监督。只有这样,组与组之间才有可比性,使合作学习形成组内合作、组间竞争的局面。

(1)小组长的选择

首先,综合各种能力,选择出小组长。每小组各设小组长 1 名,个别小组还可增设副小组长。任命组长要遵循一定的规则:①组长必须是一个有责任心的人;②组长必须是小组中成绩较前列的;③组长必须喜欢合作学习的模式;④组长必须属于自控型的学习风格;⑤组长要具有良好的沟通和协调能力。

然后,按照学生的学业基础、学习能力、性格特点、性别和家庭情况等差异进行分组。对此,要尽量分得客观、准确,让不同特质、不同层次的学生进行优化组合,使每个小组都有高、中、低三个层次的学生,符合“组内异质、组间同质”的原则。其中,“组内异质” 能为小组成员之间互相帮助提供较大的可能(因为差异也是一种资源),而“组间同质”可以为各小组间的公平竞争奠定基础。其目的是通过小组合作学习,使优等生得到发展,中等生得到锻炼,后进生得到帮助和提高。

(2)组员编号

所谓组员编号,就是给各小组的成员编上1号、2号、3号、4号等的序号,用学生在组中的序号来区分其在组内的学业水平。

第一,能保证所有小组相同编号的学生的成绩是有差距的。教师在小组活动中,只需要点学生的编号。例如,如果每个小组的1号站起来回答问题或代表小组发言,那么教师就能知道所有层次的学生对该问题的掌握程度。在进行小组汇报、发言之前,笔者就向全班声明:“请每一组的某号代表本组发言,请大家同心协力地帮助他,为他的发言做准备。”例如,在检查学生的学习效果时,笔者可以根据问题的难易程度来叫每一组的某号学生,然后根据这位学生解答问题的情况给小组加分或减分。每每此时,组内的其他成员都为他加油助威,被叫的学生唯恐为小组抹黑而全力以赴,班内气氛相当热烈。在小集体的支持与压力下,不愿思考的学生在小组学习的氛围中不得不去思考、讨论,找到问题的答案。这样,有利于组内成员取长补短、共同提高,同时又便于开展组间竞赛。而公平竞赛又能挖掘小组的群体智慧,培养学生的集体荣誉感。

第二,当进行配对合作或是帮扶计划的时候,教师只需要让面对面的两名学生合作,便能保障所有的配对都是优生与成绩较差的学生的组合。

(3)座位的安排

位置编排的目的本着有利于发挥每个学生的学习积极性,形式可以不拘一格。课堂中学生的座位排列方式直接影响到学生合作参与的程度,因而要把课桌排成有利于师生、生生讨论合作与交流的形式,在这样的组织形式中,每个小组都是一个合作群体。这样,可以为每个学生创设和谐、“无威胁”的课堂氛围,为学生相互交流创造良好的条件。分组后,传统教学下的“秧田式”座位被马蹄形、凸字形、丁字形等代替，给学生的合作交流带来了方便。T 型小组的好处是，当教师要集中讲某个问题的时候，只需要侧面两名学生旋转九十度就可以面向教师。

座位的布置与安排可以促进学生之间的合作。有效率的小组座位可以使小组内的所有成员紧密地坐在一起，这样才能分享学习材料，并且小声说话，不影响其他小组。因此，教师应该明确，座位形式的变化是为学生合作学习创造学习条件，在合作学习具体实施时，不应刻意或过分专注于座位形式的研究。到底该怎样排列座位，应以便于学生之间、师生之间交流互动为原则，在这种原则下，完全可以探索其他的形式。

(4)小组形象设计

小组成员可以集思广益，充分发挥各自的特长与能力，设计有关小组的各种象征。

①组名

各组成员可以进行讨论，根据自己小组的情况，提出一个最能代表小组特色的名字。

②口号

各组造势的口号可以自己编造，也可以选择一些名人名言、诗句等。

③小组标志

各组设计本组标志，绘制出综合组名和小组特点的标志图案。

3.适时进行组间调整，实行动态管理

小组合作的成员在一段时间内是相对稳定的，有利于学生间的互相了解、优势互补。如果频繁地打乱小组，那么将会使刚产生的凝聚力消失，才培养起来的团体意识消解，评价也不易操作。但是，在小组合作学习一段时间后，各小组的发展如果不是很平衡，甚至出现较大差异时，教师应认真观察，对确实不能合作的小组，在两三周后可进行适当的调整。在对小组做出调整时，要及时了解合作不下去的原因，让学生明白此次调整的意图（更好地发挥各自的优势，进一步增强合作能力），以及自己有哪些要注意的问题，但不可把某些人随意调来调去，使小组成员混乱，导致合作无法进行下去。

4.明确组内成员分工

在建构好学习小组后，教师还要帮助各小组进行合理的人员分工，明确任务职责，这样在学习时才不会盲从。一般情况下，在每个合作小组内要设一名常务组长，负责本组学习活动的组织、分工和监督等，让小组学习有序开展。本组每个成员都要有分工，而且还要施行值日组长轮换制，让每个学生都有参与本组管理的机会。各种角色分工并不是长期固定的，组内成员要根据实际情况进行调整，实现小组角色的互换，增进生生互动的有效性。

组内人人都是学习的主体，要注重培养组内成员的责任感和合作精神，因而在小组合作学习时，分工一定要明确。组内设小组长一名，负责组织组内成员的合作学习。比如，由谁组织，以哪种方式发言，同学发言时其他同学做什么；由谁进行归纳总结，由谁记录，同学记录时其他同学做什么等。为使全体成员都能获得锻炼的机会，小组长要实行轮换制，同时还要加强小组长的培训工作。总之，要让小组各成员在任何时候都要明白自己现在该做什么。只有细致明确的分工，成员的责任感和合作精神才能得以培养，学习任务才能顺利完成。

5.查阅相关资料

通过查阅相关资料，我们了解到，小组合作学习有很多不同的分组方式：第一，可以是同智分组（我们叫它为同智小组），也可以是异智分组（我们叫它为异智小组）；第二，可以是教师事先指定好的小组（我们叫它为预备小组），也可以是临时自愿组合的小组（我们叫它为情感小组）；第三，可以是不同思路的同学组合成的小组

(我们叫它为倾向交流小组),也可以是相同思路的同学组合成的小组(我们叫它为深入研究小组)等。

以上种种分组方式可供我们在具体的教学实践中，因时因地制宜，灵活选择运用。

(三)管理与评价

合作学习小组形成后,管理与评价还应跟上,否则就会出现自由散漫、低效混乱的局面。那么,如何发挥小组学习的积极作用呢?在班主任的带领下,全体任课教师应形成合力，变纪律约束的课堂组织形式为自我展示、积极竞争的课堂组织形式,通过四层反馈的评价方式,进行学生的自我管理。

1.第一层——小组长管理

常务小组长要对全组进行全面管理,从学习行为、习惯养成到思想教育,都要对全组负责。小组长(值日组长)应对全组同学的一天表现进行定性或定量记录,如课堂表现、发言、展示次数等,并在晚自习汇总后,对全组进行反馈(也可随堂反馈),及时鼓励督促帮助后进生,使之积极参与到小组学习与展示中来。同时,小组长在放学前要把签名的记录表交至值日班长处。

2.第二层——值日班长管理

值日班长由各组常务小组长担任,每天管理班级日常事务,对各组进行检查管理、考核评价,同时根据各小组长反馈上来的记录表,第二天早读课前五分钟将小组积分公布在教室评价栏内,并评出一个优秀小组。例如,公开发言或展示一人次1分,违纪或没按要求完成任务扣除相应分数,班级可以自定。

3.第三层——常务班长管理

常务班长对全班进行整体管理,履行副班主任的职责。同时,每周对各组学习活动情况进行全面总结,形成书面材料,上交到班主任处,并在每周班会课上公布一周小组总积分，而且组织小组长探讨班级内存在的问题，给班主任提供班级管理的积极建议，对班级内各组出现的矛盾或问题进行处理。

4.第四层——班主任及课任教师管理

班主任是班级的灵魂，班主任的管理理念、管理热情直接影响着班集体的发展。好的班主任应该是关心学生的家长、支持学生的朋友，而不是冷漠的看客或凶神恶煞的阶级敌人。因此，班主任应善于调动班干部的管理积极性，支持班委的工作，公平公正地评价各组的学习展示活动，对月优秀小组进行精神或物质上的奖励。同时，班主任还应协调好任课教师经常到班级听课，对存在的问题提出宝贵建议，对学生反馈意见及时联合教师进行整改。此外，任课教师也应支持配合班主任的管理评价工作，在课堂教学过程中或结束时可以让学生组内自评、组间互评，而教师也可综合评价。

评价的目的不仅是对学习目标达成度的评价，还是通过评价激励学生参与协作学习的过程。为此，在评价内容上，既要注重学习目标的检测，又要注重对学生的学习态度、参与程度、合作性和创造性等方面进行评价。在评价方法上，学生自评、互评和教师评价相结合，突出学生在评价中的主体地位，尊重学生的评价。评价结果只让学生进行自我纵向比较，不进行学生间的横向比较。

“分组合作学习”这种新课程所倡导的学习方式的优点是显而易见的，即能激励学生发挥出自己最高的水平，能促进学生在学习上互相帮助、共同提高，能增进同学间的感情交流，改进人际关系。最关键的是，只有进行有效的小组合作，学习才能取得最理想的效果，让学生“在合作中学会学习，在学习中学会合作”，对学生一生都是有积极意义的。

六、合作学习的策略

在现有的研究中，合作学习所采用的策略多种多样，但在实施过程中，多数研究者会关注以下六个方面。

(一)重视课堂教学的交往观

合作学习方式是新课程实施之后教师不断尝试的一种教学方法。但是,在实施的过程中,这种方法的首要前提是,以学生为中心进行实施。也就是说,在实施的过程中,必须关注学生的主体地位和教师的引导地位。而这势必要求目前的物理课堂教学重建课堂交往观,改变以往教师主导和以教师为中心的交往观念,从而保障合作学习的顺利实施。

(二)课堂教学座位变更

合作学习不同于其他的教学方法,更关注学生之间的讨论、合作。而这种方法的有效实施势必要改变目前规整的课堂座位排列,打破区域限制,让小组集中坐在一起,便于课堂协作、讨论。通过座位的变更,可以实现课堂教学的灵活性,这在以往研究中也颇多提到。

(三)重视小组的组成规模

在以往的研究中提到,小组的组成情况和组成规模直接影响了小组合作学习的效果,因而在合作学习策略实施中,这一点也被诸多研究学者所认可。在合作学习实施之前,有必要明确小组以何种方式予以组合,按照班级人数和任务需要,需要设置成多大规模,其组成规模和人员配置如何实现任务安排的合理优化等问题,提高小组合作学习效率。

(四)合作学习方式的多元化

合作学习的内容和原则是固定的,但其实施方式是多样的。因此,在合作学习实施策略中,很多研究者就提出,在合作学习实施的过程中,应关注合作学习方式的多元化。这不仅能激发学生的参与意识,而且还可以帮助学生选择更适合自己小组的方式,从而促进合作学习效率的提高。

(五)合作学习实施中合作与竞争关系的处理

在合作学习实施的过程中,合作与竞争的关系尤其重要。需要明确的是,合作学习并非仅仅是合作,还需要通过组间的竞争,提高学生的参与积极性。有竞争才有动力,但是对竞争和合作的关系,要明确好,否则很容易出现为竞争而忽略小组之间合作的情况,难以保障合作学习的顺利实施和效果。

(六)要关注不同教学方法的协同

合作学习仅仅是提升课堂教学的一种方法，其目的并非在于实现合作学习的各个环节,而在于提升教学和学习效率,激发学生的学习兴趣,实现教学相长。因而,在教学中,应该关注不同教学方法的协同。正所谓"教无定法",能够达到教学目标的方法,都可以融入合作学习策略之中。

以上所提到的合作学习策略是目前在有关高中物理教学研究及教学实践中经常提到的教学策略。这些教学策略的实施在一定程度上可以提高物理课堂教学效率,激发学生的学习兴趣、创新及创造能力、人际交往能力,为培养高素质、全面发展的人才奠定基础。

第二节 合作学习在高中物理课堂有效教学中的实施建议

一、在高中学习环境中营造合作学习的学习氛围

要实现合作学习在高中物理课堂中的有效推进，首先应该在课堂教学中营造合作学习的氛围。合作学习具有迁移性,这种学习方法既可以运用到物理教学中,也可以运用到其他学科中，关键在于培养教师与学生合作学习的思维途径和解决

问题的手段。在前述有关物理课堂合作学习实施步骤中可以看出，合作学习的实现需要掌握多种技巧。如果这种技巧和方法仅仅运用到物理课堂学习中，那么不仅耗时耗力，而且短期内难以取得明显效果，所以有可能造成很多学生和教师在采用这种方法的过程中半途而废，难以实现其应有的效果。要防止这种情况的出现，最好的方法是让教师与学生掌握合作学习的方法，将合作学习运用到高中课堂学习中，形成合作学习的良好氛围。这样，才能确保高中物理课堂合作学习的有效性，实现效果最优化。

在具体实施过程中，可以根据试点班级（如本研究中的实验班级）的综合考评结果，让师生感受到合作学习对学生学习状况的影响，以及教师在课堂教学中的感受。首先，在试点班级全面展开合作学习方法，促进合作学习方法进行的同时，激发学生课堂学习兴趣，让学生意识到合作学习所引起的自身改变，从而在不同班级之间展开合作学习。这样，易于建构一个合作学习的良好学习氛围。而在大氛围影响下，合作学习在高中物理课堂教学中的效果自然很容易得以实现。此外，在班级中，也需要营造合作学习的氛围，从小组着眼，关注学生学习的热情，让学生意识到学习的目的不应该仅仅集中在成绩上，还应该关注知识学习对自身生活的实用性，以及对未来生活的指导。只有这样，才能营造合作学习的良好氛围，使学生的创新能力和自学能力得以提升，同时也确保合作学习的顺利实施。

二、注重合作学习方法和技巧培训

许多高中教师都接触过合作学习，但是没有接受过系统的合作学习方法培训，所以往往出现教学过程中"跑题"，以及面对学生提出的问题难以回答的尴尬局面。这是教师放弃合作学习的原因之一。从学生角度来看，合作学习费时费力，占用过多的时间，而学习效果并非突飞猛进，加之在问题选择和问题处理中难以掌握规律和重点，在实施过程中遭遇种种障碍，学生的积极性和参与性下降，所以使得学生在合作学习中形式化过于严重。从这个角度来讲,要纠正目前出现的问题,提升合作学习在物理课堂教学中的效果,还应注重对合作学习方法和技巧的培训,让教师与学生掌握方法和技巧,这样才能确保合作学习的顺利实施,确保合作学习在课堂教学中效率的提升。

在实施过程中,首先应该关注学生小组的组建方式与组建规模,然后在开始时按照原则予以实施。这样,可以提升学生对合作学习的重视程度,也使得学生更愿意在这种正规的组织中探索学习方法,不断提升小组合作学习的效率。在具体方法和技巧的培训中,指导教师或培训人员可以通过演示的方法,对师生进行合作学习方法和技巧的培训,直观展示整个方法的流程和应用过程;也可以让学生通过合作学习的体验,由专业教师进行指导,不断改善合作学习方法。总之,在具体实施过程中,应该让教师和学生尝试多种合作学习的方法,然后选择与课程内容和师生学习方式最为契合的方法,进而提高合作学习的效率。

三、关注教师的“放手”与“指导”

在以往的教学中,教师的主导地位根深蒂固。对于教师而言,在课堂教学中掌握主动权已经形成了一种教学定式,尤其是教龄时间长的教师。这种观念的存在导致教师在合作学习的实施过程中,往往看着学生的合作学习不得法而“很着急”,很想直接参与到学生中,直接给出答案,或者指挥学生如何去做。久而久之,合作学习就变成了教师的主导学习,学生的成就感减小,合作学习也走向形式化。因此,为确保合作学习的顺利实施,在推进过程中,应该关注教师的“放手”,通过一系列的监督手段和措施,让教师尝试学会关注学生的成长,体验学生的一点点变化,感悟学生在自己成功解决问题之后的喜悦,感悟学生对物理学习兴趣的提升,让学生自己学会解决和处理问题。对于教师而言,在感受学生提高的时候学会“放手”,成为学生合作学习的监督者。

更重要的是,在要求教师“放手”的同时,还应该提醒教师引导者的身份。因为“放手”并不是教师可以置身事外的意思,这种放手和引导对教师有了更高的定位。因此,教师作为引导者,应该随时注意学生在合作学习中的行为表现,注意学生的合作学习是不是偏离主题,及时予以提醒和指导,引领到正确的路径上来。此外,对于学生在合作学习中遇到的问题,教师也应适时提出解决途径,或是与学生共同探讨解决方案,从而实现学生合作学习效率的提高。

四、实施多元化评价方式,使师生意识到物理教学课堂的改变

在逐步提倡素质教育的今天, 很多学校在尝试改变以往以高考为指挥棒的现状,不仅要注意学生的成绩,更要注意学生的减压,注意学生学习兴趣和各方面的发展。这种变化在目前的高中教学中是很受学生欢迎的,不仅提升了学生的学习兴趣,而且使学生对学习目的的认知逐渐趋于合理。在合作学习中,应该关注这种变化,实现评价方式的多元化,明确物理课堂教学以及学生自主学习在合作学习中所产生的变化。从这个方面来讲,在高中物理课堂有效性的评价中,应该逐步形成多元化的评价方式,在关注学生学习成绩的同时,还关注学生参与课堂的积极性、教师在课堂中的教学效果,以及学生学习的积极性和作业完成度,这样才能从整体上来判定课堂教学效果。而仅仅以成绩判定,往往会出现误差,不仅影响学生学习的积极性,也会导致学生对物理学习目的认知的偏差。从另一个方面来讲,实现多元化的评价方式,可以让师生关注合作学习所带来的课堂教学的改变,因此更乐意去探索合作学习在物理教学和学习中更为有效的方法, 从而在促进合作学习方法改善的同时,提高学生各方面素质,满足社会对人才的需要。

在实施多元化评价的过程中, 教师不应该仅仅根据限定的评价方式对学生进行点评,还可以根据自身的教学经验,对学生的学习行为予以点评,起到鼓励学生、鞭策后进的目的。在教学过程中,教师的期望效应往往比任何教学方法都要有效,而这就要求教师能够根据具体场合随机应变。其目的均在于提升学生的参与意识，进而促进小组合作学习的实施，在提高学习效率的同时，提高课堂教学的有效性。

第三节　高中物理新课程教学设计与课堂教学案例

新课程提出了三维教学目标，注重探究式的学习方式。从理论上说，这两者在本质上是统一的，因为任何目标和它的实现方式都是不可分离的。很难设想，单纯传授知识型的教学方式能发展学生的科学探究能力。因此，探究式教学是实现三维目标的必然要求。

但是，探究式教学受到多种条件的限制，尤其在高中阶段，学生学习任务重，升学压力大，许多教师感到在高中实施探究教学有很多困难。所以，这就需要正确理解科学探究和探究式教学。探究是一种复杂的学习活动，涉及观察现象、提出问题、查阅书籍以及其他信息资源，以便了解已有的知识，设计调查和研究方案，根据实验证据来核查已有的结论，而学习者围绕科学性问题展开探究活动。

学习者要优先考虑证据，因为证据可以帮助他们解释科学性问题，并对提出的解释予以评价。学习者要从证据中提炼出解释，对科学性问题做出回答。学习者通过比较其他的解释，特别是那些体现出科学性理解的解释，来评价他们自己提出的解释。

学习者要交流和论证他们所提出的解释。科学探究体现着现代科学观。科学不是已经完成和固化了的知识体系，而是人类对自然界永无止境的探究过程。科学的知识体系在探究过程中不断发展和变化，许多科学的结论是待证伪的，是在发现新的证据之后需要修正的。

人类对自然界的认识尚且如此,对学生而言,其个体的认识也需要在探究过程中不断发展和改变。因此,学习物理的过程是一个不断转变对自然界原有认识和观念的过程,是一个自觉实现自我更新观念的过程。

科学探究是科学家群体在长期探索自然规律的过程中所形成的有效的认识和实践方式,其中最重要的是科学思维方式,即我们通常所说的科学思想方法。

当代科学教育理论认为,科学探究没有固定的模式,但有一些可辨别的要素,如提出科学问题、建立假设、搜集证据、提出理论或模型、评估与交流等,这些都是科学思想和工作方式的体现。

在物理课程标准中,根据这些要素提出了对学生理解科学探究和发展科学探究能力的要求。任何实验探究过程都需要一定的操作技能,如控制变量、使用仪器、记录和处理数据等。

用科学探究的思想指导高中物理教学是完全可以实现的。因为它不是忽视物理知识的学习,而是注重学生对物理知识的自主建构过程,科学探究与知识的建构是在同一过程中发生的。

在物理教学中,如果我们尝试运用知识思维模型来指导教学过程,将科学探究真正作为科学知识建构过程中的一个必经途径,那么不论是引导学生自主开展科学探究活动,还是展示科学家在解决问题中的探究过程,都应努力使学生的认识过程按照知识建构的科学模式来发展,以此指导学生的思维活动,使之在探究过程中自觉地建构合理的知识体系,形成科学的价值判断,以实现物理知识与教学过程的统一。可以预测,这种教学将会使学生获得最大的发展。我们将建立在上述理论和模型基础上的教学称为探究—建构式教学。

案例一:力的合成

一、前测设计与分析

前测设计:学生经常见到物体受多个力的情况,而且在初中学过初步的力的合成知识。通过本测试,可以了解学生对力的合成的认知情况。

前测题:

1.合力和分力是否可以相互代替?

A.可以　　　　　　B.不可以

2.作用在不同物体上的两个力能不能进行力的合成?

A.能　　　　　　B.不能

3.合力一定大于分力吗?

A.一定大于　　　　　　B.不一定大于

4.怎样求两个分力的合力?

A.相加　　　　B.相减　　　　C.相加或者相减　　　　D.其他方法

在初中时,学生学过同一直线上两个力的合成。学生对两个力同向和反向时力的合成掌握得比较好,而对于成一定角度的力的合成存在错误认识,认为只存在相加或相减的情况。当给出学生力的示意图时,学生才会考虑两个成一定角度的力合成时,能不能直接相加或相减的问题。

二、教学设计

1.知识内容分析

力的合成是在学生学习力的概念和常见力的基础上研究多个力的合成问题。依据等效思想,在实验的基础上得出矢量运算普遍遵守的法则——平行四边形定则。矢量运算始终贯穿在高中物理知识内容的全过程中,具有基础性和预备性,可以为以后学习速度、加速度、位移、动量等矢量运算奠定基础,因此本节内容具有承上启下的作用。矢量概念是高中物理教学中引进的重要概念之一,是初中知识的扩展和深化。

2.学生分析

学生对于力的概念有较深刻的认识,并且已掌握力的图示法,具备一定的数学基础知识。通过前测,发现学生存在一些错误概念和学习困难。对于力的合成,存在着错误的认识:力的合成就是两个力相加或相减,合力一定比分力大。同时,在理解力的矢量性和掌握用图示法处理问题的方法上,存在着一定的困难。

3.教学设计思路

教学设计应该充分考虑学生的原认知, 在学生原有认识的基础上建构科学知识。在初中物理中,学生只学习了同一直线上力的合成,"代数和"的运算在学生头脑中已成定式,造成了学生思维断层。因此,理解平行四边形定则是本节教学的重点,而突破思维定式,降低思维难度是本节教学的关键。

考虑到学生存在的困难,针对学生的错误概念,教学时从学生熟悉的日常生活中的物体受到两个力的情况出发,引导学生用力的图示表示出两个力。首先,分析两个力在同一直线上的情况。学生利用初中知识,很容易用"代数法"求出两个力的合力。而教师引导学生用"作图法"求两个力的合力,为后面探究成一定角度的力合成时采用"作图法"求合力奠定基础。其次,分析成一定角度的两个力的合力。对此,学生会发现运用相加或相减的"代数法"有问题,于是产生认知冲突,激发学习的内在动机。由于刚才已经用图示表示出两个力,所以学生就会考虑同一直线上的两个力合成时可以用作图法求合力,那么成角度时是否可以用作图法求合力,如何求合力,从而引出学生的探究活动,探究成一定角度的两个力的合成规律。探究结束后,教师帮助学生整理探究过程得到的结论,得出平行四边形定则。

在日常生活中,物体往往受到多个力,需要继续深入研究多个力合成的情况。

学生在掌握两个力合成的基础上,很容易探究多个力合成的方法。

4.教学步骤

第一步,创设问题情境。由于学生在初中时学过同一直线上两个力的合成,所以很容易求出两个力的合力。而分析成角度的两个力的合力时,学生会发现当两个力成角度时,运用相加或相减的“代数法”有问题,于是产生认知冲突,由此引出焦点问题:如何求成一定角度的两个力的合力?

第二步,围绕焦点问题设计探究活动。首先,引导学生考虑同一直线上的两个力合成时可以用作图法求合力,那么成角度时是否可以用作图法求合力,如何求合力,从而引出学生的探究活动,探究成一定角度的两个力合成的规律。然后,指导学生通过设计实验,进行观察和记录,并分析处理数据,得出结论。

第三步,引导学生总结归纳,明确力的合成的规律——平行四边形定则。

第四步,在得出两个力合成规律的基础上进一步扩展。比如,有些物体往往受多个力,所以可以继续深入研究多个力合成的规律。

第五步, 明确力的矢量性, 了解平行四边形定则是任何矢量合成时都遵守的定则。

三、评价与反思

第一,在分析同一直线上两个力的合成时,学生很容易得出答案,而教师仍要求学生用“作图法”求合力,目的是为后面探究过程中学生处理成角度的力的合成时做铺垫,给学生的探究活动降低难度。学生对于用作图法处理数据、寻找规律的方法并不常用,如果不经提示,那么学生很难想到这种方法。

第二,教学设计要分析学生的具体情况,包括学生的前认知和学生可能遇到的困难,精心设计问题情境和问题的梯度,引起学生的兴趣,引导学生通过自己的思考和探究来解决问题。本节课的成功之处就在于根据学生的情况,采用了适当的教学策略。

第三,将实际问题抽象为模型进行研究对学生来说是一个难点,也是学生必须掌握的方法。在研究问题时,教师要逐步培养学生的科学抽象能力。

第四,矢量性对学生来说是第一次接触,所以学生很难想到平行四边形定则。因此,在探究过程中,教师应该加强对学生的指导,可以和学生一起共同讨论实验结论。

案例二:原子结构

一、教学目的和重、难点

1.知识与技能

了解人类认识原子结构的历史进程,知道原子的核式结构模型。

2.过程与方法

了解α粒子散射实验的实验过程及现象,引导学生通过分析α粒子散射实验结果,建立原子的核式结构模型,帮助学生了解物理学认识客观世界的“现象—假设(解释现象)—模型—新的实验现象—新假说—新模型”这样一种不断证伪、不断接近事物本质的研究方法。

3.教学重点

由α粒子散射实验现象分析原子结构,建立正确的原子模型。

4.教学难点

引导、帮助学生根据实验现象分析原因,建立正确的原子及原子核模型,学会研究物理学问题的科学方法。

二、教学设计

学生已经了解原子是由原子核及核外电子组成的,也知道原子核由质子和中子组成,但对原子内部的情况仍缺乏认识。因此,在本节课的教学中,重点是通过了解物理学史上的实验,认识原子的内部结构,建立原子的核式结构模型。

在教学过程中,按照古希腊对于原子的论述、17世纪科学家对原子的认识、汤姆生发现电子与提出原子的枣糕模型、卢瑟福α粒子散射实验,原子核式结构这一物理学史的演进,通过对α粒子散射实验现象的讨论,让学生去思索、探究原子的核式结构,帮助学生建立正确的原子模型。

在中学物理实验条件下,有些实验不能实际操作,因此可以借助多媒体辅助教学,通过动画的方式,帮助学生了解实验现象。

结合实验,让学生了解汤姆生、卢瑟福、玻尔等物理学家的生平事迹,培养学生以事实为依据、不迷信权威、敢于质疑的科学精神。

三、教学用具

阴极射线管、磁铁、多媒体教学系统。

四、教学过程

请学生回忆关于物质组成的知识:物质是由分子组成的,分子是由原子组成的,原子是由原子核和核外电子组成的,原子核是由质子和中子组成的。原子的内部结构是看不见的,那么科学家们是怎样得到这些结论的呢?

自古以来,人类一直想从千变万化的自然现象中找到如何认识物质世界的客观规律,从而知道各种物质源于何处,它们是由什么东西组成的。人类早期对物质结构的认识影响最大的要数由德谟克利特首先提出的“原子说”。他认为,万物皆由大量不可分割的微小物质粒子组成,这种粒子被称为原子(希腊文“不可分割”之意)。与此同时,德谟克利特还认为“原子”具有不同的性质。也就是说,在大自然中能够同时存在各种各样的原子。有些原子很轻,空气和其他各种气体就是由这类轻原子组成的。相比之下,液体中的原子要重一些,它们虽然相互结合在一起,但仍能流动,故液体具有体积不变而形状可任意改变的特性。至于固体中的原子,一定是更大、更重的，它们相互结合得更紧密。同圆润而又光滑的液体原子相比，固体原子表面想必是粗糙不平的，因此团体原子间能互相钩牢而不能自由转动，结果形状和体积都可保持不变。由此可知，早期的“原子说”虽粗浅，但仍能像现在一样，可用来解释固体、液体和气体的某些物理现象。

1897 年，汤姆生在对阴极射线的研究中，通过研究阴极射线的速度以及在电场中偏转，否定了阴极射线是电磁波的说法，并且通过实验验证了阴极射线是一种粒子流，测出了这种粒子流的粒子质量与电性。同时，他还发现许多物质中都包含这种粒子。因此，他确定这种粒子是包含在原子之中的构成物质的一种基本微粒，将其命名为“电子”。电子是人类认识的第一个基本粒子，在物理学史上是有划时代意义的。

实验演示：阴极射线在磁场中的偏转（说明阴极射线是带电粒子流）。

我们知道，原子本身是电中性的，既然原子中存在带负电的电子，那么原子中一定还有带正电的物质。也就是说，原子并不是不可再分的，而是有内部结构的。原子的内部结构究竟是什么样的？

五、展示物理学史上围绕焦点问题开展的研究工作

根据已知的实验事实，汤姆生提出了第一个原子结构模型——枣糕模型。汤姆生认为，原子是一个球体，正电荷均匀分布在整个球体内，电子像枣糕里的枣那样镶嵌在原子里面。汤姆生的模型可以解释一些实验事实，但是不久，这一模型就被新的实验事实否定了。

1909 年，卢瑟福做了一个历史上非常有名的实验——α 粒子散射实验（介绍实验装置）。按照汤姆生的枣糕模型，由于 α 粒子质量远远大于电子的质量，而且又以很大的速度轰击原子，所以就好像“空气中的尘埃对飞行的子弹的影响一样”，不会对其运动产生影响。但实验的结果却是：当粒子穿过金箔时，大多数沿原方向前进，

少数粒子发生了大角度的偏转，偏转角在 90°以上的约占 1/8000，极少数粒子偏转角达 180°。卢瑟福对实验结果非常惊讶。他说："它是这样叫人难以相信，就好像你用 15 英寸的炮弹射击一张薄纸，而炮弹居然反弹回来把你打中了一样。"

六、引导学生评价与交流探究结果

学生思考讨论，教师引导得出。

问题：请同学们根据上述实验现象思考原子的结构。

案例三：自由落体运动课堂实录及教学设计

一、课程分析

本节课使用的教材是《普通高中课程标准实验教科书物理（必修 1）》，教学的内容是第三章第三节关于自由落体运动的内容。

教学内容（教学重点、难点、关键）：第一，自由落体运动的研究历程中体现出来的科学研究方法；第二，对自由落体运动规律的实验探究过程；第三，运用自由落体运动的规律解决简单问题。

二、学情分析

学生在刚学完匀变速直线运动的规律后，需要一次真正的实践去更深刻地理解匀变速直线运动的规律。而对自由落体运动的研究恰恰满足了学生的这一要求。因此，在本节课的学习中，要让学生的认识有进一步的提高。

本节课从人类对自由落体运动的认识历史引入，重点介绍亚里士多德、伽利略的研究方法，强调对自由落体运动的理解，以期学生对自由落体运动有全面、清楚的认识。

两位科学家在研究自由落体运动中做出了杰出的贡献，所以在讲课时，要展示他们的研究成果以及对他们的评价。这样，既可以培养学生热爱科学的思想，又可以活跃课堂气氛。

三、设计理念

本节课从生活实践出发，结合学生在实际生活中的观察，初步了解自由落体运动，并通过两位科学家对自由落体运动的研究，结合伽利略的理想实验，得出自由落体运动的特点。接着，通过实验，让学生自主探究自由落体运动所遵循的规律，同时通过学生对自由落体运动规律的理解加以训练，让学生初步接受自由落体运动的规律。最后，在学生深入了解和掌握自由落体运动的规律后，通过回顾课堂游戏，使学生对自由落体运动的规律加以巩固和提高。

四、学习目标

1.知识与技能

(1)研究并认识自由落体运动的特点和规律。

(2)理解自由落体运动的特点和规律，并会运用自由落体运动的特点和规律解答相关问题。

2.过程与方法

(1)通过观察演示实验，概括出自由落体运动的特点，培养学生的观察能力和分析能力。

(2)利用已知的直线运动规律来研究自由落体运动。

3.情感态度与价值观

(1)培养学生仔细观察、认真思考、积极参与和勇于探索的精神。

(2)培养学生严谨的科学态度和实事求是的科学作风。

五、教学过程设计

1.新课引入

设计思路：教师在课堂教学过程中，有意识地创设情境，通过提出一些与课文有关的富有启发性的问题，将学生引入情境中，容易激发起学习动机，培养学习兴趣。通过合理创设情境,不仅能起到组织教学的作用,还能使学生明确学习目标,产生浓厚的学习兴趣。

教师:同学们,咱们班哪位同学反应比较快?请到讲台上来。

大家推荐一位同学。

教师:我们看这位同学能不能抓住这片铁片(向学生展示长度约为3.5cm的铁片)。

师生共同完成这一游戏。

教师:同学们,这位同学能抓住这片铁片吗?

学生:不能。

教师:为什么不能抓住呢?我们在学习了自由落体运动之后,同学们就知道其中的奥秘了。

设计意图:创设问题情境就是在讲授内容和学生求知心理之间制造一种"不协调",将学生引入一种与物理问题有关的情境中,造成一种悬念,使学生产生向往、探索的欲望,处于欲罢不能的状态。创设问题情境时应注意:问题要小而具体、新颖有趣,有适当的难度,有启发性;要善于将所要解决的课题寓于学生实际掌握的知识基础之中,造成心理上的悬念,悬念解除之时,也就是正迁移实现之时。

【板书】自由落体运动。

2.新课研究

设计思路:在教学中,教师应运用物理本身的魅力,激发学生求知的欲望和情感。同时,教师本身以饱满的热情、强烈的求知欲、热爱物理学科的情趣,带领学生去探索物理世界的奥秘,就会对学生的学习兴趣产生巨大影响。

教师:同学们,物理规律的研究总是源于生活,又服务于生活。为了更深入地研究自由落体运动的规律,我们也需要从生活实践出发,来讨论几个问题。

提出问题:在日常生活中,重的物体和轻的物体谁下落得更快一些呢?

学生:重的物体下落得快一些。

教师:我们通过几个小实验一起来验证一下同学们的结论是否正确。

设计学生实验1:纸片和硬币从相同的高度同时下落,看谁下落得快?

学生做实验,并观察实验现象,得到结论:重的硬币比轻的纸片下落得快。教师:两千多年前,古希腊哲学家亚里士多德也持有这一观点。在人类还处于懵懂时期的时候,亚里士多德就对这一现象做出了研究,这本身就值得我们尊敬。但这个观点是否正确呢?我们还是通过实验来验证吧!

设计学生实验2:将纸片团成纸团,再和硬币从相同的高度同时下落,看谁下落得快?教师强调纸团和纸片的质量是相同的。

学生做实验,并观察实验现象,得到结论:重的硬币和轻的纸团下落得几乎一样快。

提出问题:为什么会得到相互矛盾的结论呢?

学生思考。

教师:对表面现象的观察有时会得出错误的结论,我们要用透过现象看本质的研究方法去研究问题。三百多年以前,伽利略就是用这样的方法否定了亚里士多德的观点。

设计思路:教学中应注意新、旧知识异同的比较。通过对比,能透过表面现象,看清不同的物理本质。在对比过程中,学生始终处于主动积极、探索进取的状态,因而可以引起有意注意,促成思维交锋。这样,对完善旧知识,自觉完成从旧知识到新知识的迁移,并巩固新知识,都极为有利。不然,就公式论公式,该对比不对比,不仅不会促进迁移,反而还会造成负迁移。心理学研究表明,对比抗干扰,加强对易混知识的比较,找准分化点,有利于排除干扰,加深对某些相关概念的认识和理解,促使易混知识在学生头脑中彻底分化。

设计学生实验3:将硬币放在纸片上面组合成一体,和另一相同的纸团从相同的高度同时下落,看谁下落得快?

学生做实验,并观察实验现象,得到结论:重的硬币和纸片的结合体比轻的纸团下落得慢。

提出问题:同学们,要想让两者下落得几乎一样快,那应该怎样做呢?

学生讨论并提出实验方案。

学生:让纸片包住硬币并团成纸团。

教师:同学们实际做一下看看。

学生做实验,并观察实验现象。

教师提出问题:我们做的上述几个实验为什么会得出不同的结论?

学生:有空气阻力的影响。

教师:如果我们忽略空气阻力的影响,同学们猜一下,会出现什么情况?

教师演示牛顿管实验,让学生验证自己的猜想。

设计思路:美国著名心理学家布鲁纳曾说:“掌握一般概念和原理是通向普遍迁移的大道。”因此,我们在组织教材时,应把基本概念和规律放在首位,突出教材的系统性和规律性。通过上述几个学生实验,让学生充分体验学习的快乐,体验实验探究在物理规律研究中的重要作用,同时也活跃课堂气氛,增强学生的学习兴趣。

【板书】1.自由落体运动:物体不受其他因素影响,只在重力作用下从静止开始下落的运动称为自由落体运动。

教师:那么,自由落体运动到底是一种什么样的运动呢?遵循什么样的规律呢?现在,我们通过实验来探究自由落体运动的规律。

教师介绍实验器材,并简单介绍实验过程和步骤,引导学生进行分组实验。

学生进行分组实验,并通过对纸带的分析和数据的处理,探究自由落体运动的特点和规律。

设计思路:物理课堂教学过程中,很多的教学内容都能引起学生学习物理的兴趣。因此,教师要以良好的契机为抓手,立足于诱导学生的学习兴趣。

【板书】2.自由落体运动的特点:初速度为零的匀加速直线运动。

3.自由落体运动的规律:$v=at+\frac{1}{2}at^2$。

设计思路:人的每一个认识活动都含有一定的认知结构,是人类认识客观事物在主观上的反映。建构认知结构是中学物理教学的中心环节,可以促进新、旧知识的交互作用,对完善认知结构,使认知结构系统化、综合化和整体化具有重要作用。因此,在教学中,要引导学生积极地把新概念或规律与自己认知结构中原有的适当概念相联系,把新概念、规律纳入原有概念、规律中,同时使新概念、规律与原有的有关概念、规律进一步分化和融会贯通,组成一个整体结构。

教师:自由落体运动是匀加速直线运动,那么它的加速度是多大呢?我们还是通过实验来进行探究吧!

学生通过对纸带的分析和数据的处理,探究自由落体运动的加速度。

【板书】4.自由落体运动的加速度:$g=9.8\text{m/s}^2$。

例题:一块石头从离地面20m高的楼顶自由落下,问经过多长时间石头落到地面?石头到达地面时的速度有多大(忽略空气阻力,g取10m/s^2)?

解析:设经过时间t石头落到地面,速度为v,则由自由落体运动的规律来求得数值。

设计思路:通过例题,让学生充分理解自由落体运动的特点和规律,并体验胜利的喜悦。

教师:同学们,现在我们回到开课时的小游戏,为什么抓不到铁片呢?因为人的反应时间很难达到0.1s这么短的时间。那么,同学们计算一下,在0.1s内做自由落体运动的物体下落的高度是多少呢?

学生认真计算，并给出答案：在0.1s内做自由落体运动的物体下落的高度是4.9cm。

教师(展示铁片):这片铁片的长度只有3.5cm,所以同学们是抓不到的。

设计思路:在物理教学中,教师要从教学效果出发,通过精心设计,将最新的教学理念融入每节课的教学过程中，注意广泛收集物理学科最新成果，结合教学内容,巧妙地包装,隆重地介绍,激发学生的求知欲和兴趣。

教师:本节课的最后,请同学们把课本翻到第53页,利用课本上提供的方法,测量一下你的反应时间。

设计意图:让学生充分体会物理规律在日常生活中的妙用,并通过他们自己测量的反应时间,回顾抓铁片的过程,使本节课的教学更加完美。

3.小结

本节课我们学习了什么是自由落体运动、自由落体运动的特点和规律、自由落体加速度。

4.教学设计

略。

5.板书设计

略。

六、课后反思

在物理教学中,使学生养成良好的学习习惯、打好基础、培养能力和教师加强必要的指导,是促进知识顺利迁移所不可少的前提。所以,教师在采用行之有效的教法,认真研究学生的学法,进行物理教学改革的同时,认真学习知识迁移规律,并考虑影响知识迁移的各种因素,定能提高教学效果。

新课程强调学习方式的改变,倡导以“主动、探究、合作”为主要特征的学习方式。

“实验启发式”综合教学模式是我们学科教师在教学实践中总结出来的模式,已在实践中收到一定效果。当然,也有待在具体的教学实践中不断完善,使之变得更科学。

本节课探究自由落体运动的规律,从历史上的研究过程入手,所以本节课的思路比较开阔,转折比较多,教师在教学过程中应注意内容的衔接。

本节课的演示实验比较多,所以做好演示实验,有利于帮助学生理解自由落体运动的特点。在本节课的教学中,这一点尤为重要。

案例四:滑动摩擦力实验设计

一、能力与知识基础

学生整体水平较高,具有较好的知识和能力基础,具有一定的发现问题、分析问题和解决问题的能力,能够与其他同学通过讨论流利地表达自己的思想和批判他人的观点。学生对摩擦力的概念已经从生活经验中有了初步了解,但对影响滑动摩擦力大小的因素还存在着相当模糊的认识。

二、学生心理特点

学生自我意识水平迅速提高并逐步趋向成熟,学生行动具有主动和自觉,思维的独立性、创造性和批判性迅速增长,感知心理品质日益趋向成熟,感知的目的和计划性越来越明显。

三、教学目标

能力目标:培养学生的合作能力和探究能力。

知识目标:理解滑动摩擦,知道滑动摩擦力的大小跟哪些因素有关;理解摩擦力的应用,知道增大有益摩擦和减小有害摩擦的方法。

四、教学策略分析

鉴于学生的学习能力和学习特点,采取问题探究—合作学习模式。

五、教学过程分析

1.确定小组规模和合作空间

本次合作学习选在物理实验室。为便于学生之间的交流和使用共同的材料,小组分为4人一组,而初三(1)班65人,其中一组为5人。

2.备好教案,以促进学生之间的相互依赖

(1)材料的相互依赖

全组共用一组实验器材:一个弹簧秤、3~4个木块、一块玻璃板、一块毛巾、学生实验其他器材。

(2)目标的相互依赖

小组成员共用一份实验报告单,要求填写一个实验结论,若结论不一致,小组必须通过实验验证或讨论解决。

(3)分派职责

除了参与讨论和学习外,小组成员还应担负另一职责,以协助其他组员更有效地合作。这些职责包括:①组织者——保证整个小组实验顺利地进行和不对其他小组造成噪音影响;②理解检测者——保证小组的每一个成员都能有条理地阐述如何得到某个答案或结论;③综合概括者——复述整个小组的主要结论和答案;④记录员——填写实验报告单。

六、布置课前任务

教师明确滑动摩擦力的概念（一个物体在另一个物体表面上滑动时所受到的阻碍物体相对运动的力叫滑动摩擦力），并提出问题：滑动摩擦力的大小与什么有关？

小组课下讨论并记录讨论的结果。在实验中，主要有以下猜测：①可能与接触面的粗糙程度有关？②可能与接触面的大小有关？③可能与运动速度有关？④可能与接触面的压力有关？⑤可能与运动方向有关？说明猜测的理由，并讨论如何验证这一结论的实验方法。

为保证小组的有效性，要明确小组分工：1号组织本小组活动进行，2号负责简要记录小组成员的发言情况和贡献，3号检查小组成员对结论的掌握，4号记录讨论结果。

教师解释本次活动成功的标准：猜测具有一定的合理性，验证的方法具有说服力和可行性，不一定与教科书上统一。

教师要求学生上交讨论结果，并验证所需器材，实验室不能提供该器材的，可以选用其他代替器材，同时课前应向学生说明，学生能自备的，上课时可以自带。

七、教学过程

1.教师检测课下讨论结果，随机抽查2~3名非同组学生向全班同学汇报本小组结论与理由。教师给学生打分，并记入学生所在小组的考核成绩。

注：为保证公平性，笔者让学生把自己的名字写在一小块硬纸片上，并放入讲台桌上的一个小盒里，作为每次抽查时的学生名单，让教师从小盒中随机抽取。

2.教师以第一个问题为例，示范如何验证摩擦力是否与接触面的粗糙程度有关（当研究摩擦力与接触面的粗糙程度有关时，应排除其他干扰因素，如应让压力相等、接触面积相等。只有这些因素确定后，讨论的结果才具有相关性）。同时，教师强调实验应注意的问题，如应保持物体匀速运动等。

3.小组验证猜测结果,教师监督和观察学生的行为。

4.各组汇报实验结果。

结论Ⅰ:滑动摩擦力的大小与物体运动的快慢无关。

结论Ⅱ:滑动摩擦力与表面粗糙程度有关,且表面越粗糙,滑动摩擦力越大。

结论Ⅲ:滑动摩擦力与接触面的大小无关。

结论Ⅳ:滑动摩擦力与压力的大小有关,且压力越大,滑动摩擦力越大。

教师说明:由于同学们在拉动木块的过程中,不一定就是匀速的,所以数据有一定的偏差。

八、评估学习效果和评定学生合作情况

1.收尾工作:教师总结本节课的知识要点。

2.评价学生学习的质与量:课本习题。

3.评估小组的合作效果:小组总结本次合作的成功和失败之处,以及下次需要改进的措施。

4.学生自己评估自己的学习效果。

第六章 基于案例教学的物理有效教学

第一节　案例有效教学在物理教学中的现状调查

1993 年 2 月，在中共中央、国务院制定的《中国教育改革和发展纲要》中明确指出："中小学要从'应试教育'转向'素质教育'的轨道，提倡全面提高学生的思想道德、文化、劳动技能和身体心理素质，以促进学生生动活泼地发展。"由此，素质教育的理念逐步浮现在大众的视野之中。

1999 年，《关于深化教育改革全面推进素质教育的若干决定》指出，要积极实行启发式、讨论式教学，以激发学生独立思考和创新的能力，让学生在感受、理解知识产生和发展的过程中，促进科学精神和创新思维习惯的培养，并重视培养学生收集处理信息的能力、分析和解决问题的能力、语言表达能力、获取新知识的能力及团结协作能力等。

为了进一步落实素质教育理念，全面深化基础教育课程改革，提高基础教育教学质量，2010 年 7 月教育部颁布了《基础教育课程改革纲要（试行）》，并对中小学的教学内容和课程实施给出了明确的要求。在教学内容上，"要改变传统课程内容

'繁、难、偏、旧'及偏重书本知识的现状，加强课程内容与学生生活、现代社会及科技发展的联系"；在课程实施方面，"要改变传统课程实施中过于强调接受学习、死记硬背、机械训练的现象，倡导学生主动参与、乐于探究和实践，从而培养学生搜集和处理信息的能力、获取新知识的能力、分析和解决问题的能力及交流与协作的能力"。因此，为了响应物理新课程改革的号召，高中物理教学应该逐步实现课堂教学的呈现内容、教师的教学方式、学生的学习方式的变革。

一、当前高中物理课堂教学现状

自从素质教育提出以及《基础教育课程改革纲要(试行)》出台以来，许多一线高中物理教师不断更新自身的教育教学理念，在注重基础知识传递的同时，也积极探索多样化的教学方式，致力于学生思维能力的培养，回归学生在课堂中的主体地位，努力提高学生课堂参与的积极性。尽管如此，在实际的物理课堂教学中，仍然存在诸多问题，最典型的有以下四个方面。

(一)师生课堂角色混乱，忽视学生主体地位

物理新课程标准强调，教师要使用探究式的教学方法，并让学生以学习主体的方式去体会物理概念、规律的形成过程。但实际上，以教师讲授为主的"满堂灌"教学模式依旧十分常见，学生只负责听，不需要回答与思考，完全变为"盛放知识的容器"。

(二)过多教师工作代替学生工作，忽视思维品质培养

不可否认，很多物理教师具备非常高的职业精神，课前备课非常充分，将物理知识与相关习题的解答规律都总结得非常仔细，但是却导致在课堂上教师讲得多，学生记得多、分析得少，反而使学生逐渐丧失思考和总结的能力，同时也不利于学生学习自主性的发挥。

(三)教学机智与教学技能有待加强

在教学过程中，教师需要运用教学机智及时处理课堂的突发状况，并学会使用

多种教学技能，保证课堂的有序进行，促进学生学习与思考。常用的教学技能一般有引入技能、论说技能、提问技能等。但在教学实践中，有不少教师，尤其是一些新进教师，教学技能较为单一，且难以对课堂的突发状况进行很好的处理。

（四）过分注重习题操练，轻思想方法教育

在“应试教育”模式下，许多学校都在积极开展“题海式”的习题培训，教师也孜孜不倦地把研究多年的“解题术”和“高招”都传授给学生，而不是引导学生去思考和总结，使学生变为答题的“机器”。

以上种种说明高中物理课堂教学现状与素质教育和新课程改革的理念相差甚远，如何合理地改变以上现状是广大物理教师值得认真思考的问题。

二、案例教学法的提出

20 世纪 80 年代初，哈佛大学原校长博克教授说：“在大学里，最明显的是需要停止对固定知识的强调，转而强调学生不断获取知识和理解知识的能力。”因此，一种以案例为基础，以组内交流、课堂讨论为主要教学形式，以训练学生形成分析和解决问题能力为首要目标的教学方法，即案例教学法随之产生。这种教学方法与传统教学方法在教学内容、教学方式、教师地位和学生地位上都存在很大不同。

首先，在教学内容上，传统的教学方法依旧以教材为本位，教给学生的知识大多脱离生活实际，理论与实践结合的不够密切，而案例教学法的主要教学内容是生活中包含相关知识的典型案例，充分体现了学习内容的实践性。其次，在课堂教学方式上，传统教学法过分强调教师的教，而案例教学法更侧重于教师与学生的共同学习，教师引导并与学生一起对教学案例进行分析、讨论、总结及班级展示等活动，从而潜移默化地培养学生乐于探究、团结协作和分析解决问题的能力等。最后，从教师与学生的地位来看，传统的教师观与学生观认为教师是课堂中的权威者，学生则是用来“盛放知识的容器”，只要教师在课堂上讲的就是学生需要重点理解的，不讲的就是不重要的,这样“投机取巧”的学习方式会导致学生逐步丧失对学习内容的选择与敏锐的判断力,且不利于学生总结归纳能力的培养;但在案例教学法中,教师主要扮演引导者与启发者的角色,而学生由被动的学习者转为主动参与者,通过对教师提供的案例进行个人分析解答、小组交流结果、班级讨论总结这样一个互相交流与互相学习的过程,不仅能够发现自己的不足与错误,还能掌握学习物理的思维和方法。同时,案例教学法对教师的教学技能和教学机智也提出了更高的要求:教师如何进行合理的课堂管理与课堂调控以保证课堂的有序进行,采取何种方式能更好地启发、诱导学生围绕案例主题进行讨论等问题都是教师在课前应该仔细思考的问题。由此可见,案例教学的准备过程与教学实践过程同时也是教师自我锻炼与自我成长的过程。

高中物理知识量大,难度系数大,是高中理科中的难点。而高中学生往往对物理望而生畏。如何增强学生学习物理的自信心,培养学生学习物理的兴趣,掌握学习物理的一些方法,是广大物理教师一直思考的问题。众所周知,物理学是一门实践性的学科,高中物理课中所有的物理概念和物理规律在生活中几乎都能找到与之相对应的典型实例。因此,在高中物理课堂教学中,采取案例教学法,将生活中典型的物理案例引入课堂中来,能够很好地将物理知识与生活实践相结合。良好的案例情境能够调动学生的学习兴趣,使学在生生互动、师生互动的教学方式下学习物理知识,既有助于学生对物理知识的自我建构,也有利于形成良好的学习环境,以及培养和谐的师生、生生关系。对案例的学习、分析、讨论与交流有助于学生创造能力、合作能力与解决问题等能力的提升,有助于培养学生勇于探索的科学态度,以及理解自然、服务社会的价值感。

综上所述,将案例教学法引入高中物理课堂,既符合素质教育的基本理念与新课程改革的基本要求,也能很好地解决以上高中物理教学现状的弊端。

三、案例的基本特征

根据以上分析，并结合其他文献的研究，我们总结归纳一个好的案例必须具备以下八个特征。

（一）真实性

案例一定是现实生活中真实发生的事件，所涉及的时间、地点和引用数据等一定是真实、准确的，不是凭据个人想象力和创造力杜撰出来的。

（二）思考性

案例的选择一定是紧密结合教学目标的，因此必然是能够引人思考、反思的事件。所以，这就要求案例必须包含疑难问题，也可含有解决问题的方法。只对某一个现象进行简单描述，不涉及问题在内的事件不属于案例。

（三）完整性

案例是对一个真实情境的描述，描述的内容要包括故事产生、发展的历程以及发展的结果，是对事物或现象整体的、动态性的把握。

（四）典型性

案例是经过精心挑选的具有一定代表性的事例，能代表某种现象或某类事物的本质属性，最好是既能概括与教学目标相关的知识，又具有较大影响力的事件。

（五）情节性

一个好的案例讲述的应该是一个故事，像所有优秀的故事标准一样，必须要有有趣的情节，要能把事件发生的时间、人物、地点等按一定结构展现出来，同时也包含对事件的叙述和评点，有较强的可读性与感染力。

（六）针对性

案例的选择与设计必须要充分考虑教学实际（学生兴趣、认知水平以及客观的教学环境），并针对教学实际，结合教学目标，编写出具有针对性与实用性强的教学案例。这样,既能达成教学目标的要求,又能因地制宜地激发学生的兴趣。

(七)集中性

编写案例要侧重在某个中心论题上,语言要尽量精练,突出重点,准确把握与教学目标相关的主要事件,同时避免无关信息的干扰。

(八)时代性

一个好的案例应该是与时俱进的,因而选择的案例应该反映的是近5年发生的事情,是当今社会所关注的时事。这样的案例既可以关注社会发展的最新动态,也容易调动学生的学习兴趣,产生共鸣。

四、案例和例子的区别

在实际教学中,谈到案例教学法时,很多学者认为,所谓的案例教学法不就是在课堂上多举一些例子让学生进行分析讨论的一种教学方法吗?显然,这些学者对案例教学法的教学模式缺乏认识,并且错误地将案例教学法中的“案例”与我们常说的“例子”画上等号。为了让大家清楚“案例”与“例子”的本质区别,笔者在此对“案例”和“例子”进行了区分。

第一,从定义来看,“案例”是经过精心挑选的具有真实性、思考性、完整性、典型性等特征的实例,因此案例的编写有着严格要求,需遵循以上一系列原则;而我们常说的例子却可以是杜撰的、单一的,可以是对从未发生的事件或某一事实片段的描述。按照数学的集合定义,两者是可以有交集部分的。也就是说,符合案例特征的例子可以被称之为案例。

第二,从教学形式来看,案例是用于教学中进行生生互动、师生互动以及学生学习知识的媒介,对案例的分析、讨论和交流贯穿教学的始终;而举例子是用来更好地说明某些问题的,以促进学生理解,常穿插在教学之中,但并不贯穿全程。

第三,从在教学中的地位来看,案例教学法的关键之一就是案例,案例在其中占居中心地位，学生的知识和能力、情感态度和价值观的形成都是通过对案例的分析和讨论获得的；而举例子是为了帮助学生理解某些知识的一个手段，处于辅助地位。

第四，从教学材料的组织方式和作用来看，例子是一种倾向于直截了当的信息提取和组织方式，一般情况下学生能通过例子直接总结规律得到答案；而案例是包含着事物发展的动态变化，是较为完整的、信息量较足的综合性事例，案例的呈现更接近创设一个具体的、丰富的教学情境，而不是对某一问题的补充和说明。

综合以上分析，可以知道，案例与例子不论是在概念的界定、教学形式方面，还是在课堂中的地位、组织方式和发挥的作用方面，都有着明显的区别。同时，这也提醒广大教师在采取案例教学法的课堂教学时要重视案例编写的要求，严格遵照其编写的原则编写适合的案例，并在案例使用的过程中，要尽量发挥案例在案例教学中应有的作用。

五、物理案例

本书研究的是案例教学法在高中物理课堂中的应用，所以这里使用的案例是在物理课堂教学中使用的案例，简称物理案例。那么，何为物理案例呢？顾名思义，物理案例就需要将物理与案例的特征进行结合。除了要满足前面所提及的案例的特点和基本特征外，还需要涉及和物理课程相关的物理现象、物理概念、物理规律、物理过程和方法。我们知道，物理是一门以实践为基础的课程。它是以观察和实验为基础，以物理现象、物理过程和方法、物理概念、物理规律为载体，同时以科学探究为主线，以提高全体学生科学素养为基本目标的一门基础性的自然科学课程。

因此，笔者将“物理案例”具体定义为：围绕本节课的三维教学目标，选择具有代表性的含有疑难问题在内的，包括物理概念、物理规律、物理过程或方法的真实物理现象及重大事件，并以视听手段或书面形式进行组织编辑后的材料。

（一）物理教学中的案例教学法

综合以上分析，笔者以曼莎斯对案例教学法的界定为准。鉴于本书是将案例教学法运用到高中物理课堂中的，所以我们结合物理学科的特点以及物理新课程改革的要求，将案例教学法定义为：由物理教师使用精心编撰的物理案例，通过案例的呈现，给予学生真实学习状况，以个人阅读分析、小组讨论、角色扮演和班级讨论等方式来增进学生间的交流，同时引发学生思考，全面提高学生物理学科素养的教学方法。

（二）案例教学法和其他教学法的联系与区别

常言道："教学有法，但无定法。"自古以来，各学科采用的教学方法各种各样，讲授法、实验法、协作教学法、情境教学法和活动教学法等都是物理教学中常常用到的教学法。物理课程类型的多样性使得其采用的教学方法多样性。有时，一节物理课可以只用一种教学法来贯穿始终，有时也可能需要多种教学方法的相互补充与融合。不同教学方法之间既有联系，又有区别。而案例教学法在19世纪70年代被引入哈佛的法学教育，发展至今，已趋于完善。但是，很多学者认为，案例教学法说到底就是情境教学法，不能理解它们之间的区别，还有不少学者认为，案例教学法与问题教学法很相似，也有一些学者将案例教学法与协作教学法混为一谈。下面，笔者就情境教学法、问题教学法、协作教学法与案例教学法进行比较分析，以期让读者了解案例教学法与这几种教学法的联系与区别。

1.案例教学法与情境教学法

情境教学法是在20世纪30年代兴起于英国的一种专门应用于语言教学的教学方法，前期被称为口语法，20世纪50年代后以情境法为人熟知。霍恩贝指出，情境教学法是指在教师教学的过程中，授课教师有目的地引入并建立以具体形象为主体的具有一定情感色彩的、生动的场景，以此引起学生某些情感态度体验，进而辅助学生理解并掌握知识和技能,并帮助学生心理得到发展的方法。

情境教学法的一般程序是情境导入、情境练习和情境运用。情境主要以教师的语言、一些图片、音乐或视频等方式作为引入。这与案例教学法中案例引入的方式相同，但是其引入的内容却有着本质的区别。案例是包含疑难问题在内的真实情境,而情境教学中的情境可以是包含疑难问题在内的,也可以是不包含疑难问题的一个图式的展示,还可以是从未发生的假想事件。所以,从这一方面来看,案例教学与情境教学的关系是包含与被包含的关系。但是,从学生的学习方式来看,情境教学中学生的学习方式主要是在特定的情境下以反复模仿与练习为主，而案例教学的主要学习方式是以分组讨论、角色扮演和班级讨论为主。前者强调学生的自主学习与能力提高,学习的方式比较机械;而后者强调学生学习的自主性和合作性,学习方式更为灵活。从以上分析可以看出,情境教学和案例教学在教学内容、教学形式上都存在一定的差异,但两者的相同之处在于强调情境的创设,并重视学生学习兴趣与积极性的提高。

2.案例教学法与问题教学法

“学起于思,思源于疑,疑解于问。”问题是教学的出发点,也是开启任何一门学科的关键。问题教学法是以问题为载体贯穿教学过程,使学生在设问和释问的过程中产生自主学习的动机与欲望,从而逐渐养成自主学习的习惯,并在实践中不断优化自主学习方法,提高自主学习能力的教学方法。具体来说,问题教学法就是以提出问题、分析问题与解决问题为线索,并且把这一线索始终贯穿于整个教学过程的一种教学方法。从问题教学法的定义来看,其以问题为线索与案例教学法以包含疑难问题在内的案例为主要内容有异曲同工之妙。我国学者雷志柱在其《案例教学法:理念、特征与组织流程》一文中提到,案例教学法的焦点就是发展学生能力,并且以问题解决能力为核心。

3.案例教学法与协作学习法

20世纪六七十年代,协作学习兴起于美国。关于协作学习的定义,我国合作学习的重要代表人物山东教育科学研究所的王坦认为,协作学习是以互助学习小组为基本组成形式,系统运用教学中动态因素之间的互动,进而促进学生学习,并以团体成绩作为评价标准,共同达到教学目标的教学活动。

我国北京师范大学信息技术学院黄荣怀教授对其描述也得到了广泛认可。他认为:“协作学习是学生以群体小组形式参与,为实现学习的共同目标,在一定的激励机制下最大化个人及他人习得成果而合作互助的一切相关行为。”

综上所述,协作学习主要有以下四个特点:①强调目标导向;②以小组活动为主体;③强调组员之间的互相协作;④以小组成绩作为评价激励。

从协作学习的特点来看,其与案例教学有极大的相似之处,都是遵循既定的教学目标进行教学设计,都是以小组活动为主体,并且注重小组成员间的交流与讨论。因此,不论是案例教学还是协作学习,个人学习的成功都以他人的贡献与成功作为基础,学习者之间、学习者与指导者之间的关系是和谐的、融洽的、相互合作且相互促进的,都是在共享学习资源,共同承担责任与荣辱的基础上,共同完成学习任务,共同实现预设的教学目标。两种教学方法都有利于学生学习主动性、创造性的发挥,有利于学生个体思维能力的发展与集体思维潜能的开发,有利于增强学生自身的言语表达能力、个体之间的沟通能力以及对个体与个体之间差异的包容能力和合作能力,即团队意识。

但是,从两种教法的教学内容、教学评价机制来看,协作学习与案例教学差距甚大。首先,从教学内容上看,案例教学的重要内容是案例,案例的选择与编写都有着严格的规则;而协作学习的内容比较广泛,没有具体的要求。其次,从教学评价机制上看,协作学习更强调团队的合作,强调学生为小组所做贡献的总和;而案例教学虽然重视小组综合成绩,但更加重视小组成员在组内发挥的作用,对于个人成绩的评价不以小组成绩为准。

六、案例教学法的教学流程

案例教学法源于美国的哈佛大学。1870 年,法学院院长兰德尔编写了世界上第一本案例教学用书,首次将案例引入法学教育。在 19 世纪 90 年代,哈佛医学院又再次尝试使用案例教学法。再后来到 20 世纪初期,哈佛商学院成立之后,案例教学法在商学院中的大规模应用使得案例教学法闻名遐迩。实际上,现在我们常说的案例教学法是指哈佛商学院的案例教学。下面,笔者就哈佛商学院案例教学法的流程做简单介绍。

哈佛商学院于 1980 年成立,随之案例教学法就被引入管理教学中。而案例教学法的广泛应用正是在管理教学中逐步发展、完善和普遍起来的。哈佛商学院将案例教学法的流程简单分为案例阅读、小组讨论和课堂讨论三大环节。

第一环节:案例阅读。在上课之前,教师将课堂案例提前发给学生,而学生在拿到案例之后,要进行个人阅读与分析,一般时间约为 5~6 个小时。要求学生对案例中的关键数据、关键问题和现象进行详细的分析,以决策者的身份去探求问题的原因所在,并提出自己的建议和解决问题的策略等。

第二环节:小组讨论。在案例的个人阅读之后,按照教师的分组进行小组讨论,集小组成员的智慧找出问题所在,谋求最佳的解决问题对策。此外,小组讨论还可以推选出在课堂讨论中的发言人和撰写案例报告的执笔人,用来全面完成案例讨论的任务。

第三环节:课堂讨论。课堂讨论是以学生为主体的,教师可对案例的背景以及所涉及的理论工具做简要介绍,让学生畅所欲言,将小组讨论的结果进行全班汇报。教师可将不同小组的“最佳”决策进行比较、归类,并对不同观点进行梳理,就讨论过程的重、难点做必要的点评和总结。

第二节　案例有效教学的理论基础

任何一种教学方法都不是凭空臆造而产生的,都是理论与实践相结合的产物。案例教学法在100年前就已被哈佛大学广泛应用于学科教学的各个领域，继而在整个美国“蔓延”开来,乃至风靡全球。我国学者刘法汉于1987年这样评价案例教学法:“实践证明,它是一种行之有效的教学形式,是贯彻理论联系实际的一种很好的教学方法。”各国案例教学法的高度评价说明了该教学法确实是经过历史和实践检验的产物,而一种好的教学方法必然有着科学的教学理论依据。古今中外,前人就已经总结出了很多教学理论。笔者认为,建构主义理论、发现学习理论、信息加工理论、实用主义教育思想、交往教学理论都为案例教学法提供了强大的理论支持。

一、建构主义理论

建构主义是行为主义发展到认知主义以后学习理论的进一步发展,被喻为“当代教育心理学中的一场革命”。它的思想开启于18世纪意大利著名学者维柯“真理即创造”的“新科学”,发展于康德“主体建构客体”的“哥白尼倒转”,确立于皮亚杰“主客体双向建构”的“发生认识论”、维果茨基的心理发展“文化历史理论”“最近发展区”理论以及布鲁纳的“认知结构理论”,定位于冯·格拉塞斯费尔德的两个基本原则:知识不是由认知主体被动地获得的,而是积极主动地建构的;知识的功能是适应并服务于经验世界的组织,而不是对本体论的客观现实的发现。

建构主义所蕴含的教学思想主要反映在建构主义的知识观、学习观、学生观和师生角色的定位及其作用四个方面,以下是对这四个方面进行的简要介绍。

（一）建构主义的知识观

建构主义的知识观认为，知识不是对纯粹客观现实的反映，只不过是人们对客观世界的一种解释、假说，所谓的知识会随着不同个体的认知或者同一个体随着认知的不断深入而不断地变革，从而被赋予不同的意义。因此，知识并不能绝对准确地概括世界的法则，也不可能提供能解决一切问题都适用的方法，应该是从实际情况出发，根据具体的情境对知识进行再加工与创造，以达到"对症下药"的效果。这与案例教学中案例选择的理念不谋而合。案例即所谓的知识，案例教学中的案例是从实际出发，是对情境的客观描述，而真正知识的获得则取决于学习者个人的再加工。

（二）建构主义的学习观

建构主义的学习观认为，学习是学生主动建构知识的过程。实现知识建构有两种途径，即同化和顺应。所谓同化，就是指学生把外在信息纳入已有的认知结构，以丰富和加强已有的思维倾向和行为模式；顺应则是当学生已有的认知结构与外在信息发生冲突时，引发原有认知结构发生调整或变化，从而形成新认知结构的过程。而案例教学法是让学生自行阅读案例、分析案例、合作讨论案例问题和总结规律的过程。其中，阅读和分析的过程就是对知识同化的过程，合作讨论案例和总结规律就是顺应的过程。实际教学过程中可能会不断地发现新问题，从而进行同化—顺应—再同化—再顺应……循环往复，平衡—不平衡—平衡—不平衡……循环上升、由质变到量变的认知发展过程。

（三）建构主义的学生观

建构主义的学生观认为，学生并不是空着脑袋进入学习情境的。在日常的生活和以往各种形式的学习中，学生已经形成了自己对待事物的看法和有关知识经验，即物理前概念。因此，教学不能忽视学生的已有知识经验，而应当把学生原有的知识经验作为新知识的生长点，引导学生从原有的知识经验中生长新的知识经验。但是，由于个体的差异性，导致不同学生对待问题的看法存在差别。其实，在学生共同体中，这些差异的本身也可能是一种宝贵的学习资源。而教学作为一种有目的的影响人的手段，就是为了发挥这些资源优势的最大化。案例教学法的讨论环节就充分体现了该建构主义的学生观。

（四）师生角色的定位及其作用

建构主义的学生观和学习观决定了建构主义新颖的教学观，这种主张主要表现在建构主义下师生角色及其作用的巨大改变上。教师从传统的传递知识的权威者转变为学生学习的促进者和辅导者。在案例教学中，教师给学生提供复杂的真实案例情境，激励学生对案例问题进行发现，引导学生自主学习、合作学习去解决案例疑难，从根本上成为学生建构知识的积极帮助者和引导者。而学生同样是教学活动的积极参与者和知识的积极建构者。这是案例教学区别于其他教学的最大不同之处。

据以上分析，建构主义理论相应的教学观点显然是与案例教学的教学宗旨紧密相吻合的，并且为案例教学在每一个教学环节和具体的教学实践中起到重要的指导作用。案例教学能够通过呈现实际案例，给学生提供替代性经验，使学生在原有物理前概念的基础上建构自己的理解。同时，加以教师合理的引导，使学生的自我定向、自我评价、自我激励与学生之间的合作学习、共同探究为一体，实现学生个人智能与群体潜能的开发，促进知识的意义建构。综合分析可见，建构主义为案例教学实施奠定了深厚的理论基础。

二、发现学习理论

发现学习理论主要代表人物是美国当代著名的心理学家和教育家布鲁纳。布鲁纳认为，学习的实质就是学生主动形成认知结构的过程。发现学习强调的是学习的过程，而不是学习的结果，这些与建构主义的学习观有相似之处。发现学习中重视学生的内在学习动机。布鲁纳认为，儿童表现在内部认知结构的改组和拓展，不是生物学中简单的“刺激—反应”的联结过程，而是经过大脑处理过的一个不断变更的过程。所以，他反对用一些强硬的手段来刺激学生学习，建议教师尽可能地从教学内容的趣味性出发，唤起学生的好奇心，这样学生学习的积极性才会得到充分发挥。由此，他提出了发现学习法。布鲁纳的发现学习理论的基本观点可以概括为四点：第一，强调问题情境的创设；第二，注重内在动机的激发；第三，注重学生的自我发现；第四，注意信息的提取。

根据大量的研究表明，发现学习有利于激发学生的好奇心以及探索未知事物的兴趣，有利于学生的内部动机和学习的积极性的调动，能最大限度地为学生提供自由思考的空间，对学生批判性、创造性思维的发展大有裨益。这与案例教学的理念相一致。案例教学重视学生的心智发展以及自身特有的认知程序，让学生在经案例的自主分析与小组合作的过程中不断促进认知的生长。案例教学在问题情境的创设、学生主人公地位的发挥、学习内在动机的调动与维持，以及相关知识信息的搜集、整合与加工等方面，可以说是对布鲁纳发现学习理论的进一步继承与发展。由此可知，布鲁纳的发现学习理论确实能为案例教学提供一定的心理学依据。

三、信息加工理论

信息加工理论是指人类对信息的加工和贮存，学习也符合这样的一个道理。近代认知心理学家对此观点非常推崇，因为它代表了现代认知派学习观的一个新发展趋势。“把学习看作信息的接受、贮存和提取的过程”是著名的认知心理学家西蒙、安德森、加涅等人的观点。那么，学习的结果也就可以看成信息在人的头脑中的表征，学习的重点是信息的编码。

1974 年，加涅对当代盛行的信息加工理论进行了深入的研究，并创造地提出了学习的信息加工模式。该模式主要包括信息的接受、加工、存储和提取这四大环节,把人和计算机都看作一套符号操作系统,将人的学习和记忆的过程类比计算机信息存储与加工的过程，并用计算机的工作原理和术语将信息加工的模式表述出来。

实际上,案例教学的过程也可以看成一个信息加工的过程。经验丰富的教学者采用案例进行教学,通过将生活中生动有趣的、典型的、影响力大的现实情境和相关问题带入课堂,以案例情境激发学生探索的兴趣,结合自身知识,对案例信息进行加工与处理。在这个过程中,以“陈述性知识”存在原则,通过案例教学经由产生式系统转化为解决问题的技能。实际上,信息加工过程也是这样一个基于事实情境的深度思考学习的过程。该过程强调陈述性知识的学习,但更加重视程序性知识的习得。由案例教学的教学过程可以发现,案例教学以信息加工理论为基础,革除了传统教学中过分注重陈述性知识而忽视程序性知识的教学弊端，突出强调充分调动学生的知识储备,形成程序性知识和产生式系统对教学的意义。

四、实用主义教育思想

实用主义教育思想于 19 世纪末出现在美国,是西方现代资产阶级教育思想的重要流派之一,其主要代表人物是美国著名哲学家、教育家杜威。杜威认为,“教育的本质即经验的不断改组和改造”。在他看来,经验是世界的基础,而教育是通过儿童的主动活动去经历一切和获得各种直接经验的过程。在他口中常出现的“实用主义”“实验主义”“工具主义”“经验的实验主义”等哲学名词可以简单归纳为“经验”。关于教学的基本原则,杜威的基本观点是“从做中学”,实际上也就是“从活动中学”“从经验中学”。在一定程度上,它强调实践对学习的重要性。知识源于实践,而能力的培养离不开实践的锻炼。对于缺少对自然和社会生活的实践感性经验的学生来说,纯粹的理论知识是神秘而抽象的。如果只采取“课堂灌输”的教法和“死记硬背”的学法,那么显然很难达到教育的真正目的。因此,有效的教学方法应是还原抽象理论知识于实践，使学生在亲身“做”的过程中具体生动地理解、掌握和创新知识。当然，在“做”的过程中，教师必须进行必要的、科学的指导。这一理念与案例教学法的理念不谋而合。案例教学法十分重视学生自身的经验，是基于学生自身经验的自我学习、合作学习与探究学习，强调学生的体验与探究。

物理是一门实践性课程，而高中物理知识并非都能以实验即“实践”的形式展现出来。但是，我们知道，物理学科中涉及的物理知识和物理概念在实际的生活中总能找到落脚点。也就是说，始终存在与之对应的具体生活实例。由于直接经验的限制，许多学生可能没有机会接触一些直接经验，也可能在平日生活中积累了一些反向经验。而案例教学的最大优点就是能够为学生提供真实的物理案例，从而提供最为直接的“生活经验”，充分体现实用主义教育思想“从经验中学”的教学原则。因此，教师在设计教学案例时，更要注重实践性，提供真实、典型的教学案例，使学生能够在真实的“生活”中体会所学知识的重要性和应用性。案例教学过程是把学生的独立和自主性放在首位，在教师有效的指导和帮助下进行学习，通过学生自己的体验和同学间协作的过程，真正达到对知识的“重组和改造”。

五、交往教学理论

交往教学理论思想是20世纪70年代联邦德国的K.沙勒与K.H.舍费尔首先提出的，其立论的基础是正确处理教学中的师生关系。交往教学思想把教学看成教师和学生两个主体通过课程中介而结成的一种交往关系，以“教学过程是一种交往过程”思想为基础，强调师生之间、生生之间在课堂中通过动态的信息交流，实现师生互动，进而促进教学相长。马克思主义理论认为，社会交往是人的社会存在方式，一个人的发展取决于他直接和间接进行交往的其他人的发展。课堂教学是学校这一社会群体的一种特殊交往时空，教师和学生之间的人际交往贯穿整个教学过程。所以，弗洛伊德的精神分析理论和皮亚杰的认识发展阶段说十分强调学生与教师交往对学生发展的决定作用，而人本主义心理学和当代心理学家则强调学生同伴之间的交往对学生发展有重要影响。俄罗斯学者季亚琴科更明确指出，“教学是交往的特殊变体”“教学是有知识和经验的人与获得这些知识和经验的人之间的交往”。叶澜教授提出：“如果从形态的角度看，我们认为教育起源于人类的交往活动。”

在交往教学活动中，不仅存在着师生之间的交流，而且包含着生生之间的交流。学生间的讨论和交流可以相互启发、集思广益，产生思想碰撞的火花，加速学生的认识进程，确保每个学生都获得全面的发展。而案例教学的精髓是生生、师生合作探求知识的过程，在这个过程中，教师不仅是参与者、主持者，更是整个过程的组织者。案例教学法要求采取该教法的教师转变角色，增强对话、沟通意识，能够听取、听进学生的不同意见，尊重学生的见解，即使在研讨过程中发现了问题和不足，也应在启发学生的基础上让学生通过讨论加以解决。学生是教学过程的主体，在案例教学课堂中占有核心地位，而生生互动与师生互动是案例教学的基本模式。由此可见，交往教学理论为案例教学的基本教学环节——小组讨论、角色扮演和班级讨论奠定了深厚的理论基础。生生之间的协作学习、师生之间的互帮互助既有益于生生、师生感情的培养，也能促进个人学习能力的提高，集思广益，更有助于学生集体潜能的开发。

由以上分析可知，案例教学从两千多年苏格拉底的“问答法”或我国“故事教学”的雏形逐步发展至今，确实是有着深刻的理论依据的。案例教学正以其独特的课程与教学视角，实现多种教学理论的整合、教学方法的优化，从而在实践发展中拥有旺盛的生命力。而本书基于案例教学法的高中物理课堂教学设计，也正是基于以上几种理论基础进行的具体的设计与实施。

第三节　基于案例教学法的高中物理教学设计流程

目前，案例教学在国内外的管理类、医学类中的应用已经相当普遍，现在又成为各高校、职校、中小学及师资培训中一个十分重要的环节。

结合案例教学法的常见的教学流程可以看出，根据不同学科的特点，案例教学法的教学模式也各有偏重。迄今为止，案例教学法的组织流程依旧没有一个确定的、统一的模式。但通过对常见的几种教学模式的对比分析可知，应用在不同学科中的案例教学法也有其共性。首先，体现在教学内容的一致性。案例教学的教学内容都是实际案例。其次，体现在教学环节的一致性。案例教学的课堂实施环节都可以分为对案例的个人阅读与分析、小组讨论和班级讨论三个阶段。再次，体现在教学角色的一致性。案例教学是师生相互交往的过程，学生是课堂的主体，教师在教学过程中主要扮演“主持人”的引导角色。最重要的是，要想保证整个教学实施过程的顺利，教师需要在课前做好充分的准备工作，包括教学案例的选择与编写、教学目标的制订、教学策略的选择、教学过程的管理细则等。同时，学生也需要做相应的准备工作。具体来说，在高中物理课堂中进行基于案例教学法的教学实践，要想切实保障案例教学法的实践效果，在教学实践之前，根据具体高中物理课的特点，进行良好的教学设计，是十分必要的。

根据几种常见教学设计的模式进行分析比较不难发现，虽然不同教学设计模式各有特点，但其中也存在诸多共性。从教学设计的内容上看，所有教学设计都有共同的教学要素，即教学对象（学生）、教学资源、教学目标、教学策略（包含教学方法)、教学活动和教学评价。从整体流程上看,所有教学设计模式都可以分为教学分析阶段(包括对教学对象、教学内容、教学环境和教学目标等的分析)、教学策略的选择和决策阶段(教学方法与教学媒介的选择)、教学设计的评价和修改阶段(主要有形成性的评价和总结性的评价)。落实这三个阶段的工作,结合案例教学法的特点,笔者创新地设计了基于案例教学法的高中物理教学设计流程。

笔者将基于案例教学法的高中物理教学设计共分为三大阶段，分别是前期准备工作设计、课堂实施设计和评价反馈设计。

前期准备工作的设计分为教师准备和学生准备。其中,教师准备是指教师在课前先对教学环境的情况、教学对象的特点、教学目标的制订、教学内容的选择,以及教学重点和难点进行分析；学生准备主要是对课程内容的预习理解和教师布置的课前任务的完成。

课堂实施环节的设计主要是结合案例教学法的实施流程进行的教学设计,主要包括对案例的呈现、案例的讨论、案例的总结方式设计这三大部分。采用什么方式进行案例的呈现,这样呈现的原因和目的是什么,如何进行案例的分析与讨论,采取什么样的策略以保证讨论过程的顺利进行,以何种方式进行班级总结等,都是该部分要分析的重点内容。

评价反馈阶段包括师生双方对教学的评价。该评价既包括形成性评价,也包括总结性评价。形成性评价伴随在课堂教学之中,以改进教学为目的。而总结性评价是以课后学生的自评与互评、案例报告的情况或者作业情况的反馈,以及以教师课堂反思为主的对教学效果进行等级判定为目的的评价。

一、案例教学的准备工作设计

(一)教学环境分析

教学环境就是直接或间接影响人类生活和发展的周围因素。所谓周围因素,就是指那些与教学有关,影响教学并通过教学影响人的因素。教学环境就是指这些因素的总体。教学环境一般包括校园环境、教室环境、社会信息、人际关系、校风班风和教学设施等。案例教学法作为一种新颖的教学方法在实际的教学中是否可行,教学环境起到了非常重要的作用。良好的教育理念、先进的教学设备、和谐的师生关系以及良好的班级风气等,都对案例教学法的实施有着非常重要的影响。因此,教师在进行具体的课堂实施前,要对实施的环境进行调研分析。

(二)教学对象分析

教学既包括教师的教,也包括学生的学,是师生相互学习促进、教学相长的一个过程,因此教师与学生都应该是教学的对象。但教师更是教学设计的主体,对于教师的分析主要体现在教学反馈中的教师反思分析,这里不做阐述。因此,本处对教学对象分析主要是针对学生情况的分析,即学情分析。

学情分析是教学目标设定的基础,是教学内容分析的依据,同时也是教学策略与教学活动设计的落脚点。依据教学设计的相关理论,认真研究学生的实际需要、认知倾向和能力水平,为学生设计教学,优化教学过程,可以更好地促进教学目标的达成,提高教学效果。学情分析可以从以下三方面进行分析。

1.整体与个体分析

目前,我国的高中教学仍以班级授课为主,所以教师所面对的教学对象不仅仅是一个个的学生,更是一个集体。整体分析就是指对授课的班集体做一个整体的分析。例如,一个班级的学生长时间相处会形成“班级性格”。有些班级的学生思维活跃,上课表现欲强,但是思维的深度不够,科学性欠缺;而有些班级较为沉闷,但是思维较为严谨,所以教师可以对整个班级的学习风格、学生整体的学习能力和学习习惯等进行分析,从而选择合适恰当的教学方法,即教学策略。个体分析是指对学生个人的性格特点、认知水平、思维水平等进行分析。不同学生在各方面的智力、习惯都存在很大的差异，因此要分析学生的差异性，在教学设计的过程中利用差异性,采取合适的教法以取长补短。

2.阶段性分析

根据心理学发展理论可知,学生的认知水平、思维能力都在不断变化,学生的学习动力、学习的心态和学习目标也随之不断变化。因此,我们对学生的了解需要根据具体的时间段具体分析。例如,对于刚上高中一年级的学生,他们的学习思维依然以感性思维为主,理性思维正处在一个上升发展阶段,但不尽完善。因此,教师在进行教学时,要关注学生的思维特点,尽量多地从学生的兴趣着手,可采取“指导为主、自学为辅”的教学方式。而高中三年级学生的逻辑思维发展较为完善,学习目标清晰且具有较强的学习内驱力,所以对于这个阶段的学生,则常采取“自学为主、指导为辅”的教学方式。

3.教材整合分析

教材整合分析是指结合教材的内容对学生的知识掌握情况进行的分析。该部分主要围绕学生的“已知”“未知”“能知”“想知”“怎么知”这五个方面进行全面的分析。其中,学生的“已知”是指学生现阶段已经具备的与本节课内容相关的知识经验和能力水平。这对学生本节课的学习十分重要,如若储备的知识经验不足,则教学需要据此调试教学内容、教学方法等方面。学生的“未知”是相对“已知”而言的,既包括本节课学习的新知识,也包括本节课不涉及的新知识。学生的“能知”就是指通过本节课的教学,学生达到了什么样的知识水平,即学习目标的定位。学生的“想知”是指除了学习目标规定的要求外,学生还希望知道哪些目标以外的东西。学生的“怎么知”是反映学生在教学过程中学习的方法、认知风格和学习习惯等。而这就需要教师加以适当的引导,加强对课堂纪律的调控,培养学生良好的学习习惯。

(三)教学目标分析

在课堂教学中,教学目标可以对教学内容、教学程序起到导向、调节和评价的作用。同时,教学目标的制订又需要根据教学内容、学生的实际情况而制订。那么,根据物理新课程标准可知,物理教学目标的设定分为三个维度,分别是“知识与技能目标”“过程与方法目标”“情感态度与价值观目标”。

知识与技能目标主要是对学生本节课基本物理知识和相关技能掌握的程度进行的预设。对“知识”目标内容的描述可按照知识掌握的不同层次简单地分为知道、理解和应用三个层次,而“技能”目标不仅限于认知,还包括表达交流、问题解决、信息处理、创造创新、实验实践及科学探究的技能等。

过程与方法目标中的“过程”是指让学生经历物理知识与技能的形成过程,“方法”是指掌握各类知识与技能的学习方式和策略,学会学习、学会合作、学会创造、学会探究等。因此,过程和方法目标就是让学生在对物理知识与技能的探究与体验活动中了解物理学的研究思路和方法,发展学生的自主学习能力、分析与解决问题的能力、信息搜集与处理能力、交流表达能力、团队协作能力等多元能力。

情感态度与价值感目标中的“情感”不仅指学生的学习兴趣,更重要的是学生的学习态度,包括认真的求学态度、实事求是的科学态度、乐观的生活态度、宽容的人生态度等。“价值观”不仅强调个人的价值,更强调个人价值和社会价值的统一;不仅强调科学的价值,更强调科学价值和人文价值的统一;不仅强调人类价值,更强调人类价值和自然价值的统一,从而使学生内心确立起对真、善、美的价值追求以及人与自然和谐可持续发展的理念。

教学的三维目标是一个相互促进、有机统一的过程。因此,在教学之前,要详细地分析三维目标并将其进行整合,以“知识与技能”为主线,渗透“情感态度与价值观”,并体现在“过程与方法”之中。由于本教学设计是基于案例教学法的教学设计,所以需要考虑案例教学法的特点,进行进一步的目标分析。巴赫曾经指出,案例教学一般分为7个行为目标和3个过程目标。具体分类如表6-1所示。

表6-1　案例教学的行为目标和过程目标细目

<table>
<tr><td rowspan="7">行为目标(7)</td><td>行为目标1</td><td>学生要能针对某一情境做出具体的决定,并能将其应用到有关的实际情境中去。其中,教师着重强调的是学生解决问题的能力和决策能力</td></tr>
<tr><td>行为目标2</td><td>学生的思维能力要具有严密的逻辑性、清晰性和连贯一致性</td></tr>
<tr><td>行为目标3</td><td>学生要能对问题情境做出有说服力的分析</td></tr>
<tr><td>行为目标4</td><td>学生要能识别并确定那些与案例紧密相关的基本要素和问题</td></tr>
<tr><td>行为目标5</td><td>学生要能体现出运用定性与定量分析的愿望和能力</td></tr>
<tr><td>行为目标6</td><td>学生要能超越具体的问题情境,具有更为广阔的视野和多种多样的能力</td></tr>
<tr><td>行为目标7</td><td>学生要能利用可能的资料对问题情境做具体、深入的分析,并且能够制订具体、完备的行动计划</td></tr>
<tr><td rowspan="3">过程目标(3)</td><td>过程目标1</td><td>学生必须能参与到案例教学的过程中去</td></tr>
<tr><td>过程目标2</td><td>学生必须切实做好课前准备,并将自己作为教学过程的组成部分</td></tr>
<tr><td>过程目标3</td><td>学生在教学中必须能够口头表达出自己的思想与观点</td></tr>
</table>

综合分析,在实际确定教学目标时,我们可以采取以上巴赫关于案例教学的7个行为目标和3个过程目标，并紧扣高中物理课程标准的总目标和每节课的教学目标的要求,制订合适的三维教学目标。

(四)教学内容分析

传统物理课教学的内容主要是以物理教材为主，而用案例教学法进行课堂教学的主要内容则是相关知识的实际事例,统称为案例。那么,基于案例教学法的高中物理课堂的主要内容自然是物理案例。所谓物理案例,就是围绕本节课的三维教学目标,选择具有代表性的含有疑难问题在内的,包含物理概念、物理规律、物理过程或方法的真实物理现象及重大事件，并以视听手段或书面形式进行组织编辑后的材料。案例的基本特征是真实性和思考性,很多学者错以为日常在课堂中举的例子就是案例,对此笔者在第二章中已经做了详细的介绍。此外,一个好的物理案例还需要具备以下特征:完整性、典型性、情节性、针对性、集中性与时代性。

如何编写物理案例,是教师进行教学内容分析的先决工作。下面,笔者就案例编写的一般步骤进行介绍，以期为广大使用案例教学法进行教学的一线教师提供参考。结合本节课的教学内容与课程标准的要求,首先确定本节课所选取案例的大致方向,即确立主题。每一个案例的主题必须鲜明,即这个案例一定可以说明某个或某一类的物理问题、物理概念和规律;或者反映解决某个物理问题的研究策略和方法;或者讲述某个物理概念或规律在实际生活中的广泛应用,促进学生哪方面情感、态度与价值观的塑造等。例如,高中物理“万有引力与航天”这一章节的主题就是万有引力定律在我国乃至世界航天事业的巨大贡献，除了让学生掌握基本的物理知识以外,更重要的是让学生感受这些知识科学发展的过程,感悟本章节知识为社会发展带来的卓越贡献，激发他们的科学探究精神以及对当前科技的关注。因此,本章节可以以航天事业发展的最新动态为主题,进行案例的选择。又如,高中物理选修模块“核裂变”这一节课的主要教学目标除了基本的知识目标外,还有让学生树立安全使用核能和开发新能源的意识,因而围绕这个主题,可以选择当今的热点话题来反映核能的利与弊。

1.搜集相关案例

紧扣案例主题,采取多种渠道去搜集相关的案例。具体的渠道有:①各版本的中学物理教材,如教材里面的STS栏目等;②各种教辅资料,如辅导书、习题等;③生活资源,如报纸、新闻、网络及其他信息化资源等;④社会资源,如公共图书馆、博物馆、气象台、天文馆与技馆等。

2.确定案例类型

案例类型的确定主要根据案例自身的特点和教学目标进行选择。根据案例的呈现方式,可以将案例分为视频案例、文本案例、活动或实验案例等。其中,视频案例、活动或实验案例更注重教学情境的创设，通常以激发学生的学习兴趣、集中学生的注意力为主，着重培养学生良好的物理观察能力；而文本案例更侧重于知识的整合，着重培养学生的材料阅读能力和分析问题、解决问题的能力。由于高中物理课程的难度加深，教师自身现代教育技术能力的有限及课时的紧张，所以很难将案例以编辑好的视频或实验等方式进行呈现。同时，结合高中教学的特点，要着重学生学习能力的培养，因此基于案例教学法的物理教学一般为文本案例。下面，笔者对文本案例进行了详细的阐述。

按照文本案例叙述的方式，我们可以把教学案例分为三种类型，即说明型案例、记事型案例和论述型案例。其中，说明型案例主要是以说明的方式，对所要叙述的事物的发展过程进行简要的介绍，在介绍发展过程的同时，蕴含着物理思想的变化和发展，供学生进行分析和思考；记事型案例主要是对一个事件的发生、发展和结果的完整描述，在这个过程中某个或某几个细节蕴含着物理概念或规律，供学生在分析中进行挖掘；论述型案例主要是以对比或议论的方式对教学案例进行阐述，从对比或议论的过程中提炼出教学中所要探究的主要问题。

3.进行案例分析

选择并初步编写案例之后，教师需要围绕收集来的案例材料进行多角度、全方位的解读，如知识层面的分析研究、教学目标的分析研究、学生情况的分析研究、教学情境的分析研究等。如何确保分析结果的可信，建议教师可以借助教师群体的力量，采用集体讨论合作的方法共同研究。

4.展示案例背景

在案例分析之后，需要进一步完善案例，其中合理地展示案例的背景非常重要，即向学生交代清楚案例发生的时间、地点、人物、事情的起因和事件的影响力等。当然，案例背景的介绍也不需要面面俱到，但必须要重点分明，提供一些有意义的资料,如说清楚案例发生的特殊原因和条件,从而为学生解决问题提供思路,或者描述一些案例背后的重大的教育意义等,便于产生很好的移情作用,促进情感态度与价值观目标的达成。

5.完善案例细节

最后注意编写的语言，对关键性的细节要描述清楚，不重要的部分则简明扼要。除了在撰写案例时要注意所要揭示的问题的针对性和目的性外,还要注意案例描述的层次性和清晰性,描述案例的语言要通俗易懂。

(五)教学重、难点分析

教学重、难点分析是教师进行教学设计的重要环节。教师在进行课堂教学之前,必须要明确本节课的重点与难点。要想取得良好的教学效果,教师在课上必须采取合适的方式突出重点,突破难点,保证学生对教学内容的理解透彻,使教学过程有目的、有计划、有步骤地进行。对于重、难点的分析,笔者提出了以下两点建议。

1.深钻教材,从知识结构中梳理出重点

物理教学的重点一般都以物理知识为主。要想确定重点,教师首先要深入地理解本节课的内容,并且要理清整体的知识结构和本节课内容间的逻辑关系,再把本节课的内容放到整体的知识结构链中去判断其地位的重要性。其次,要理解整个单元的知识点,特别是要详细地知道每节课的知识点,在教学中做到不遗漏、不添加。如果某知识点是该单元或整个物理知识结构的核心，是后继学习的基石或者有广泛的应用等,那么它肯定是教学的重点。

2.分析学生认知水平,确定难点

物理教学中的难点通常与学生的物理认知结构有关,难不是难在知识的深浅,而是由于学生原有认知结构与新学习内容之间发生了认知冲突而难以理解。根据建构主义学习观理论可知,把新知识纳入原有的认知结构,从而扩大原有认知结构的过程是同化。若新知识不能同化原有的认知结构，则要改造认知结构，使新知识能适应这种结构的过程是顺应。从学生的认知水平来分析，通过同化掌握的知识点是教学重点，通过顺应掌握的知识点既是教学重点，也是教学难点。当然，由于学生个体的认知水平存在差异性，所以教师要根据学生的实际情况，在把握重点的基础上确定好难点。

二、案例教学的课堂实施设计

本节内容是针对课堂实施部分的教学设计。常见的课堂实施设计分为课堂开始的引入设计、课堂进行的环节设计、课堂总结的方式设计，以及作业的布置。由于本课题研究的是基于案例教学法的高中物理课堂设计，所以具体教学过程的设计应遵循案例教学法的一般流程。根据对多种常见的案例教学法的流程进行梳理，下面笔者提出了适用于高中物理教学的一般流程。

笔者将案例教学法的实施过程设计为三个阶段，分别是案例的呈现、案例的讨论与案例的总结，简称“三段”，并将每个阶段根据其具体的实施计划细分为两个步骤，简称“六步”。第一阶段，案例的呈现可分为：①呈现案例，创设案例情境；②个人阅读，促进独立思考。第二阶段，案例的讨论可分为：③角色扮演，增强自主意识；④小组讨论，培养合作能力。第三阶段，案例的总结可分为：⑤全班讨论，激活集体智慧；⑥总结提升，完善理论框架。以下，笔者将围绕“三段”“六步”详述案例教学法的实施步骤的设计分析。

（一）案例的呈现

1.呈现案例，创设案例情境

根据教学实践我们可以知道，学生比较喜欢在具体的情境中学习知识，而情境的创设有利于学生学习兴趣的激发以及注意力的集中。所以，物理课的课堂引入不一定就要开门见山地直指基本物理概念和规律，可以将生活中与本节课知识相关的事件以案例的形式呈现出来，呈现的方式可以是文本语言或图片、视频或情境再现的形式，使课堂在良好的心理氛围中展开。例如，在讲“天体运动”时，可以用精彩的语言描述天体运动的发展史，或以文本图画的形式去呈现案例；在讲“万有引力定律”的应用时，可以以播放视频“神舟号的发射视频”来展现；在讲“多普勒效应”时，可以直接将蜂鸣器带入课堂，让学生感受不同位置声音的变化等。不管使用哪种方式，其目的都是吸引学生的注意力，抓住学生的兴奋点，激发学生的求知欲。最重要的是，教师应尽可能地渲染出案例所应描述和展示的氛围，让学生能够尽快地进入案例的情境之中，从而充分感知案例，为后面的进一步分析与探究做好充分的准备。

2.个人阅读，促进独立思考

在案例的发放之后，学生将进入对案例的个人阅读与分析阶段。案例分析的类型主要有四种：①综合分析，指出关键问题，同时用定量、定性分析来支撑结论；②专题分析，不对案例做全面分析，而集中于案例的某一个方面或某一问题、某一备选方案做深入分析；③引导性分析，事先预计讨论中会遇到什么样的问题，做好准备，并适时提出这些问题，把讨论引向深入；④结合分析，用案例之外的统计资料、数据、事实甚至一些个人经历来证明自己的观点，丰富主体分析的内容与方式。在这个阶段中，要求学生先快速浏览案例的主要内容，然后细读案例，把握住案例中反复强调的重要现象或问题，最后结合案例的相关现象，自主回顾与之有关的物理概念及其规律，并尝试运用这些知识去解释案例中的实际情况，分析原理，解决案例中的问题等。这个过程的设计主要是为了培养学生阅读材料、分析材料和独立思考的能力。

（二）案例的讨论

1.角色扮演，增强自主意识

案例教学法区别于其他教学法最大的一个特点就是，案例教学法是“以学生为中心的合作学习”,强调学生的主体性。按照案例教学法的概念界定,我们知道案例讨论的主要方式是角色扮演和小组交流。该过程是在学生个人对案例的阅读和分析之后进行的,在组内讨论开始时,通常学生已经明确了自己在案例讨论过程中扮演的角色。那么,这里的角色扮演有两层含义:一是在课堂上教师与学生角色地位的转变。案例教学法的课堂要求教师改变过去“一言堂”下“独裁者”的角色,扮演“辅助者”“主持人”的角色,要重点负责课堂讨论氛围的掌控;而学生的角色主要由课堂的“被动接受者”转变为“主动探究者”,要积极主动地思考案例问题,并积极参与课堂讨论。二是不同学生在进行案例讨论时因其自身知识水平及性格差异所表现出的不同角色。例如,作为“聪明的专家”,他对案例教学较为精通;作为“假想的一个人物”,他与案例中的人物有着密切的联系;作为“善于提问的人”,他可以对其他学生的答案提出质疑,促使他们改进自己的分析;作为“激励者”,他对一些问题提出独一无二的见解,一方面引起大家的注意,另一方面也能真正鼓励每一个人。除此之外,还会有很多其他角色,在这些角色中,有的角色与案例内容相连,有的与讨论的过程有关。当然,一个学生可能会在讨论过程中的不同时段扮演不同的角色。建构主义理论认为,一个人的知识只能通过自身的探索分析才能获得,而不能被他人单纯的训练和吸收。

角色扮演的作用是让学生深入实际的案例情境中,去体会不同角色下解决问题的办法,在自主探究与合作学习的过程中完成对知识的建构。在这个过程中,教师首先按照学生的性格、能力等特点进行分组,然后启发、鼓励学生在案例讨论过程中扮演“聪明的专家”“善于提问的人”“激励者”等这一类角色,同时也引导学生扮演“假想的人物”这类角色,去思考案例中该角色下的具体任务、存在问题或者解决措施。例如,在分析“神一到神十”的案例时,学生可以思考如果他是卫星发射的负责人,那么他会考虑到哪些问题,解决办法是什么,作为神舟飞船的宇航员,在与天宫二号交接变轨时该如何操作飞船等。

2.小组讨论,培养合作能力

小组讨论是案例教学的中心环节,可以把学生的学和学生的看、听、说、思、问、记很好地结合在一起。从流程的安排上看,笔者将小组讨论环节设计在学生独立角色扮演之后,那么实际上角色扮演就是一直伴随着案例的讨论过程。笔者将两者分开阐述的目的是为了突出案例教学的一大特色——角色扮演,同时也强调该角色扮演对小组讨论的重要作用。学生的角色扮演决定了学生在小组讨论时的学习任务。在小组讨论的环节,组内的成员可以将自己在个人阅读、角色扮演中所发现的问题、解决的办法、整理的知识和自己独特的见解向其他同学展示出来,通过口头交流、笔头演算等方式共同切磋、相互启发与补充,从而完善对案例的分析。这个过程主要可以锻炼学生的表达能力和逻辑思维能力,培养学生的合作精神和团队意识,同时也让学生在思维碰撞的过程中体会学习的快乐和成功的喜悦,增加学习的自信心,继而加深学生对物理学习的积极情感。

具体来说,教师在这一环节要做到两点:第一,密切关注学生讨论的进展和动向,使案例讨论紧扣主题深入展开;第二,要针对学生在讨论中的不同表现,采取不同的方式予以差别引导。

(三)案例的总结

1.全班讨论,激活集体智慧

全班讨论是小组案例讨论的“续集”,是小组讨论的成果展示,是对教学案例中的物理概念及规律的进一步完善和提升。在这个环节中,先由每个小组的组长谈谈小组讨论环节中的讨论情况,可以将小组讨论过程中出现的仍存在争议的问题提出来供大家集体讨论,也可以将已解决的争议性问题进行剖析供大家学习和借鉴,还可以将小组创新性的思考结果供大家分享。

由于课堂时间限制及讨论内容的有限，教师不可能让每组同学都畅所欲言，所以本节课中，教师先选取某一组同学代表进行发言，再由其他组同学进行相应的补充。在该过程中，教师要做好“主持人”角色，密切关注全班讨论的进展和动向，使得整个讨论围绕主题进行展开。

2.总结提升，完善理论框架

总结提升是在班级讨论的基础上进行的进一步归纳、提炼和完善，可以从知识的整体建构、科学方法的提炼、物理思想的挖掘等方面进行总结，使学生的学习走向深入。总结可以由教师进行，也可以先由学生来进行。这样，不仅可以提高学生归纳和总结形成知识的内在逻辑关系和结构的能力，而且还可以在总结的过程中提高学生的逻辑思维能力和语言表达能力。当然，总结的方式有很多种，可以由教师在黑板上提纲要领，用精炼的板书进行汇总，再让学生进行笔记与识记；也可以让学生在课后以案例报告的形式，对本节课的讨论过程和重点知识进行概括总结，然后由教师批改后继续完善；还可以由教师给学生布置比较完善的案例型习题，让学生在习题训练中检测自己的掌握情况。

第四节 案例教学的评价反馈设计

教学评价与反馈是教学设计的常规环节。根据教学目的的不同，教学评价分为形成性评价和总结性评价。其中，形成性评价的目的在于通过对教学要素的鉴定与诊断，发现问题，从而修改完善教学设计；而总结性评价更倾向对教学设计优良等级进行评定。由于本研究是首次在高中物理中进行基于案例教学法的教学设计，所以本教学设计的评价模式主要采取以对教学设计环节诊断与改进为目的的形成性评价。结合案例教学法的特点，针对教学评价的设计，笔者有以下四点建议。

第一，提倡评价主体多元化。按照评价的对象来看，评价分为自我评价与他人评价。自我评价能促使学生对自我进行多角度的思考，使学生不断积极地调整自己的学习状态，在小组合作中最大限度地发挥自己的光和热，并努力提高自己的综合能力。而他人评价可以客观地指出个人评价中尚未发现的问题，也能让教师从另一方面了解各小组中每个成员的贡献，有助于提高评价真实性，同时对他人负责，培养学生实事求是的精神与互帮互助的同学情感。

第二，提倡评价方式多元化。在实际的教学过程中，常以考试成绩为衡量学生的标准。很显然，这并不符合新课程改革“改变单一评价模式”的要求。而基于案例教学法的教学评价应紧扣教学目标进行评价，应着眼于学生全面、和谐、健康发展，既重视教学结果的评价，也重视教学过程的评价。

第三，合理量化评价结果。在评价时，既要注重对测量对象进行定性分析，也要考虑测量结果的量化。例如，采用评价量表的方法对本节课学生的表现进行心理测试的评价，了解其课堂的参与表现、有效贡献等定性指标，但也要对学生相关物理概念、规律掌握程度以及应用能力进行相应的考查，可以以习题的形式进行考查，也可以用撰写案例分析的方式进行考查。

第四，着力发挥评价的积极作用。案例教学是一种科学的促进学生与教师全面发展的模式，但在应试教育的背景下，难免困难重重，不论是对教师还是对学生，都是一种极具挑战的教学方式。因此，在进行教学评价时，建议多关注评价的积极意义。

根据以上几点对教学评价的建议，笔者采取的教学评价是多主体的评价、多元化的评价、合理的量化评价和积极性的评价。本次评价的主体是教师和学生，其中教师评价既包括进行教学实践的教师的自评，也包括听课的教师的点评；学生评价既包括学生的自我评价，也包括小组组员之间的相互评价。为了保证评价的真实性与公平性，笔者设计了学生自评表（如表 6–2 所示）和学生互评表（如表 6–3 所示）。为了客观地表现案例教学法的效果，结合案例教学的特点，笔者设计了具体的案例报告单（如表 6–4 所示）以及相关的课后习题进行教学效果的量化分析。

表 6–2　学生自评表

姓名：______	指标体系	评价标准			
		A	B	C	D
学生学习效果	1.案例教学中我的兴趣很浓	很符合	符合	一般	不符合
	2.案例讨论过程中我表现积极	很符合	符合	一般	不符合
	3.案例使我能理论联系实际	很符合	符合	一般	不符合
	4.案例有助于理解和记忆知识	很符合	符合	一般	不符合
	5.案例学习使我表达能力提高	很符合	符合	一般	不符合
	6.案例学习使我分析能力提高	很符合	符合	一般	不符合
	7.案例学习使我归纳能力增强	很符合	符合	一般	不符合
	8.案例学习使我合作能力增强	很符合	符合	一般	不符合

表 6–3　学生互评表

姓名：______	指标体系	评价标准			
		A	B	C	D
学生学习效果	1.案例教学中他的兴趣很浓	很符合	符合	一般	不符合
	2.案例讨论过程中他表现积极	很符合	符合	一般	不符合
	3.他具备较好的表达能力	很符合	符合	一般	不符合
	4.他具备较好的分析能力	很符合	符合	一般	不符合
	5.他具备较好的归纳能力	很符合	符合	一般	不符合
	6.他具备较好的合作能力	很符合	符合	一般	不符合

表 6–4　案例报告单

学习课题	
案例分析题	
小组讨论成果	
班级总结	
待解决问题	

通过以上的教学评价活动，争取发挥评价的导向性、激励性、监控性、反馈性和教育性等功能，使教师和学生获取宝贵的反馈信息，对教与学的活动进行及时、有效的调节，促进教学设计的不断改进，从根本上促进学生的全面发展，促进教师的自我成长。

第五节　基于案例教学法的高中物理教学设计与实践
——以“行星的运动”一课为例

根据研究思路，笔者将依照“基于案例教学法的高中物理教学设计流程”进行高中物理“行星的运动”新授课、“万有引力与航天”章节复习课和“万有引力定律”习题课的教学设计，并且将“行星的运动”一课进行教学实践。由于每一种教学方法都有自身的特点，不可能存在任何一种万能的教学方法，所以笔者在进行具体的课堂教学设计前，首先对整个高中物理课程进行系统的分析，并与诸多一线教师相互探讨，发现高中物理必修二第六章“万有引力与航天”十分适合使用案例教学法。其原因有二：第一，该章节的知识为世界航天事业的发展做出了巨大贡献，并取得了重大应用，具有丰富的教学案例；第二，使用案例教学法进行本章的课堂教学，有助于促进三维目标的达成。

“行星的运动”这节课是“万有引力与航天”的第一节，涉及了大量的新的物理概念和物理规律。根据建构主义的学习观可知，学生对物理概念的形成需要从已有的知识经验出发。那么，本节“行星的运动”一课采用案例教学法，其教学内容就是真实发生的案例，学生是在对具体案例分析的基础上进行学习，有利于物理概念的形成。学生对物理规律的学习通常有实验归纳、理论演绎等多种方式。在案例教学中，对学生物理规律的形成是建立在学生对案例进行阅读分析的基础上的，同时小组间的合作与班级讨论也有助于学生对物理规律的理解。综上分析，以案例教学法为中心进行新授课的教学设计符合学生物理概念、规律的形成过程。因此，在本章中，笔者将对“行星的运动”这节课进行基于案例教学法的教学设计说明和教学实践效果的分析。

一、基于案例教学法的“行星的运动”课前准备工作设计

（一）教学环境分析

通过前面的调查分析可知，笔者所实践的学校为某高中，该校历史悠久，校风优良，具备良好的教学理念，教室设施十分完善，具备案例教学法实施的基本条件。

（二）教学对象分析

1.整体与个体分析

笔者授课的班级学生是实习学校某高中一年级的学生。笔者根据教学实习的课堂观察，与该授课物理教师交流后，发现本班级的学生整体学习氛围一般，物理课上思维的深度不够，但是该班级学生比较活跃，课堂参与的积极性比较高。而采取案例教学法进行教学，正需要学生极大的参与性，同时在教学过程中加以教师适当的引导，逐步拓展学生的思维深度。根据笔者平时的观察发现，班级前排的几位女生与后排的几位男生课堂思维敏捷，且具备较好的表达能力等，这些不同学生的个人特点对小组讨论的分组起到了很大的作用。

2.阶段性分析

目前的学生正处于高中一年级下学期开学状态，受寒假的影响，学生的情绪仍然比较亢奋，具有较强的学习主动性。但是，由于前阶段学习圆周运动的相关知识，很多学生不甚理解，所以对近期的学习缺乏信心。不过，经过高中一年级上

学期的洗礼，他们的思维已经由感性思维发展为由感性认识到理性认识的上升过程之中，具有较好的形象思维，但抽象思维与逻辑思维能力仍有待加强。因此，在教学过程中，还是要重视学生情感的体验，从生活实际出发，从学生的兴趣出发进行教学。

3.教材整合分析

学生在“运动的描述”部分已经学习了参考系、运动轨迹、运动快慢描述的相关知识，在“曲线运动”部分学习了圆周运动快慢描述的相关知识，尤其是圆周运动的运动学和动力学特征，而行星的运动就是圆周运动在天体运动中的典型实例，说明学生已具备学习行星运动的描述的基本知识。

同时，学生在地理学科中对宇宙中不同级别的天体系统已有所了解，但是本节课的内容对学生来说依然是久远的、抽象的，甚至是无法去感知的。他们对行星运动的了解只停留在看科普电视节目、科普书籍以及地理课的介绍层面上，而对古代天体运动的两种学说和开普勒行星运动三大定律还很陌生。通过本节课的学习，相信学生会对行星运动的历程有所了解，并且能理解开普勒三大定律的内容。

此外，由于本节课内容对人类航天事业做出了巨大贡献，所以新时代的学子，世界未来的接班人——学生有权利、也有义务去了解目前航天事业的最新进展。因此，教师在课堂教学时，应多联系生活实际，以给学生增加适当的感性材料，让学生在观察感知中获得知识经验，并在此基础上生长出新的知识，在教师合理的启发、引导下促进思维能力的提高。

（三）教学目标分析

根据本节课的教学内容、教学大纲的要求、案例教学法教学目标的特点以及物理新课程标准，笔者将本节课的教学目标确定为以下三方面。

1.知识与技能

(1)了解我国古代宇宙观。

(2)知道地心说和日心说的基本内容。

(3)理解开普勒关于行星运动的三大定律的内容。

2.过程与方法

(1)通过对行星运动发展的物理学史的介绍与学习,渗透科学思想、科学品质的教育,体会科学研究的一般思路与方法——质疑、批判、猜测、观察与实验。

(2)通过对天体运动事实材料的阅读、小组讨论班级总结的过程,培养学生良好的语言表达能力、分析问题能力和总结概括能力。

3.情感态度与价值观

(1)通过学习开普勒行星运动定律的建立过程,渗透物理科学探究的方法和思想,形成正确的宇宙运动观。

(2)感悟科学是人类进步不竭的动力,感悟科学家对科学的执着和献身精神,培养学生热爱科学、献身科学的精神,以及勇于创新、敢于坚持真理、实事求是的科学态度。

(四)教学内容分析

“行星的运动”这一节课是“万有引力与航天”这一章节的开篇第一课。本节教学既是前面“运动的描述”和“曲线运动”内容的进一步延伸和拓展,又能为后面学习万有引力定律做铺垫,在本章中占有较为重要的地位,具有承前启后的作用。对于这一节课,教材在安排上按照科学探究的思路展开,重在介绍万有引力定律建立的过程。这是一次生动的科学思维和科学方法的教育。从古代朴素的唯物主义思想到天文学家对行星运动大量的观察资料,从研究行星运动规律到猜想行星运动的原因,最终得到万有引力定律,无处不体现着科学探索的精神与方法。同时,该节内容也涉及大量的物理史实,贴近学生生活和联系社会实际的事实,可进一步培养学生的科学情感、科学精神和科学发展观。

传统“行星的运动”的教学内容主要以教材为主,再辅之教师的语言补充。教材对于行星的运动进行了概括的介绍,且教师由于自身对行星运动的史实不尽了解,所以对该部分内容的介绍也都停留在表面上,只强调基本知识的记忆,难以达成以上对本节课教学内容的要求。因此,本节课采取案例教学法,教学的主要内容是包含物理知识及疑难问题在内的、典型的、真实的物理案例。该案例主要围绕研究行星运动的科学家的生平故事展开,既介绍各科学家对行星运动所做的贡献,也详细介绍科学家对行星运动研究的过程;既包含传统教学内容的所有内容,也涉及其他的背景介绍。教学内容既有视频案例,也有文本案例,其中视频案例是卫星定位拍摄的宇宙景观的视频,文本案例主要是关于行星运动发展的史实材料。本次的案例编写属于记事型的文本案例。

(五)教学重、难点分析

笔者深度钻研教材之后,发现本节开普勒运动的三大定律在整个“万有引力”中起到非常重要的作用,是万有引力定律发现的重要依据。根据对教学大纲的要求及本节课教学目标的分析,可以将本节课的重点确定为对开普勒行星运动定律的理解。

对本节课的学生来说,他们在数学上还没有学习过椭圆运动的相关知识,缺乏对开普勒第一定律的认知前概念。同时,由于高中一年级学生的数理分析能力不强,所以在开普勒第二定律判断近日点、远日点的速率大小时,需要教师进行适当的引导。此外,他们对开普勒第三定律公式的由来也毫无头绪,仅凭教材与教师的介绍,难以引起他们情感的共鸣和对公式的识记意愿。综合以上分析,开普勒行星运动定律的理解既是本节课的重点,也是本节课的难点。

二、基于案例教学法的“行星的运动”课堂实施设计

常规的课堂教学环节分为课堂引入环节、课堂进行环节、课堂总结环节三个阶段。根据适用于高中物理课堂的案例教学法流程可知，案例教学法的课堂实施同样符合常规课堂教学的三个阶段。结合案例教学的特点，笔者将本节课“行星的运动”的课堂实施分为案例的呈现、案例的讨论、案例的总结三个部分进行教学设计，并对教学设计的实践效果进行简要分析。

（一）案例的呈现

在本节课中，笔者共选取了两种类型的案例：其一是视频案例，其二是文本案例（在教学内容分析中已经详述，在此不做赘述）。视频案例的呈现设计在课堂的开头，文本案例的呈现设计在教学过程之中。由于课堂时间的限制，笔者在课前就将文本案例和案例报告单一并发下去，要求学生对案例材料进行阅读，并完成案例报告单上对案例分析题的解答。下面，就案例呈现时的片段进行课堂实录展示。

课堂实录：视频案例的呈现。

课堂伊始，教师通过多媒体课件，播放宇宙星系的视频，即从浩瀚的总星系到银河系，再到银河系中多彩的星云，最后到太阳系中小行星的运动。学生逐渐安静下来，沉浸在宇宙的浩瀚和美丽的星云以及太阳系中行星运动的奇妙景象中。

教师：同学们，通过上面的视频，你们了解到什么？

学生：我发现宇宙是非常大的，我们生活的地球属于太阳系，太阳系和许多其他星系及星云又组成了银河系，然后银河系和很多类似银河系的星系又被称为总星系。

学生：我看到星云体积非常大，类似云朵的形状，实在是太美、太神奇了！

教师：同学们都回答得非常好。我们知道宇宙如此浩瀚，所有星系组成都非常复杂，但是似乎有一只神奇的大手在掌控着，它们都遵循着一定的规律。例如，我们

每天看到太阳东升西落,晚上的星星似乎也停止在那里。那么,这些神奇的行星到底是怎么运动的呢?其实,早在很久以前就有很多伟大的科学家对行星的运行展开了研究。那他们是怎么研究的呢?

紧接着,教师引导学生将自己对文本案例材料的分析结果进行小组交流,汇报展示。

在课堂开始的时候,班级学生看本节课的授课教师是新面孔,大多情绪较为激动。而当笔者播放视频后,教室便瞬间安静下来,学生的注意力全部被吸引到视频上,包括笔者自己。“宇宙实在是太浩瀚了!星云实在是太美了!行星的运动实在是太神奇了!”是笔者与学生共同的感受。视频的播放可以同时触发学生多种感官的体验,极大地吸引学生的好奇心与注意力,尤其是实际的案例视频,更能创设出非常好的教学情境。本视频案例既可以调动学生的学习兴趣,也可以开阔学生的视野,增加学生对宇宙的认识。继而,教师针对视频案例的景象提出问题,引导学生思考行星运动的特点,也就是进入学生对文本案例的分析阶段。由于学生在之前并没有接触过类似的案例阅读与分析的方式,所以表现出较大的积极性。但整体来看,视频案例的引入更有助于学生学习兴趣的调动。

(二)案例的讨论

由于教学时间的限制,笔者在课前就已经将文本案例材料发放下去,所以学生在课前就已经完成了对案例材料的个人阅读与分析。在案例视频引入之后,教师抛出了“行星如何运动”的问题,直接引入对案例材料的分析阶段,即小组讨论阶段。对于该阶段的设计,主要分为两点:第一,如何进行小组人员的分配;第二,如何合理地促进小组讨论的进程。对此,笔者采取了以下两点策略。

1.合理分组,发挥学生各自的优势

小组讨论是“案例教学法”的一大特色,因此教师在课前需要对班级进行小组划分。学者布鲁菲曾在关于小组规模研究的总结中给出分组建议——5人是小组讨论的一个理想数字,增加人数会使讨论不够广泛、充分,减少人数则会降低讨论的效率和水平。因此,在实际分组中,小组人数不宜过多。由于笔者实践的班级人数为48人,所以结合班级人数及班级座位安排的考虑,笔者在本班实行6人一组的分组。

对于小组成员的选择,一般有学生自由选择和教师干预分组两种模式。第一种模式是学生自由选择组内成员。这样一来,学生一般都会选和自己比较熟悉的同学。这样分组的好处在于学生之间彼此了解,小组讨论气氛融洽,无须适应,可直奔主题。但是,正因为熟悉,可能易导致偏题、组内男女生比例严重失调、人际关系较差的学生处境尴尬等问题。而当教师进行干预分组时,教师会根据学生的特点,将性格不同、知识水平不同的学生合理组织,确保每个小组都有不同风格的学生,扮演各自的角色。知识水平的差异性可以造成不同观点的交锋,性格的差异性可以完善组内的角色,以提高合作效益。但由于这种分组来自教师的主观判断,所以可能难以取得理想效果。对此,笔者在实际分组时,可采用两种模式相结合的方法,先由课代表确定班级的分组名单,再由任课教师及笔者结合学生的特点进行微调整,以促进案例教学中合作学习的有效性。

2.制订讨论规则,保证讨论效果

俗话说:“不以规矩,不成方圆。”小组讨论是一个动态可变的过程。制订讨论规则有助于保证课堂讨论的顺利进行和讨论效果。因此,制订一定的课堂讨论规则是很有必要的。

(1)明确组内角色,合理进行任务分配

小组讨论中,小组内部成员都有各自的角色分工,如组织者、记录员、讲师等。首先,由组员在组内推选出一位小组长,小组长负责组织成员讨论,维持讨论秩序。

其次，推选出一名案例记录员，针对组内讨论时各组员发表的观点，进行整合、记录。最后，推选出一名同学作为小组发言代表，在班级讨论时将记录员整理的大量信息和论据、小组讨论的成果进行表达。为保证教学过程的顺利，以上三个角色笔者在课堂实施之前都已确认。

当然，笔者在实际的教学过程中，也要鼓励学生尽可能多地扮演角色，而且记录、整合、发言的任务应由组内成员轮流担当，这样可以使每一位学生都得到充分的锻炼。

（2）做尊重他人的倾听者与自信的表达者

嘈杂的环境会使发言人觉得自己不被重视，从而无心发言，甚至不愿意在课堂上分享、表达观点。因此，当有学生在发言时，其他同学必须认真聆听。对此，笔者进行了强制性的规定，当发言人提问“哪位同学有不同的观点”时，才允许其他同学发表自己的意见。同时，提出要求，发言的同学应当合理地组织自己的语言，未经深入思考的不建议发言。

（3）利用组间评比，刺激学生发言

在班级讨论环节，由各个小组代表进行发言。为避免某些小组多次发言，而有的小组未发言的局面出现，可以采取组间评比的方法，激励各小组主动发言。例如，利用黑板富余的部分写下各小组的代号，发言一次就在相应的小组代号后面画个对号。适当的奖惩可以使组间评比取得更好的效果。在实际操作时，笔者确实将各小组的编号写在黑板上，并制订了评分规则。评分标准分为四个层次：讨论热烈加5分，讨论一般加2分，很少讨论加1分，不讨论加0分。针对小组回答情况适当加分：回答比较完整加2分，补充回答加1分。以此，对各小组的讨论情况进行评分。下面，笔者就案例讨论时的片段进行课堂实录展示。

课堂实录:对“案例材料一”的相关讨论。

教师:下面,请大家按照之前分配的小组,以小组为单位进行讨论。

学生 1:最早在古代,大约公元 500 年前,以毕达哥拉斯为代表的很多人广泛认可星体在做圆周运动。后来,科学家思考谁在圆周的中心,继而提出了“地心说”和“日心说”两种对立的看法。

学生 2:“地心说”认为地球是宇宙的中心,是静止不动的,太阳、月亮及其他行星都绕地球运动,主要代表人物是托勒密。“日心说”认为太阳是宇宙的中心,地球、月亮及其他行星都在绕太阳运动,主要代表人物是哥白尼。当然,布罗诺对“日心说”做出了巨大贡献。他对该学说进行了大张旗鼓的宣传,并且发展了“日心说”,认为宇宙无限,没有中心。还有伽利略给“日心说”提供了最直接的证明,用他发明的伽利略望远镜看到了木星周围有 4 颗绕行的卫星。

学生 3:“地心说”占领统治地位的时间较长。其原因有三点:第一,符合人们的思维观念,易被人接受;第二,确实有用,能估测一些星体的运行情况;第三,得到了宗教的大力支持。

学生 4:“日心说”与“地心说”争论的结果是“日心说”最终战胜了“地心说”,真理最终战胜了谬误。

课堂实录:对“案例材料二”的相关讨论。

教师:古人把天体的运动看得十分神圣,不论是“地心说”还是“日心说”,都认为天体的运动不同于地面物体的运动,天体做的是最完美、最和谐的匀速圆周运动。他们的这种说法正确吗?谁又提出了质疑?

学生 1:实际上,天体做的运动并不是完美的圆周运动。开普勒认为,行星做椭圆运动。他发现,假设行星做匀速圆周运动,那么计算所得的数据与观测数据不符。所以,他认为行星在做椭圆运动。只有认为行星做椭圆运动,才能解释这一差别。

学生 2:行星的运动遵循三个基本规律。由于行星运动的三大规律是开普勒提出的,所以又被后人称为开普勒三大定律。具体内容如下所示。

开普勒第一定律:所有行星绕太阳运动的轨道都是椭圆,太阳处在椭圆的一个焦点上。

开普勒第二定律:对任一行星来说,它与太阳的连线在相等时间内扫过相等的面积。

开普勒第三定律：所有行星轨道半长轴的三次方跟公转周期的二次方的比值都相等,即$\frac{a^3}{T^2}=k$(比值 k 是一个与行星无关的常量,只与中心天体有关)。

由于学生在课前已经对案例材料进行了阅读，所以小组讨论比较热烈且十分顺利,大多数学生都有话可讲。同时,笔者在案例材料上进行了很多人物生平的介绍，而学生对这种大量案例阅读的教学方法非常感兴趣。很多学生课后与笔者反映,这节课像是在上语文课一样,非常容易且很有意思。这体现了物理新课程改革所强调的“加强学科与学科之间的联系”的教学理念。

在小组讨论的进行中,某些小组的讨论气氛非常热闹,有些小组则比较沉闷。而当教师在黑板上列出小组的编号并进行讨论评分的时候，一些同学便催促本小组内的其他成员积极地参与课堂。由此可见,这样的组间评比可以激发学生的集体荣誉感,有利于学生课堂积极性的调动,既能加强成员间的合作能力与团结意识,也可以培养学生的语言组织与表达能力。

开普勒三大定律是本节课的重点内容，虽然书上对具体的内容进行了详细的介绍,但是并没有涉及科学家探索真理的艰苦过程。作为一名物理教师,我们不仅要教学生知识,还要教学生探索知识的思路和方法,树立实事求是、坚持不懈的科学精神。在本环节,笔者设计了相关的案例材料,并在案例材料中,详细地阐述了开普勒发现行星运动规律的过程,通过让学生阅读相关案例材料与小组讨论,去体会科学家探索的过程,以理解相关案例知识。课后与诸多教师交流,大家一致认为,这样的案例补充有助于学生兴趣的调动、视野的开阔和科学素养的提高。

（三）案例的总结

笔者对于案例总结这部分内容的设计分为两部分：第一部分是对于整个教学过程中知识结构框架的总结,第二部分则是除知识外的其他收获。

第一部分的总结是针对所有案例分析题的总结,以及教师进行提问的知识小结。

第二部分的总结是紧扣教学目标中的情感态度与价值观目标，引导学生去思考精神上的收获。例如,①培养对自然奥秘不屈不挠的探索精神和对待科学研究一丝不苟的态度;②实验观察手段是科学研究的重要方法之一;③培养实事求是、尊重客观事实、不迷信权威、敢于坚持真理的科学态度和科学精神;④实验归纳和数学演绎相结合是科学研究中的重要方法。

课堂实录:以"中学阶段处理天体运动的方法"片段为例。

教师:通过以上的学习,相信大家已经理解了开普勒三大定律。开普勒第一定律是椭圆定律,由于椭圆轨迹的复杂性,所以对高中阶段的学习不做要求。而实际上,多数行星的轨道与圆是非常接近的,因此我们在高中阶段的研究一般将行星运行的轨迹按照完整的圆周来处理。那么,请同学们思考,当开普勒三定律适用于圆轨道时,应该怎样表述呢?

教师继续将问题投给学生,让学生小组讨论,结束后,分别选学生代表回答。

学生1:大多数行星绕太阳运动的轨道与圆十分接近,太阳处在圆心。

学生2:对某一行星来说,它绕太阳做圆周运动的角速度(或线速度)不变,即行星做匀速圆周运动。

学生3:所有行星轨道半径的三次方跟它的公转周期的二次方比值都相等。

由于本节课要求学生掌握的内容不多，且教学内容较为简单，所以学生班级总结的过程比较顺利。但是，在进行班级讨论时，笔者没有提醒学生完善案例报告表上的内容，大多数学生没有及时在案例报告表上填上内容，并且也没有做相关笔记。对此，笔者在课后布置了相关作业：完善案例报告表。当谈到学生本节课的收获时，有很多学生将案例上科学家的经历与自身的一些经历相结合，所得的体会颇为深刻，令笔者也颇受启发。由此可见，案例教学法作为物理课堂教学中一种新颖的教学方法，确实对情感态度与价值观目标的培养有重要作用。

（四）其他课堂设计说明

根据上面对基于案例教学的“行星的运动”三大教学过程分析，已经基本完善教学目标，但是对“开普勒三大定律”的深入理解，光是进行学生个人的案例阅读、小组讨论与班级讨论，是远远不够的，因此笔者设计了一些具体的教学活动。

课堂实录：对“开普勒三大定律”的理解。

教师：通过上面的学习，开普勒三大定律体现了宇宙的和谐统一美。看似简单的规律，不知道大家是不是真的理解了呢？如何理解开普勒第一定律呢（课件展示开普勒第一定律的内容）？

教师：什么是椭圆？如何画椭圆？

由于学生在数学上还未学到椭圆曲线的特征，所以教师引导学生认识椭圆，知道什么是焦点、半长轴、半短轴。

提示：椭圆上任意一点到两个焦点的距离之和都相等。

学生：可以用一条细绳和两图钉来画椭圆。把白纸铺在木板上，然后按上图钉，把细绳的两端系在图钉上，用一支铅笔紧贴着细绳滑动，使绳始终保持张紧状态。铅笔在纸上画出的轨迹就是椭圆，图钉在纸上留下的痕迹叫作椭圆的焦点（补充：开普勒第一定律又称“椭圆定律”或“轨道定律”）。

教师:如何理解开普勒第二定律呢(课件展示开普勒第二定律的内容)?

教师:相同时间内行星走过的轨迹与焦点的连线面积相等,那么近日点、远日点的速度会一样大吗?哪个大一点?请大家讨论一下。

学生:行星沿着椭圆轨道运行,太阳位于椭圆的一个焦点上,如果时间间隔相等,那么面积相等。由几何关系可知,行星在近日点时,距离短,则走过的弧长大,所以行星运动得快;当行星在远日点时,距离长,则相同时间内走过的弧长短,所以行星运动得慢。因此,行星在远日点的速率最小,在近日点的速率最大(补充:开普勒第二定律又称"速率定律"或"面积定律")。

教师:如何理解开普勒第三定律呢(课件展示开普勒第三定律的内容,并展示天体运动的立体动画,使学生通过行星运动的立体动画,对天体运动的感性认识进一步提高)?

学生作图分析,解释含义(理解半长轴的含义)。

教师给出太阳系八大行星平均轨道半径和周期的数值表(如表6-5所示),请学生验证开普勒第三定律。

表6-5　太阳系八大行星平均轨道半径和周期的数值表

行星	平均轨道半径 R(m)	周期 T(s)
水星	5.79×1 010	7.60×106
金星	1.08×1 011	1.49×107
地球	1.49×1 011	3.16×107
火星	2.28×1 011	5.94×107
木星	7.78×1 011	3.74×108
土星	1.43×1 012	9.30×108
天王星	2.87×1 012	2.66×109
海王星	4.56×1 012	5.20×109

通过数据,验证开普勒第三定律的正确性,并理解 k 是一个与行星无关的常量。

教师：k 是一个与行星无关的常量，那它可能跟谁有关呢？

学生：由诸多行星绕着同一个中心天体运动，可知 k 可能与中心天体有关。

教师：非常好！k 与中心天体有关。例如，地球绕着太阳转，月亮绕着地球转，那么月亮绕地球运动的半长轴的三次方和周期的平方的比值与地球绕太阳的相同吗？

学生：无法比较。因为中心天体不一样(补充：开普勒第三定律又称“周期定律”)。

在前面的学习中，学生对行星运动的发展与开普勒三大定律都有了一定的理解，但对于开普勒定律的内容还不够深入。笔者通过设置“做一做”(动手、动笔画出行星运动的椭圆)、“算一算”(根据椭圆图形和数学公式，逻辑推理，理解近、远日点速率变化)和“验一验”(根据行星运行的周期以及半长轴具体数据，进行定律的检验)的环节，使学生对开普勒三大定律的理解逐步深入。

三、基于案例教学法的“万有引力与航天”的教学设计总结

“行星的运动”这一节新授课的教学设计是紧扣笔者所设计的“基于案例教学法的高中物理教学设计模式”而进行的，是该模式下进一步具体化的实例分析。同时，笔者将此教学设计进行了课堂实践。通过对实践的教学评价与反馈可知，案例教学法对学生物理概念和规律知识的获得、非智力因素的发展、物理学习兴趣的培养，以及以分析问题、解决问题能力为核心的多元能力的发展都起到了一定的效果。这说明笔者提出的“基于案例教学法的高中物理教学设计流程”是合理的、可操作的且实践性强的。教学设计的准备环节是实施环节的基石，对案例教学的实施环节有着重要的指导作用。而案例实施环节可以落实教学准备环节的工作，充分体现教学准备工作的重要意义。基于案例教学法的教学评价与反馈环节则对教学过程进行全面的剖析，又反过来促进教学准备环节、教学实施环节的设计，三者相辅相成、缺一不可。该基于案例教学法的教学设计既考虑了案例教学的特点，又全面地囊括了教学设计的要素，具备一定的实践参考价值。

此外，笔者对高中物理必修二第六章“万有引力定律”专题复习课和“万有引力与航天”单元习题课也进行了该教学模式下的教学设计。通过3个课型的基于案例教学法的教学设计，笔者有以下四点感触。

第一，对于任意课型来说，物理案例的编撰是教学设计的难点，既需要结合教学目标，也需要满足案例教学的要求。

第二，教学环节流程存在一致性，都是以案例的发放—学生个人的思考—小组合作交流—班级交流总结这样的流程进行的。

第三，对于不同类型的课程，甚至是同一类型的课程，案例教学法的教学流程都需要根据具体的教学案例、教学对象、教学目标等变化做到因时因地制宜。在教学中，可以对一个案例进行完整的案例教学流程的实施（如复习课就是围绕一个教学案例进行的个人阅读—小组讨论—班级讨论模式），也可以同时对多个案例进行分析（如新授课对案例材料一和案例材料二分别进行了两次的案例教学法流程），还可以同时对多个案例进行分阶段分析（如习题课中对每一道案例分析实施的案例教学法流程）。

第四，案例教学法在高中不同物理课型中的应用也有所侧重。一般来说，新授课更注重案例的引入，即课程情境的创设，因此教师在案例教学时，要注重趣味性教学案例的开发；而复习课的重点在于对课程知识框架的整合与归纳，因此教师在案例教学中，要着重对班级交流总结环节进行具体的引导分析；对于习题课，案例教学则更侧重于学生个人对案例的分析与小组交流环节，以促进学生解答技巧与逻辑思维能力的培养。

综合分析可知，不管是哪种类型的课程，案例教学法都具备一定的普适性。因此，将案例教学应用于高中物理课堂的教学将会是一次不错的尝试。

第七章 基于概念的物理有效教学

第一节 概念有效教学在物理教学中的现状

一、物理概念教学现状

在此过程中,笔者发现,很多高中一年级的新生从初中顺利升到高中后,普遍感觉无法很好地适应高中新课程的学习,尤其是高中物理课程成为学生学习中最大的“拦路虎”。很多人简单地将这个现象的原因归结为高中物理难度太大。但是否存在更深层次的原因呢?为探究清楚这个问题,笔者在实习的过程中多次与学生和很多优秀的任课教师做访谈交流,发现学生在学习高中物理时经常出现概念辨析不明、教材生疏、新课无法正常跟进等问题。其中,概念理解辨析不明最为显著,是问题症结所在。高中物理区别于初中物理内容常识化、简单化等特征,更强调学生对抽象物理思维的锻炼和掌握。

“概念是思维的细胞”,人的任何思维过程都离不开概念。在探索事物的本质时,我们通过实践认识到客观对象的特有属性,获取到新的知识经验。这时,就会使用“概念”这一思维形式把它固化,转换成以后思维活动的原料。“概念”掌握程度反映了人对客观现实认识的发展水平，是影响人在逻辑推理和判断时所表现的顺畅程度的重要因素。一切科学知识都是由许许多多相互关联的概念组成的理论体系。如果在科学研究和应用中缺少科学概念，那么任何科学理论都无法成功提炼和建立。同理，物理学分为物理现象、物理事实、物理概念和物理规律。其中，物理概念是分析物理现象和事实的前提与基础，是物理知识的重要组成部分，也是物理基础知识中最不易学习和掌握的内容。所以，在进行物理概念教学时，教师要以学生对概念的原有理解和认识为出发点。

在教学实践中，笔者观察到，部分学校和教师很多时候迫于考试成绩或教学进度方面的压力，往往尽量压缩实际课堂教学过程中对学生进行新知识的引导性教学时间，从而抽出更多精力进行解题练习。这种情况常常导致学生在课堂上听到、看到许多复杂的物理学理论知识，但却对这部分知识，尤其是对抽象程度较高的物理概念缺乏足够的理解。虽然简单地对概念进行文字机械性记忆可以较好地应对新知识的常规测验题目，可是一旦将这些知识放到新的物理情境中，很多学生的思维就难以转换，更谈不上灵活使用相关知识做出合理解释和应用了，尤其是现在的大多数教辅资料只是简单地将历年高考真题做文字调整后，就拿出来提供给学生练习。这种题目对学生的概念理解程度和物理思维水平要求较高，因此使学生在频繁地遭遇解题挫折后容易陷入习得性无助，有些学生甚至对自己做出不适合学习物理的错误归纳定性。

有很多优秀的教师都已经发现这类问题，发现学生在学习新课之前就对很多将涉及的物理概念有自己的认识和理解，而且这些认识和理解常常可以很好地解释日常生活中会遇到的现象和生活经验。有些时候，这些认识与科学的物理概念并无冲突，但更多的时候，两者是相互排斥的，有时候甚至是截然相反的。尤其是当代社会随着信息科技等高新技术的飞速发展，学生在开展科学的课堂学习之前，就通过丰富的信息获取渠道,自然而然地获得了大量有关物理名词的多元解读,并在他们的认知结构中留下了烙印。这些先前经验中产生的名词复合体有些是与科学的理解近似或大体一致的,因而不会妨碍学生在课堂上形成更科学的认知。但更多的却可能是与课堂上接受的科学解读相悖的。学者将这些先前经验中形成的现象解读的名词复合体称为“前概念”或“迷思概念”。正是这些“迷思概念”的大量存在及其“顽固性”,阻碍了学生在课堂上顺利形成科学性更高的关于这些旧名词(但却是新知识)的解读和理解。

那么,如何才能更科学、更有效率地开展高中物理概念教学呢?有没有好的教学策略呢?笔者结合文献研究法、前期的访谈材料和实践,尝试着研究了这个问题。

本书选取力学作为研究着力点。力学是高中物理最基础、最重要的内容之一,也是教学中的重、难点所在。顺利掌握力学概念,能够帮助学生理解和建构整个高中物理知识,为后续电磁学、热力学、简谐振动和机械波、光学、量子力学基础、原子模型和原子核等知识模块的学习做知识预备。

高中物理概念教学是科学教育中非常重要的一个版块,受到众多学者的重视。大部分学者将高中物理概念作为科学概念的一个分支,进而探究其教学策略,但并非将物理概念直接与其他学科完全剥离进行研究。目前,关于物理概念转变教学策略主要有以下四种说法:认知冲突教学策略、类比和利用直觉经验教学策略、图示教学策略、概念图教学策略。

一是认知冲突教学策略。这是教师在促进学生概念转变时最常使用的策略,教师通过呈现学生认知中原有概念无法解释的现象或无法解决的问题,使学生原有的认知失衡,促使学生对原有概念产生不满,从而主动寻求学习新概念,以解决认知冲突。认知冲突教学策略的使用在国内外都深受认可。推崇这一策略的研究者认为,概念转变具有整体性和一致性,学生的前概念和信念对具体概念的学习起着制约作用。与此同时,也有学者研究指出,认知冲突教学策略的使用并没有达到预期的效果,认为前概念来自日常生活经验的简单抽象,是松散的、零散的,在学生的头脑中是碎片化存在,因此概念的转变不具备整体性和一致性,而是孤立发生的。

二是类比和利用直觉经验的教学策略。与认知冲突教学策略不同的是,这一教学策略是指教师基于学生已有的认知结构和生活经验,将与新概念有相似之处的且学生熟悉的事物和新概念相比较,使学生对抽象的概念具有直观的感受。这一方法能巧妙地激发学生的兴趣爱好,使学生能够快速地接受新概念,从而修正错误的前概念。这一策略的适用性同样受到了一些学者的质疑:第一,这些学者认为教师并不总能找到与新概念相似的事物,且相似的事物必须确保是学生生活经验中已有的,且学生乐于接受的,这种情况并不是在每个概念学习中都能做到的;第二,即使一些事物与新概念相似,但也同样存在一些不相关或截然不同的特质,若使用不当,则会对学生产生严重的误导;第三,总是将抽象的概念与具体的事物相类比,不符合高中学生心理逻辑的发展规律,同时从长远而言,既不利于提高高中学生抽象概念的学习能力,也不利于高中学生抽象思维的形成。

三是图示教学策略和概念图教学策略。这二者均是以一定图形作为教学工具,围绕这一教学工具展开的教学策略。相对于图示教学策略而言,概念图教学策略运用得更为广泛。因为它可以有效地诊断学生当前阶段的前概念和各前概念之间的关联,为教师制订新的教学方案提供依据。而图示教学策略重在揭示概念的本质,在某种意义上是简化形式的概念图。但是,图示强调知识和概念本身的内涵,而概念图则偏重对学生内部前概念及其关联的解读。

综上所述,笔者发现,国外关于概念转变的理论研究已经相对成熟,并且在实践层面不断地完善和创新,提出了各种各样新的概念转变模式,而国内的研究多停留在对国外理论引进阶段。当然,很多研究者也在继承的基础上进行了一定的批判和反思。与此同时,国内部分学者在实践的基础上,对该理论进行了验证和本土化改造。

然而,关于高中物理概念转变教学策略的研究,就某一具体的概念转变策略而言,无论是国内外,都还未对其形成相对统一的认识,即完全承认某一策略的权威地位。上述提到的四种主要策略或多或少都受到了一些质疑,包括有效性与适用性两个方面。有效性是指上述四种教学策略可以在真实的教学情境中促进学生概念转变;适用性是指泛化的研究是否可以有针对性地使用到具体学科中,同一个策略是否可以在不同的教学情境中得以应用。这体现了学科教学的特殊性,即基于科学概念而提出的概念转变教学策略不一定适用于具体学科中的各种情境。物理学科有其特殊性,其概念教学并不完全等同于化学或生物等学科的概念教学。因此,研究者认为,应该摒弃独尊一种且整齐划一的教学策略的思想,做到因时制宜,将物理概念转变到不同阶段,并在不同阶段结合具体概念的内容与学生的学情特征,采用不同的策略。

二、概念转变教学理论基础

(一)学习理论

1.认知主义学习理论

认知主义学习理论源起于德国格式塔心理学派的完形理论, 主张学习的本质是内部认知发生变化,是个体通过认识、辨别、理解,从而获得新知识的过程。它强调学生对复杂信息的主动加工,以形成能够反映整体联系的认知结构。与行为主义学习理论强调的S-R联结相比,认知主义更重视学生的内部环境,如内部动机、已有经验和智力因素等。其代表人物及主要分支流派有布鲁纳的认知结构学习理论、奥苏贝尔的认知-接受论以及加涅的信息加工论。

认知结构学习理论认为,学习是有目的的,不是简单地模仿动作或行为,而是主动形成认知结构的过程。这个过程主要分为三个阶段,即知识的获得、转化和评价。其代表人物布鲁纳强调对学科基本结构的学习,关注知识间的逻辑性,使学生所获取的知识是系统的,而非零散碎片化的。他创造性地提出发现法,也称为探索法或研究法,即学生不是被动地接受教师传授的知识,而是在教师的指导下,根据教师提供的课程资源主动思考、积极发现,从而掌握基本原理和理论的一种方法。虽然有研究者批判发现法在具体的实施中费时,不利于课堂教学顺利进行,而且对学生形成系统化的知识结构有阻碍,但不可否认的是,发现法在培养学生思维、激发学生学习兴趣与创造力方面发挥着积极的作用。

认知-接受论的关键词是“有意义学习”。它是基于对“机械学习”的批评,辩证性地提出来的。机械学习是指学生要在无须理解文字符号实质的情况下,利用联想对文字符号的表面联系进行记忆和理解;而有意义学习强调新知识学习要与学生已有的认知结构建立一种理解后的联系,且学生可以用不同的语言表达同一个概念,即二者建立实质性的联系。有意义学习发生的前提条件是学习材料的逻辑性,学生有进行有意义学习的心向,而且学生已有经验具有可利用性、可辨别性和稳定性。当学生无法建立有意义学习的心向时,教师可借助先行组织者,在学生认知结构中搭建新、旧知识的桥梁。其中的一个有效策略是使用“概念图”。它是认知-接受论提出的一种心理工具,可用于组织和表征知识,表现出概念间的类属关系、总括关系与并列结合关系,对教师概念教学和学生概念学习具有较大帮助。

第三大主要流派信息加工论将心理发生过程与“计算机”信息加工进行类比,认为学习过程是学生在头脑中对外部刺激的信息进行内在认知加工的一种内部过程。加涅据此提出了信息加工模型,认为心理结构是保持信息或知识的记忆存储系统,而存储的方式、存储的容量和存储的保持时间是教学者应该关注的问题。在这一模型中,大脑面对刺激首先进行感觉登记,这是一种选择性知觉过程,教师可灵活运用实物直观和形象直观进行教学，并运用感知规律，突出直观对象的特点；接着，进入大脑的信息先后存储到工作记忆和长时记忆，而学生应及时进行维持性复述形成组块，以及利用组织策略（如列提纲、画系统结构图、流程图、模式图和概念图等）来对抗遗忘，最后进行编码、编辑和提取。这一理论揭开了大脑加工处理知识过程的“黑箱”，为教师开展阶段性教学提供了参考。

除了上述主要理论主张外，认知主义学习理论还包括认知负荷、思维导图与元认知策略的研究等，所有的这些理论都可以为概念转变教学提供一定的方向指引。认知主义学习理论可以启发教师在进行概念教学时首先对学科结构进行剖析，关注学生认知结构的形成，而不是简单地传授知识或训练技能。同时，教师要确认其发生条件，利用概念图等心理工具分析学生的前概念和相关知识经验，借助先行组织者将新概念建立在已有经验的基础之上，从而激发学生的学习心向，利用富有逻辑性的学习资料展开教学，鼓励学生利用发现法对新概念进行理解和运用。此外，教师务必关注学生概念输入和输出的过程，注重教学的阶段性，关注反馈信息，巧妙结合直观性教学原则，帮助学生利用多种策略，如思维导图，对新概念进行深度加工。

2.建构主义学习理论

建构主义学习理论是20世纪80年代时，研究者基于对苏联心理学家维果茨基关于儿童的认知发展理论的继承，以及对行为主义学习理论、认知主义学习理论等占主流地位的学习理论流派的批判而逐步发展起来的。建构主义流派关于人的认知发展的具体观点纷呈多样。根据前人的研究特点和观点，大致可以分为激进建构主义、社会建构主义、社会建构论、信息加工建构主义和控制论建构观等基本流派。

这些理论从不同领域和视角出发，对人的认知发展过程和特点各有阐释和侧重点，但在认识论上，较普遍地认同一个基本原则：人的认知既不是简单地通过感觉经验获得的，也不是通过人际交互被动获得的（即不是通过被动传授的），而是由认知活动的主体，也就是人自身在活动交互过程中主动积极建构的。在这种建构过程中，认知主体所获得的新经验与原有的旧经验发生互动，新经验是基于原有的旧经验生长起来的，并在生长的过程中对旧经验产生影响和改造。认知的过程就是人的适应过程，认知基于并且有助于人对自身经验世界的组织和重构，而不是简单地对认知客体（即客观世界的某一实体存在）的现实的发现。

建构主义学习理论认为，人学习的本质是在新、旧知识经验的双向交互作用过程中不断形成、丰富和改造自己的知识经验世界，从而建构自己对这个世界的理解的过程。学习是通过共同体的交互活动完成的，因此学习既是学生个体的知识经验的建构活动，也是其所处的学习活动的共同体知识经验的合作建构过程。在共同体的合作建构过程中，学习活动的参与者相互合作、影响和互动，使每个参与者对学习过程的理解更加丰富、全面。在这个过程中，学生并不只是获得了供后续学习活动所需的、能被提取出来的指导新的学习活动的知识经验，还获得了重新建构得更加丰富的经验背景的概念。其中，重新建构的这些概念将使学生在以后面临新的情境时，能够有更加丰富的经验，能够理解新情境，并更有效地指导自己参与新的学习活动。因此，有效的学习活动一定是“积极的、建构性的、累积性的、有目标指引的、能够提供诊断性和反思性帮助的过程”。

建构主义者强调，学生对事物的解释是从个体的独特经验背景所衍生出的合乎逻辑的假设。因此，个体经验世界的差异性、个体在自己成长历程中所形成的个性化特征，都会影响其在学习活动和交往中表现出的特点，而这些特点又会进一步促使个体形成自己的兴趣和认知风格，同时也会影响个体形成独特的基于自身知识经验背景和思维模式的理解。这种独特性理解往往因人而异，各具特色和视角，即使是针对同一认知客体，也会反映其不同侧面的特质。而每个学生由于这些差异，在同一个学习活动中组成学习共同体后，在交互的过程中将相互沟通、相互合作、相互影响和“妥协”，形成对问题的多角度、多层次的多元理解，并改造自己的认知结构。

因此，学习过程就是学生通过自己的新、旧知识经验之间的反复双向的交互作用，来改造和再形成自己知识经验结构的过程。在这个过程中，主体通过与社会活动中其他主体（人或现实世界）的互动，建构自身对身周世界的理解。一方面，人对当前新获取的信息的理解是基于先前已有的知识经验的；另一方面，人对原有知识经验不仅仅是简单地套用和提取，而是在理解新知识经验的过程中，也对原有的知识经验做出基于当前经验情境的合理的调整和改造，或许我们可以将其概括为“同化”。

由此，学生在这种不断建构的过程中是无法、也不应脱离原有的知识经验基础的，而是将这些经验基础作为理解新经验、建构新知识的生长点。为了能更好地理解新经验，学生应对原有经验和新经验的发生情境具有更多真实感受和体验，获得直接经验。若只是简单地聆听教师对相关知识经验的讲授、语言描述，是不够的。因此，为了促进学生更好地理解和学习物理学概念，教师在教导学生学习的过程中，应更多地为其提供体验情境或多维感受背景，增强其直观体验经验，丰富其对认知对象的感知体验，这是一种科学可取的教学方法。同时，学习活动具有社会性，学习是离不开学习共同体的，在学习的过程中学生会相互影响。因此，教师要为学生提供经验的沟通交流、互动碰撞的机会，如生生互动、师生互动，充分利用学生经验和认识角度的差异性，引起必要的认知冲突。这样，将有利于学生更好、更全面地理解问题、研究问题、思考问题，有助于学生改变原有的概念认知，重新建构形成科学概念。

（二）概念转变理论

1.概念转变的条件

概念转变模型的提出者 Posner 等人认为，个体原来概念要发生顺应需要满足以下四个条件。

(1)对已有概念的不满

当学生发现自己原有的某个概念无法完全解释新的现象或解决新的问题时，他们会尝试对已有的概念做尽可能小的调整。然而，当已有概念失去作用并被个体意识到时，个体无法阐释一些现象并解决这些问题(如反例)，于是就会引发认知冲突，进一步引起个体内心已有概念的不协调，从而产生探寻或认知新概念的动机。

(2)新概念的可理解性

可理解性表示学生不仅能看懂新概念的字面意思，还能弄清该概念中每个部分所建构起来的整体一致性的表征，帮助学生建立对新概念的学习自信。

(3)新概念的合理性

合理性表示新概念与其他概念是和谐一致的，而非冲突矛盾的，使学生产生对新概念学习的信任感。

(4)新概念的有效性

学生能在学习和使用新概念的过程中看到它的价值，即新概念能切实可行地解释某些原有概念不能解释的现象，或解决原有概念不能解决的问题，从而产生对新概念学习的成就感，使之能够持续不断地进行本概念学习。

研究者从学生心理的角度将 Posner 提出的四大条件归为学习动机、自信心、信任感和成就感。其中，可理解性、合理性、有效性均是在学习新概念的具体过程中产生和发展的，它们相互之间关系密切。从心理机能的发展角度来看，对原有概念的不满(在新的问题情境中产生认知冲突)会使学生尝试去找寻新的理论(概念)来解释，因此对原有概念的不满是学生尝试理解新概念的前提，是学生学习新概念的动机因素；新概念的可理解性是承认该概念的合理性的前提，并让学生有自信能学会新概念；在此基础上，学生认可新概念的合理性是验证概念的有效性的前提，只有通过逻辑思维确认了新概念的严谨合理，才会产生信任，也正是相信新概念可能有效，才会在问题情境中使用并尝试验证其有效性。这四种心理状态呈现逐级上升的趋势，在概念转变的发生过程中缺一不可。

2.概念转变的影响因素

系统地对概念转变的影响因素展开研究并做出说明的依然是 Posner。他提出了概念生态圈的说法。经过后续研究者对概念生态圈的不断探索和完善，目前受到广泛认可的对概念转变造成影响的主要是以下七个因素。

(1)认识论信念

认识论信念是指个体对科学解释的看法和一般知识的观点，如认为什么样的理论才是成功的理论，具体到学科中，什么样的理论才是好的理论。它是影响学生在新的问题情境中思考原有概念的局限性后产生不满，并且理解与承认新概念的合理性的思维基础。

(2)原有知识经验

个人过去的知识经验与新知识的建构息息相关，而新知识的学习必须与学生自身的经验相关联，因为已有的经验基础是理解新经验、建构新知识的生长点。其中，在概念转变教学理论中，提及最多的“前概念”正是原有知识经验的一种体现。

(3)学习的本质

学习的本质与知识的本质不同，知识的本质探讨的是知识是什么，与其他知识有何关联；而学习的本质探讨的是学生获取知识、增长知识的方式，即学生的知识生成发展，亦即学生的知识输入问题。

(4)概念的本质

概念的本质探讨的是学生如何呈现知识，关注的是学生的知识输出问题。学生可以用反例、类比和隐喻(暗语)、范例或图像等方式来解释概念。反例是指某概念无法解释的事例,超出原概念的外延范围,可以使学生与原有概念产生矛盾冲突,进一步延伸至原有概念的认知冲突,同时驱使着学生寻求对反例的新解释,在心理层面上萌发新概念接入的生长点。类比和隐喻是指学生在尝试解释一个不熟悉的现象或解决一个不熟悉的问题时,通常用个体熟悉的并与其现象或问题具有某些类似特征的事物来解释,即类比的手法,而隐喻是在解释抽象概念时的重要概念性工具。范例或图像是让学生对事物合理性的知觉产生冲突。

(5)问题解决的策略

问题解决策略是指使问题发生某些变化并由此提供一定信息的处理、实验或探索的方法。其常用策略大致可以分为按逻辑推理来解决问题的算法式策略、由已有的解决问题的经验而形成的经验和思维规则来解决问题的启发式策略。

(6)情意领域

情意即学生的情感和意志,对学生的影响甚大。低落的情绪和意愿使学生无法进行有效的概念学习,使其概念学习停留在熟悉和使用的概念上。再者,教师的态度也会影响学生参与学习的程度和自我建构的能力。

(7)科学的本质

有学者将科学的本质称为形而上学的信念和观点,如对世界的规则、对称性与确定性的观点,对具体科学领域形而上学的概念的信念等。

(三)概念转变的教学模式

概念转变的教学模式研究源起于 20 世纪 60 年代 Robert Karplus 在美国课程改革运动中提出的学习循环模式,其后续发展经历了两个阶段:第一阶段是 20 世纪 60 年代到 80 年代,研究者关注首尾循环的教学模式;第二阶段是 Krajcik 在 20 世纪 90 年代提出了多方向循环的发展趋势。下面,笔者将就上述两个阶段中最典型的教学模式以及我国学者对概念转变教学模式的实践进行介绍和总结。

1.学习循环模式

学习循环模式是真正意义上的第一个概念转变的教学模式，该模式被划分为探索、发明和发现三个阶段。在后续学者对该模式的不断完善中，上述三个术语逐渐发展为概念探讨（探索）、概念介绍（概念生成）和概念运用（概念拓展）。以下是对具体的教学模式的介绍。

（1）概念探讨（探索）

教师将新材料、主体与要求介绍给学生，鼓励学生结合已有经历进行学习，同时允许学生通过接触物体或体验事件来对概念进行思考。

（2）概念介绍（概念生成）

教师对原理进行介绍，对概念进行概括归纳，要求学生提出个人见解并建构自我解释，然后通过给予鼓励和指导，使学生对新概念的认知形成新的平衡。

（3）概念运用（概念拓展）

师生合作探讨设计与教学目标相关的活动情境，使学生将上一阶段学到的新概念直接运用到新情境中，并要求学生进行观察和思考。

2.SE 模式

1988 年，Bybe 基于对 Karplus 的学习循环模式的后续研究，并结合建构主义观，提出了 SE 模式，共分为以下五个阶段。

（1）参与

学生参与到学习任务中，此中的活动（脑力劳动和体力劳动）将学生过去的经验与将要发生的活动联系在一起。

（2）探究

让学生增加一般的具体经验，使之继续建立概念与技能。学生在上一阶段的基础上，识别变量和提出质疑。

(3)解释

教师运用与学习经验有关的科学概念,先让学生描述概念,再结合教学技术手段,直接引入对科学概念的解释。

(4)详细阐述

学生通过多种学习方式,如合作学习、信息搜集和探究讨论等,对科学概念进行应用、扩展或加工,以澄清错误观念。

(5)评价

教师运用正式评价和非正式评价,对学生的科学概念理解情况进行诊断。这对学生而言是新概念学习过程中进行自我评价的重要机会。

后期,Bybe 又将上述模式分为不同层次,即单一层次模式、嵌套循环模式和交织循环(同时探究两个概念时),以更好地服务于教师。此外,Anton Lawson 与 Michael Abraham 也对 Karplus 的学习循环模式进行了研究,并发展出 种新模式——EIE 模式,包括探索、生成、引入和延伸三个环节。

3.动态循环模式

1991 年,美国 Joseph S.Krajcik 在前人首尾循环教学策略研究的基础上,做出一种假设:科学概念的转变可以是一种动态循环过程。这一模式开始于个体对自我理解的阐释,其动态性体现在“认知冲突—应用—对比”三个环节不断重复中,以帮助学生对概念形成更好的理解。这一动态过程的具体步骤组成了概念转变教学的具体策略。

(1)阐释

学生描述个人的理解。

(2)认知冲突

学生通过师生间的交流,澄清原有的个人理解,通过制造学生无法利用原有概念进行解释的现象或解决的问题，使之产生认知冲突，从而重新建构自己的理解。

（3）应用

学生通过建构概念之间的关系，应用对概念的新理解。

（4）对比

学生比较新的理解和原有的理解。

4.基于模型建构的概念转变教学模式

上述模式多为国外研究者的实践，而该模式是国内为数不多的一个模式探究。“模型建构”是指学者基于斯腾豪斯对建模的理解，即在“模型选择—模型建构—模型验证—模型分析—模型展开—模型应用—模型再发展和再建构” 这一原始力量的基础上，提出模型建构的四阶段循环，即激活朴素模型—产生认知冲突—建构新模型—使用新模型，使用新模型结束后会再回到激活朴素模型进行循环。学者基于上述对模型的一般研究，推演到以下四种概念转变中的教学循环模式。

（1）聚焦朴素模型中的错误概念

学生进入课堂时，头脑中有着朴素的但是错误的物理模型，这些错误模型具有很强的隐蔽性，教师需要采用多种方法去发现和诊断学生的错误概念。方法包括问卷调查法、访谈法和档案记录法等，甚至可借助信息技术手段建立数据库，邀请专家共同分析。

（2）引发学生的认知冲突

教师通过制造一些情境，引发学生的认知冲突，使之无法使用原有概念解释新现象或解决新问题。制造认知冲突的方法一般分为两种：第一，直接引发认知冲突。首先，呈现学生的错误概念；其次，直接指出错误之处；最后，呈现正确的科学概念。第二，通过学生在活动参与或与他人对话中产生观点碰撞，从而引发认知冲突，使之真正意识到已有概念失去作用。

(3)通过类比创建新模型

教师提供类比,并鼓励学生重新建构概念。提供类比的过程分为四个步骤:第一步,创设靶例,即选择大多数学生存在的错误观念——前科学概念;第二步,创设锚例,让学生在情境中举具体体会锚这一概念;第三步,建立类比;第四步,提供"架桥",即当教师无法提供类比物或学生无法理解类比物时,教师给学生提供一种在原有概念和新概念之间起中介作用的心理工具,称为"概念化"的中介物。

(4)使用新模型进行推理

首先,学生对自己建构的新模型进行反思,能够接受它可能是错误的或不完善的可能性;其次,学生能够识别和辩驳那些否认和推翻模型的事实证据;最后,教师可以通过组织学生集中探究课题的方式,提高新模型的推理能力。

在概念转变教学模式的发展过程中,虽然衍生出了很多新模式,但几乎都是从Karplus的学习循环模式生发出来的后续研究,即在第一代学习循环模式的基础上不断进行实践和完善。这些模式大都重视并基于学生的认知水平,强调教师在教学过程中要关注学生已有的知识经验,尤其需要弄清学生的前概念。此外,大多都遵循Posner最初提出概念转变模型中概念转变发生的四个条件,即制造学生对已有概念不满的认知冲突,鼓励学生结合个人经验,并利用多种学习方式,形成新的科学概念。同时,大多都希望教师能够指导学生在学习新概念的基础上进行应用和拓展,在解释具体现象和解决具体问题的过程中巩固新概念。

第二节　高中物理概念转变教学策略

一、了解学生前概念:诊断认知结构

(一)认知结构的内涵

概念转变所研究的学生的前概念整体构成了学生学习新概念的前认知结构。这种认知结构直接影响学生前概念的稳定性。学生的认知结构越复杂,其已有的概念间的联系越充分,学生对前概念的解释力越信任,概念转变发生的难度就越高。因此，为了成功促使学生发生概念转变，必须先诊断学生已有的前概念组成的网络——认知结构。

“结构”一词的词源是拉丁文“structura”,原意是指部分构成整体,是事物组织形态和活动方式,体现出整体性、转换性和自调性。而认知是个体获得知识和解决问题的过程,是个体进行信息加工的心理功能。有学者认为,认知结构的本质是心理活动的机制,并将认知结构定义为“认知活动的组织形态与信息加工的方式”,其中包含构成认知活动的各要素,以及各要素间相互作用的一系列过程。认知结构是学生需要在学习过程中形成的重要心理结构，教师对认知结构的研究能够帮助学生掌握某些知识点,对知识点进行组织,使这些知识点之间建立起丰富的联系,从而形成整合的、良好的知识结构,这是教育的主要目标之一。

认知结构作为一个心理系统,由三个子系统组成:①操作系统。它体现为对信息的输入、输出、加工和存储各个子系统。②动力系统。动力分为内部动力和外部动力,其中内部动力称为内驱力,外部动力称为诱因。动力系统的作用是给认知活动

主体的心理提供能量，其能量大小因学生的不同而存在较大差异，表现为心理能量充足（如坚定的信念、远大的理想、浓厚的兴趣和坚强的意志等）或心理能量失衡（如意志消沉、习得性无助、厌学、行为逃避等）。③控制系统。控制系统主要是指认知策略，即学生进行信息加工的一些方法和技术，可以对认知操作和心理动力进行组织和调整。认知策略从具象到抽象都有所涉及，包括的内容有针对具体某种任务的方法，处理抽象任务的主意、编码、存储和搜索等策略，以及对认知策略的认知，又称为“元认知策略”。

在三个子系统中，操作系统是当前教学的核心环节，教师要进行及时检测和评估。在动力系统中，教师应注意激发学生的学习兴趣，培养良好的学习习惯，磨砺坚定的意志品格，为学生的学业提供持久的动力。在控制系统中，教师要注意培养学生的认知策略，在日常的学习中关注学生认知策略的训练和渗透，强调方法的传授，而不仅仅是知识点的讲解。

（二）诊断认知结构的方法——FCI 力学概念测试卷结合概念图分析

研究者已经在理论层面上对认知结构进行了分析，并且演绎出了认知结构形成各环节中教师应扮演怎样的角色。但是，在具体操作层面，对教师教学和学生学习最关键的一点是教师如何测查和诊断学生的认知结构。这是教师帮助学生形成良好认知结构的前提和基础。目前，很多研究提出了诊断认知结构的方法，包括概念图、卡片排列和词语联想法等。相比而言，概念图是最直接、最便于使用的方法。因而，本实验就采用了 FCI 力学概念测试卷结合概念图分析的方法，对学生前概念状况和结构做分析研究。

1.FCI 力学概念测试卷

力学概念测试卷（Force Concept Inventory）是一个标准化的力学概念测试工具，主要用来测试和检验学生对物理经典力学内容的基本概念的理解情况，并以此问卷作为力学概念课堂教学情况的分析和评价工具，帮助教师认识学生的学习情况，从而做针对性教学调整，以改进物理概念的课堂教学。其最早是由美国Hestenes和Hall根据原有的MDF(Mechanics Diagnostic Test)改进调整而开发出来的，作为一份标准化的力学概念评测工具，于1992年3月发表于美国《物理教师》协会期刊网站上，后经过Ibrahim Halloun，Richard Hake和Eugene Mosca三人先后多次修订，提高了此力学概念测试卷的信度和效度，并于1995年8月定稿。完善后的测试卷主要考查学生对经典力学内容中重要概念和具有生活情境相似性的物理问题的理解和掌握情况，而且全部试题均无须任何计算，包含29道测试题，每道测试题均为单选题，并设置了A，B，C，D，E五个选项，测试者需要根据自己对物理概念的理解，分析题目提供的问题情境并做出判断，选出自己认为最正确的选项。

该问卷中的物理问题实际上都不是以复杂、烦琐和高难度为特征的，相反，整套试题用语简单直接，涉及的问题情境熟悉，每道题所涉及的物理变量都尽量少，以减少学生对题目字面意义的理解困难而导致的答题障碍。每道题除了正确选项之外的其他四个备选项都是依据学生在理解物理概念上容易形成的思维定式错误，或区别于科学概念认识的典型迷思概念等设计的。因此，应用此力学概念测试问卷能充分发现学生对经典力学内容中基本概念的忽视或理解偏差，并由此做出有效的教学修正，从而弥补学生在后续力学课程学习中会因此犯的错误。

FCI测试题基于经典力学内容概念体系中的基本概念设计，整套题囊括了运动学基础、牛顿三大定律、力的合成与分解、常见力的分类等几个基本维度。同时，每个维度又依据学生对对应概念的常见错误认识做了分类总结，分成六大类，共计30个典型错误，而每个典型错误都与学生由于日常经验和生活经历所获取的“常识性错误”紧密联系。因为这些典型错误牢牢扎根于学生的日常生活经验基础之上，所以非常具有迷惑性、顽固性，表现在学习过程中就是阻碍学生对基本概念的科学意义的理解和认识,使学生不易发生概念转变,阻碍科学物理思维和物理素养的形成。

2.概念图

概念图是19世纪70年代由学者诺瓦克根据奥苏贝尔的有意义学习理论所提出的一种教学技术和可视化工具。概念图的基本单元是概念和概念之间的联系,而概念之间通过线条联系在一起,且这些连线的上方标示着概念间的关系(一个词或简单的几句话)。因此,诺瓦克将概念图作了如下定义:节点代表概念,节点间的连线表示概念间关系的知识组织和表征工具(表征概念间的关联)。概念图具备如下三个特征:①命题。概念间连线上的“关系”被称为“命题”,也是概念图最重要的组成部分。命题陈述了两个以上概念及其关系所构成的意义。②等级结构。概念图呈现出一般概念和具体概念的按照上下排列的结构顺序。③交叉关系。不同分支的概念间存在连接关系。

概念图建构分为四步:①概念选取。根据所研究的主题,罗列出相关的所有重要概念。本课题研究以高中物理力学概念作为示例,其研究中涉及的重要概念有运动学(位移、速度、加速度、矢量及矢量运算)、相互作用(力、重力、弹力、摩擦力、受力分析、力的合成与分解)、牛顿运动定律(牛顿第一定律、牛顿第二定律、牛顿第三定律)、曲线运动(运动的合成与分解、平抛运动、抛体运动、运动轨迹)和圆周运动(线速度、角速度、向心加速度、向心力)等。②概念分类。对概念从横向和纵向两个方面进行分类,横向上按照概念与概念间关联的强弱性划分为不同的概念分支,纵向上根据每一个概念内涵的深度从上到下进行排列。③定位中心概念,并连接概念。将与主题联系最紧密的概念作为中心概念,并将其置于整个概念图的根节点,接着从根节点出发绘制每个分支的中心节点,形成概念图的下一层,并标注关联语,形成命题,以此类推,绘制完所有的节点和命题。④连接交叉概念。对存在内容交叉的概念进行连接,并标注关联语。

运用 FCI 力学概念调查问卷测试学生的力学概念理解情况，并结合概念图分析，可以清晰有效地诊断学生的概念认知结构中区别于科学概念理解的地方和错误情况(尤其是将两个本来不应该建立相关性联系的概念连接到一起,做错误的因果关联),从而更有针对性、更有效地指导教学策略选择的教学设计。

由此我们会发现，学生做出每个选择背后都表征了他对被考查概念的理解情况。若是学生选择错误选项,则该错误选项一样提供了学生做出该选项的概念认知情况信息，将凸显出学生在被考查的概念上已有的概念认知与当前科学概念认知水平之间的差异缘由。整个 FCI 调查问卷做下来,每份测试卷均能提供完成该测试卷的学生对经典力学中这些重要基本概念的掌握情况,再结合概念分析图,将为学生的前概念状况提供有效调查数据,支撑后续概念转变教学策略的选择。

表 7-1　FCI 测试卷题目选项设置意义及测试内容示例

	内容	意义
各选项及对应意义	两个形状、大小都相同的金属球,其中一个的重量是另一个的两倍，两球从二层楼顶同一高度同时落下,则两球到达地面的时间(C)	测试学生对物体状态改变的原因（牛顿第一定律)、位置变化快慢(速度)、速度变化快慢的影响因素(牛顿第二定律)及重力等多个概念的理解程度，重点考查重力和牛顿第二定律
	正确(C)重球和轻球同时落地	学生准确掌握了重力、牛顿第二定律及速度等科学概念:不同质量的物体,仅在重力作用下的加速度与质量无关,是恒定的 g 值
	(A)重球所需时间约为轻球的一半	将物体运动的速度直接等同于物体重力的影响
	(D)重球所需的时间短得多,但不一定是一半	粗略了解运动位移与加速度不等比例,但掌握得不彻底
	(B)轻球所需时间约为重球的一半	没有完全理解相关概念

二、解构迷思概念:引发认知冲突

(一)认知冲突及其类型

认知冲突思想的萌芽最早可以追溯至古希腊时期由苏格拉底提出的“产婆法”

教学思想，其通过巧妙的设问，引导学生先后对同一问题得出不同的说法或见解，让其前后矛盾凸显，从而诱发学生的认知冲突，并通过冲突的解决过程，发展学生的认知能力。进入20世纪后，皮亚杰的认知发展理论让认知冲突的思想得到了进一步发展，并系统阐述了“认知差异、认知冲突使学习者的认知能力得到发展”。

任何事物的发展都是内部矛盾和外部矛盾的辩证统一，其内部矛盾是事物发展变化的根本动力，学生的认知发展亦是如此。学生认知能力的发展过程中，内部矛盾表现为结构的变化，外部矛盾则表现为认知机能的变化，而认知结构的变化是人的认知能力发展的根本动力，决定了人的认知发展状况。皮亚杰将人的认知结构用“图式”代称，并将图式的发展变化总结归纳，分为“同化”和“顺应”两个方面。其中，同化过程使人的图式中的样本得到丰富，顺应过程则使人的图式在已有的图式无法顺利吸纳当前情境赋予的意义时发生改造和重新建构，从而促使人对环境有更多的理解。当一个人发现新的问题情境或环境刺激时，总是先试图用已有的知识经验，即原有的认知图式去理解，如果成功地从已有的认知图式中找到具有某些相似特征，从而将新的事物或情境归纳入该图式，则被认为成功发生“同化”，得到暂时的平衡；如果该认知主体发现无法从已有的图式中找到与新情境(新事物)具有相同或类似的图式，或已有图式无法良好地与新事物的特征对应起来，即无法同化新信息，则会引发认知图式的改造。研究者将后者的发生过程称为认知冲突，而认知冲突的顺利解决会促进学生对客观世界的理解发生大幅度的调整和深化，使其认知能力得到更好的发展。

本研究认为，认知冲突是个体已有的认知结构与新的问题情境之间产生矛盾，从而引发的心理不平衡。在概念学习中，当个体无法用认知结构中已有的概念来解释新的现象或解决新的问题时，认知冲突就会产生，将个体思维的平衡性打乱，走向不平衡性。认知冲突是知识学习和认知建构的主要动力之一。个体的认知冲突一旦被激发,便试图通过解决认知冲突来达到新的心理平衡状态。不同的学者对这个过程的研究因为各有出发点和侧重，或因为研究方式的区别，而以不同的名称指称,如概念冲突、认知失调、内在冲突、心理冲突、社会与认知冲突等,并对其做出不同的分类。

科沃恩认为，在科学教学实践中，学生发生认知冲突时可能符合以下四种情况:C1,给学生呈现已有的前概念(或迷思概念);C2,给学生呈现能理解的科学概念;R1,学生处于能用其前概念解释的问题情境中;R2,学生处于只能用科学概念解释的问题情境中。他根据认知冲突中参与的因素(认知结构、问题情境)以及各因素之间的关系,将认知冲突分为两大类型。

A类:认知结构与认知环境因素之间的冲突。具体表现为冲突一和冲突二两种情况:冲突一(R1-C2)指的是呈现给学生的科学概念(C2)与学生对当前情境的前概念解释(R1)之间的冲突;冲突二(C1-R2)指的是呈现给学生的前概念(C1)与学生对当前情境的科学概念解释(R2)之间的冲突。此类认知冲突主要因为学生自发而不自觉地对概念的外延过度缩小或扩大,忽略了概念的科学使用条件。

B类:冲突三(C1-C2)指的是学生已有的前概念(C1)与新学习的科学概念(C2)之间的冲突。此类认知冲突一般因为学生对过去的生活经验信任程度较高,导致前概念较顽固，而新学习的科学概念又比较抽象，无法与生活经验建立有效连接,且原有概念与科学概念之间有较大冲突、不相容。这类认知冲突被科沃恩总结为“元认知冲突”,需要引导学生清晰地意识到两者之间的异同,并改变认知方法,调节自己的元认知策略,这样才能有效解决。

杜伊特从社会建构主义的角度出发,根据冲突情境诱发因素的不同,认为认知冲突主要有三种情况：①认知冲突产生于认知主体对事物发展的预期同实际发展结果不一致时;②认知冲突产生于认知主体的观点与权威(如成人、教师或教材等)

的观点不一致时;③认知冲突发生于认知主体与同伴(比如学生之间)的观点不一致时。不同诱发因素会使冲突的发展和结果不同。根据以上分析,我们可以将认知冲突分成三类。

第一,学生原有概念与外界输入的权威观点之间的冲突。外界输入的权威观点包括教科书或其他科学书籍上的文字材料直接提供的科学概念、由教师直接陈述的观点等。因为个人经验和感受的不同,可能会与这些新的权威概念观点产生认知冲突。例如,学生在学习经典力学时,会要求理解科学规律中的牛顿第三定律对作用力与反作用关系的揭示:物体作用在另一个物体上时,一定同时受到这个物体对它的反作用力,并且这个作用力与反作用力大小相等,方向相反。但学生从生活中得到的经验告诉自己,“功夫电影”中主动发力者会击飞被攻击者,而自身无损,于是就形成前概念:行动发起者不受反作用力或者受到的力更小,被动受到击打者受到的作用力更大。这就是学生的原有概念与外界输入的权威概念之间产生的认知冲突。

第二,学生个人原有的前概念与新理解的概念之间的冲突。认知冲突还可能会因为学生对同一科学事实或实验现象不同理解或猜想而诱发,且常常表现为学生所习惯拥有的定性知觉经验描述与定量科学描述之间的矛盾冲突。例如,两个大小不同的力分别作用在物体上,物体都会被拉动。因此,学生会简单认为,如果这两个力同时作用在物体上,那么物体一定会被拉动。因为他们的生活经验显示,更多的人推车会更容易推动。但科学概念的分析却是,实际上多个力的作用效果会因为这些力之间夹角的不同而不同,其合力要用平行四边形法则求出,有可能等于这两个力的数值之和,也有可能比两者各自都大但比算术和小,还有可能比两者各自都小。

第三,学生原有概念与同伴群体概念之间的冲突。这种冲突会发生在学生的同伴群体之间,会因为学生各自经验、知识、认识角度和思维品质等的不同,而对同一问题或同一现象有不同的看法，并引发争论。例如，在学习圆周运动的方向时，学生分组讨论做高速转动脱水的洗衣机甩出的水珠的速度方向和运动轨迹。有的学生会依据自己的生活经验认为，水珠是沿转桶内壁小孔所在半径的直线飞出；有的学生则主张水珠甩出来比转桶转得慢，但是沿转桶圆周运动；还有学生会认为水珠是做离心运动，沿小孔处的切面圆切线飞出。这些观点都有各自的经验认知基础，但却各不相同。小组成员间的观点差异会引发学生原有概念与同伴群体概念之间的认知冲突。

各种不同的冲突类型因为其引发的原因、参与冲突的认知来源、所涉及的认知主体等的不同，而想要成功引发和解决的方法也不同。因此，对于不同的问题情境或涉及的认知客体，我们需要辨别清楚“偏见”的由来，这样才能有效选择对应的教学策略。

(二)引发认知冲突的影响因素

总体来看，教学活动中能否成功引发认知冲突，受到多个因素的影响。皮亚杰就在其认知冲突与发展的相关论述中提道：“只有个体有能力解决认知冲突时，才可能意识到这种冲突。”这里就提到学生对成功处理认知冲突的自我效能感对个体在教学活动中被引发认知冲突的影响。而巴拉科夫认为，引发认知冲突必须满足以下条件：第一，学生能根据不同情况进行合理的逻辑推理，并相信所得到的推论；第二，学生在问题情境展开前后所得的推论或命题是相互矛盾、对立的。这时，当学生依据自己信奉的逻辑原则在相同的问题情境下推导出矛盾的结论，或发现事情发展的结果与原有的预期不符时，就会引发冲突。此外，德莱弗斯还认为，学生的学习态度、自我责任感、对学习活动的心理准备状态、消极的自我印象、过低的自我效能感和对学习任务过高的焦虑状态等，都会对设置好的问题情境能否引发认知冲突有显著影响。比如，学生在课堂上完全不关心所进行的教学活动，对新概念、新知识漠不关心,将很难进入认知冲突状态。还有的时候,学生对正在进行的教学活动采取一种消极回避态度，这种情况大多与学生的消极自我印象或较低的自我责任感有关。

综上所述,按照因素与学生、教师、教学环境这三者间的关系,可以大致分为三类:第一,学生自身的内在因素,如学生的学习动机、原有知识经验、个人的认识论信念、元认知策略、个体的价值观、学习态度及个体的思维能力等,甚至学生自身的生理状况在有些时候都会影响其在教学活动中的注意力准备情况，从而影响认知冲突的发生与否;第二,教学活动组织者(教师)的相关因素,如教师的学科知识、教师的教学态度、教师自身的认识论信念、教学活动的设计和组织策略、教师的经验等;第三,教学活动的环境因素,如教师与学生个体关系、教师与学生群体关系(或教学气氛)、学生间的同伴关系以及活动场所的物理环境因素(如噪音、光照、空间距离)等。

(三)引发认知冲突的策略

由前面对认知冲突的分类可知,不同类型的认知冲突涉及的认知主体、认知客体不同,引发冲突的策略也就不同,下面我们来分类讨论。

第一种类型的认知冲突是学生原有概念与权威概念之间的冲突，在本研究中主要指学生的前概念与教师或教材提供的概念或观点之间的冲突。因此,其引发策略是,教师或教学活动采用的教材提供的概念陈述与学生原有概念不同,而且差异明显,造成学生对原有概念(或新概念)产生怀疑,从而诱发认知冲突。所以,当教师发现学生原有概念有比较明显的错误(如概念外延过大或过小,将错误的事物特征当作概念内涵等情况)时,教师可以先直接提供科学概念,并引导学生进行概念文本的理解,从而诱发认知冲突。例如,针对上述讨论的相互作用力的大小关系,为了引发此类认知冲突,教师可以先提问引发学生思考,在学生产生自己的观点后抛出科学的观点。学生的观点大多都会与科学观点不同，甚至是完全相反。这种差异会引发学生的怀疑和思考，从而引发第一类认知冲突。

第二种认知冲突是个体自身的新、旧认知结构之间的冲突，是学生对新的问题情境的重新观察和思考，常发生在有实验现象的情境中。因此，这类认知冲突的引发策略为，重现问题情境，引导学生对习惯性认知发生的情境重新进行再观察、再思考。有效引发此种认知冲突的前提条件是，其问题情境能够直观再现，并吸引学生仔细观察、认真思考，产生与原有习惯性认知不同的新的认识或结论。为了让学生集中注意力观察现象，一般需要采用现场演示实验现象明显、易于观察的演示实验或投影适宜的视频材料等这类直观呈现方式。但要注意，应选择容易观察到现象的演示实验或视频材料。若是演示实验，则该实验的操作步骤应该简洁明了，实验仪器尽量少，避免学生被繁杂步骤或其他无关因素干扰，导致注意力转移。同时，最好采用问题导向的活动设计，事先引导学生做出猜想或提出问题，边观察边思考，这样才能使学生在观察问题情境过程中产生新的结论。最后，通过发问、引导学生陈述实验前后自己的不同猜想（或理解、解释）等方式，诱使学生认识到自己得到的不同结论，产生认知冲突。例如，在力学内容中的“超重与失重”这对概念理解中，可以设计一个演示实验：将一个瓶身上钻有小孔的矿泉水瓶灌满清水，实验前提问，让学生猜想将该水瓶竖直向上抛出，离手前和离手后、向上飞和下落过程中瓶身小孔处的水柱存在与否，以及出水急缓的可能情况。当学生产生自己的猜想后，提醒学生认真观察实验现象，并轻轻抛出水瓶。然后，让学生说出观察到的现象和其在实验前的猜想，对比两者的不同，并尝试做出解释。最后，引导学生做出“小孔出水的原因是重力的影响，抛出后不出水的原因是水瓶处于完全失重状态，水与瓶身之间不再有挤压作用”的理论总结。当然，还可以在此基础上提出以下猜想：抛出水瓶过程中离手前加速的快慢与小孔出水的急缓之间的关联猜想，并做出理论解释。这个过程就有效地利用了第二种认知冲突的引发策略。

第三种认知冲突是学生与同伴之间的概念冲突。学生各自的生活经验、成长经历等的不同会影响学生形成的认知能力、思维水平和习惯性思考方式等,从而使其对同一事物或描述同一事物的文字产生不同的理解。这种认知冲突适用于消除学生对某事物的前概念持有“个性化偏见”的情况。因此,冲突引发策略为,可以请持有不同观点的学生清楚地说出各自的观点以及该观点的科学原理,并请说明反驳他人观点的原因,最好配合举例说明等;也可以采用“辩论”“讨论”“小组讨论合作”等方式,完成群体成员间观念的冲突碰撞和比较分析。其引发条件是:学生对同一现象具有不同理解和认知,同时该概念的科学解释不能过于抽象,最好能配上恰当的演示实验或材料,给学生提供“摆事实、讲道理”的素材。例如,对于上面所述关于物体离心运动的速度方向和运动轨迹的讨论,可以采用“抛出问题—分组讨论—相互辨析”的分组讨论策略来引发学生群体成员间的前概念观点间的碰撞,且各自都有自己的“事实经验”根据,各有各的道理。通过讨论辨析,引发认知冲突,继而引发深入思考。

由于各类认知冲突的引发条件不同,其适用的条件和概念情况也有所差别,所以教师在实际教学活动设计过程中,要根据学生情况和将要学习的新概念的特征酌情选择,以便有效引发学生的认知冲突,完成后续的概念转变。

三、完成概念转变:解决认知冲突

(一)解决认知冲突的影响因素

笔者发现,在认知冲突策略与概念转变的研究中,人们总结了当个人面对与个人已有认知相冲突的异常现象时,其表现出来的反应主要有以下六种类型:①忽视区别于已有认知的异常现象;②对该异常现象产生排斥,拒绝承认该异常现象的合理性;③对该异常现象予以暂时搁置处理;④个体推翻刚遇到该异常现象时给出的与原有认知相冲突的解释，而重新用已有的认知经验或前概念对新现象进行解释；⑤初步接受造成冲突的异常现象，并对原有认知或前概念做出粗略改造；⑥彻底接受相冲突的异常现象，对原有概念认知做出完全重构。这六种反应类型具有的特征如表 7-2 所示。

表 7-2　学生面对反例时的七种反应类型

反应类型	反应的特征		
	个体是否接受此数据	个体是否提供解释	个体是否改变原有的理论
忽略	否	否	否
拒绝或排斥	否	是	否
暂时搁置	是	暂时没有	否
推翻冲突解释，扩大原有理论解释范围	是	是	否
原有概念粗略改造	是	是	是，部分改变
原有概念彻底重构	是	是	是，全部改变

特利·J.琼斯认为，学生有时候面对违反了自己已有的认知经验或概念理论的冲突状况时，之所以会采取消极对待，如忽略、暂时搁置、排斥甚至是拒绝承认该现象的合理性，大多是因为其缺乏对该新的现象去认知了解的动机。这种状况一般是由于该认知主体认为这些“例外”不值得自己投入更多的资源（如时间或注意力等）做出额外的努力。

库恩也曾指出，一个科学理论能够被称作好理论并被承认，至少要具有以下四个特征：①这个理论是正确的，能成功解释原有概念解释的现象和客观事实；②这个理论的适用范畴要更广，能解释更大范畴内的新数据；③新理论要简单易懂，能被理解并转换成有序的思维程序；④新理论在适用于反例时是有效的，其正确性能在反例适用时得到验证。

凯恩和布鲁尔认为，造成学生对反例等引起与原有认知经验、迷思概念发生认知冲突的新事物、新概念产生不同反应的因素主要有四类：①学生原有的认知经验特征；②新理论或新概念的特征；③反例的特征；④学生对新反例的评价处理方法或策略。

若个体的原有迷思概念顽固性较高，则其在遇到与迷思概念相冲突的反例时，将会直接做出忽略、拒绝或排斥等反应，或是重新用原有概念来解释反例，以将其纳入原有概念范畴，避免新反例对原有认知结构的冲击。好一点的情况可能会暂时搁置新遇到的反例，但这样也仍难以诱使认知主体产生概念转变。除非原有概念或理论的错误明显，并且新理论、新概念的可理解性、合理性和可用性都较高，同时个体能熟练对反例做出深入分析，并发现新理论的适用度更高，否则反例引起的反应很多时候较难形成概念转变的结果。例如，相比学生或普通学习者，某领域的专家（如科学家）一般不会放弃一个原有的理论，除非有一个更加合理、根据有解释力、与事实现象更加契合的新理论适用。影响认知冲突有效解决的相关因素如表 7–3 所示。

表 7–3　影响认知冲突有效解决的相关因素

所属类别	具体因素
学生相关	前知识经验（或前概念） 认知动机和学习兴趣 逻辑思维能力（推理、判断、归纳和总结等） 对待学习的价值观和态度 学习策略 有关学习主题的认识论基础
学习活动背景相关	学生群体（同伴）作用 师生互动及师生关系 活动场景等外在因素（光照、器材布置等）
教师相关	教师的心理状态（教学动机、兴趣等） 教师的教育教学经验 与学习和教学相关的认识论基础 对学习和教学活动的价值观和态度 教学策略

除了上述这些与学生本身及原有概念、认知结构相关的因素外，在教学活动中影响学生有效解决认知冲突，从而发生概念转变的因素还有教师的特征、反例的特征以及教学活动的相关特征。因此，为了在引发学生的认知冲突后，能够更好地引导其顺利发生概念转变，从原有认知结构和迷思概念中走出，教师需要充分考虑这些影响因素，更清晰地了解学生的个人特征和原有迷思概念特征，选择适宜的反例，这样才能在后续教学过程中较好地完成概念转变。

（二）解决认知冲突的教学策略

基于凯恩等对学生面对与已有的迷思概念相冲突的反例的反应及影响因素的分析，我们可以发现，若要促进学生积极应对反例引起的认知冲突，顺利实现概念转变，可以从以下四个方面着手。

第一，改变学生的原有知识、前概念。学生原有的知识经验和形成的前概念是新概念建构的基础，但很多时候也同时是更科学的新概念形成的妨碍。为了发挥原有知识中的积极因素，减少消极影响，教师在进行教学设计时，可以采取的策略有：削弱学生原有迷思概念的基础（对已有的知识经验的迷信），帮助学生建构合适的本体论类别，培养学生合适的认识论信念；帮助学生增加更多有关新概念建构所需的背景知识，丰富学生原有的知识经验。

第二，为学生引进新的概念和理论，让学生在对原有概念产生不满后能够“转移注意力”，到新的科学理论和概念上。而引进新的概念和理论需要注意以下三点：①引进的新概念、新理论必须更加合理；②必须确保新理论、新概念能够被学生顺利理解，只有学生理解了新概念、新理论，才能产生认同感；③必须确保新概念、新理论的有效性，要能够在后续的反例中得到验证，并解释原有概念或理论不能解释的事实和现象。

第三，列举反例或引导学生发现（提出）反例。学生原有的前概念和知识理论很多源于生活经验的粗略概括或简单思维加工，其科学性有限，很多时候主观改变了前概念的内涵和外延。此时，为了让学生发现原有概念的不足，可以通过举反例的方法，引发学生的认知冲突。不过，在举反例的过程中，教师需要注意，必须保证反例数据的客观和可信度，同时应尽量用清晰明了的文字和数据说明反例，避免模棱两可的描述。此外，可以增加反例的多样性，避免个例的偏颇和学生形成以偏概全的思维印象。

第四，引导学生形成更加科学的案例分析策略，优化原有的认识论信念和思维方法。因而，可以引导学生对反例和原有知识经验做深加工，避免表层直观印象和个人主观因素对认知思维的干扰。在这个过程中，可以引导学生做如下工作：①注意新案例（反例）与原有概念或理论的矛盾冲突；②引导学生尝试理解新的理论和概念；③可以向学生阐述新案例与新理论之间的逻辑包容性，并可列举跟佐证多案例新概念的正确性，让学生在逻辑推理中感受新理论的强解释力。

认知冲突的解决不是只有唯一的途径。在学生学习的过程中发生认识冲突时，学生不是必然会发生概念转变的。由前面分析可知，认知冲突的顺利解决会受到多种因素的影响，而其中原有概念的特征和新概念的特征是影响认知冲突能否顺利解决的关键因素。波斯纳等人在“概念转变模型”理论中指出，学生仅仅看到原有概念与新学习到的概念之间的不一致，并不能保证其改变用新概念替换原有概念，或改变原有概念。发生概念转变必须满足四个条件：①学生对原有概念产生怀疑或不满；②学生理解了新概念；③学生发现新概念是合理的；④学生发现新概念是有效的。这里就言明了在认知冲突的顺利解决过程中，学生必须依次产生上述的四个认识才能完成概念转变。在认知冲突形成后，学生需要确信冲突的原因是，自己原有的知识经验或概念系统是有瑕疵的，与“真实的世界”是存在不同的，对原有概念产生不满，而不是怀疑引发冲突的现象的真实性和合理性。只有在此基础上，引导学生做进一步的建构活动，才能顺利帮助学生建立起新的、更合理的、更科学的概念系统，形成更科学的认知体系。

由此我们会发现，引发认知冲突的教学策略与解决认知冲突的教学策略这两者间存在着明显的不同。前者侧重于引导学生发现原有概念的不足，而后者强调要引导学生充分理解新概念、新理论，使他们顺利完成对前概念的改组和改造，建构起新的具有更精确、更强解释力的科学概念，从而完成概念转变。

（三）概念教学案例

1.学习内容分析

学习内容是人民教育出版社初中三年级上学期物理第十二章“运动和力”的第四节“力”。从教材内容来看，本节课主要介绍了力的概念、力的作用效果、力的三要素、力的示意图和力的相互作用。在学生有模糊的力的概念的基础上进行深一步的学习，通过观察和学习，能找出力的三要素，从而对力有深入的了解。从教材的编排来看，它遵循从生活走向物理的理念，从大量的生活实例中认识力的作用效果，从效果中感知力，最后达到会分析物体力的情况，并且能用力的示意图来表示。

2.学情分析

当前，学生对力既“熟悉”又“陌生”。其中的“熟悉”是指学生在学习本章之前已经有大量关于力的“前概念”和常识，而且生活中也有大量与力相关的词语，似乎对力是很“熟悉”的。而“陌生”则强调力是一个基本的物理概念，有特定的内涵和科学的界定，有丰富的物理内容。这方面对学生来说又是陌生的，而且也缺乏对力的相互性的认识。所以，教学从“熟悉”入手，充分关注和利用学生的经验，让学生不断观察、实验、分析与归纳，经历一些科学探究的过程，感悟一些科学方法，把学生引进科学的力世界，把“陌生”变为科学意义的“熟悉”。

3.教学设计思路

(1)充分体现"从生活到物理,从物理到社会"的教学理念

"力"这节课的教学内容与日常生活联系紧密,学生体验非常丰富,所以在教学过程中,教师要将生活和自然界中的一些与力有关的物理现象联系起来,让学生进一步感受物理就在我们的身边,物理不仅有趣,而且非常有用,从而激发学生的求知欲望,培养学生的学习兴趣。

(2)注重科学探究,注意教学方式的多样化

科学探究既是学生的学习目标,又是重要的教学方式之一。本节课通过探究力的作用效果,体验力的作用的相互性,培养学生善于观察的良好习惯,以及发现问题和处理信息的能力,体验科学探究的乐趣,领悟科学探究的思想和精神,为学生的终身学习奠定基础。在教学过程中,可以通过多媒体技术,优化课堂教学,提高教学效率。

(3)通过实验培养学生对科学的兴趣和热爱

兴趣是开启智慧大门的钥匙。只有学生对物理有了兴趣,才能有学习的乐趣,进而发展到有研究物理的志向。在本节课,通过探究力的作用效果的分组实验,培养学生的动手能力,养成通过实验研究问题、思考问题的习惯,发展学生终身探索的科学兴趣。

4.教学过程

(1)课堂导入

游戏引入:在讲课之前,同学们做一个掰腕的游戏,看看谁的力气大。

提出问题:当汽车陷进泥地里,怎样才能让它继续前进呢?

(2)合作探究

①教师活动

教师让学生分小组实验,用实验桌上提供的器材,包括小车、磁铁、钢球、铁钉、

弹簧、锯条、橡皮泥、气球，对某个物体施力，看力在物体上可产生哪些效果。

②学生活动与思考

a.以上活动中谁对谁用了力？

学生能很容易地回答此问题，并由此引出力的概念和单位。

b.要有力的作用，必须得有几个物体？如果一个物体是受力物体，一个物体是施力物体，那么你认为哪个是受力物体？

学生很容易发现需要两个物体。

c.在两个物体中，其中一个物体是施力物体，另一个物体是受力物体，你能找出来吗？

让学生分组讨论进行回答。

通过讨论并总结力的作用效果以及怎么用示意图描述力，最终完成教学任务。

第八章　基于思维导图的物理有效教学

第一节　思维导图有效教学现状及理论

在竞争日趋激烈的时代,我国的应试教育以升学为目的,这种教育思想与社会发展需要相违背,也不能满足学生的全面成长需求。在这种弊端表现下,出现教师把知识"嚼碎了喂给学生"等普遍的现象,学生处于被动地位。在21世纪开启的基础教育课程改革中提出并突出"一切为学生的发展"的观点,强调教学应从"知识的传授"转为"知识的建构",并在知识建构的基础上,"有意义学习的经历"更是"有意义学习"的更进一步,将每一个有意义学习所产生的"小变化"有机结合成为一场有意义学习的经历。这既是对这种简单的知识灌输的缺点加以暴露,也是对当前的教育教学有了重新思索,对物理教育提出了更高的要求和定位。新课程改革理念下的高效课堂将教育目标从传统的知识目标扩展到三维目标,而三维目标的提出无疑对"碎片知识"教学暴露出的弊端产生了巨大冲击。三维目标能否有效落实的关键在于课堂教学,其高效的核心在于教学设计。同时,课程改革的具体目标强调要改变课程结构缺乏整合的现状。但是,碎片化"知识点"的传授模式和教学设计依然是如今教师常用的教学手段,实质说明教师仍然没有脱离课时主义,或者说单元设计的基本功匮乏。新课程改革提出的要求需要教师重新设计教学,这样才能有效落实新课程改革的理念,这无疑是对如今教师的一个严峻的挑战。

一、思维导图教学的现状

物理教育教学是一种培养人的教育,从设定目标到编定内容、设计教学过程、教育研究都需要不断地进行反思和定位。华东师范大学钟启泉教授在 2015 年的《学会"单元设计"》中提到,学校的课程开发与课堂转型必须从单元设计做起,而基于学科素养的单元设计是教师必须掌握的一项基本功。对于一线教师而言,大多数都能对教学内容进行设计,但更多的关注在于教师"教"的设计。目前来看,单元设计应成为我国教师研修的重点。由此可见,从"课时计划"到学会制订"单元设计"的转变显得尤为重要。

如今,教师需要寻找一种有效的方法。在物理教学中建构一个能够培养学生思维和提升能力的平台,成为教师非常关注和有必要解决的问题。

《基础教育课程改革纲要(试行)》中有提到关于信息技术在教学过程中的普遍应用,因而应大力推进信息技术与课程的整合,以充分发挥信息技术的优势,为学生的学习和发展提供多样的教学环境和高效的学习工具。据此,教师在教学中需要创设除了知识学习以外的、更多有利于促进学生高级思维技能发展的一系列教学活动。而思维导图融合了各个领域的成果,并得到了广泛应用,是一种可以将人脑内放射性的思考具体化到一张"地图"上的方法。思维导图在国外的教学应用和实践为我国教育教学提供了重要参考价值,值得我们研究并借鉴。

高中物理课程标准的特点在于重点对学生能力的形成和提高,其核心是培养学生的全面性和发展性思维。而思维导图在教学领域中的应用明显符合新课程改革的要求和需要。由于思维导图是对发散思维的描述,具有简便、高效的特点,所以可以将这一工具运用在备课、上课、复习等教学过程中。教师除了可以自行手绘外，还可以借助网络资源设计思维导图。比如，思维导图的绘制软件和模板等都能为思维导图的绘制实践提供帮助，以及辅助学生对多个知识点进行组合或建构，有利于教师建构教学网络，把握教学，促进教师进行关联思考，可有效帮助教师组织教学设计的相关内容。

本书正是根据以上观点，用思维导图作为工具来进行物理单元设计，并以思维导图这一工具为依托来提出对现今物理单元设计教学的优势及实质性意见，力求改正物理教师目前教学设计的缺陷，使物理教师具有一个越发清晰的物理教学思路。

二、思维导图研究现状

思维导图作为一种将思维可视化的工具，是 20 世纪 60 年代初英国记忆大师东尼·博赞通过对脑神经的实践研究成果，类似比较自然放射性的形状提出来的。其作为一种可将知识、思维可视化的辅助工具而创造出的一种笔记方法，在近年来已得到中外研究者的广泛认可。外界环境的各种信息、各类感觉、回忆和思想，以及每一个字、词、代码、色彩、线条或图像等进入人类的大脑后，都可以作为一个核心图形展现出来，而从这个核心图形可以辐射出成千上万的联想，每个联想又都有其自身无穷无尽的连接及联系。由此，利用文字、颜色、图画或代码等多样形式来表现思维的工具，使人们的关注中心汇合于中央主题上，不仅可以强化记忆，还能开发创造者的无穷联想。

（一）思维导图在教学领域中的研究

在 20 世纪 70 年代后，思维导图的内涵和结构特性引起了教育研究者的重点关注，关于在教育中运用思维导图的研究成果和应用范围日渐丰富。如今，思维导图已经是英国基础教育的必修课程。同时，在美国，很多优秀教师都将思维导图作为一种备课、上课的工具；新加坡中小学也成功引入“脑图”这一工具；日本、韩国、德国、墨西哥等国的教育教学机构也开始对思维导图与教育教学结合这一课题进行系统的摸索和研究。

在目前的教学策略研究中,思维导图作为一种教学模式,频频出现在课堂教学中。作为辅助学生学习的一种认知工具,思维导图在各国的教育教学中已经十分普及。例如,思维导图用于对知识的预习、总结复习、做笔记、知识整理、记忆、思考、交流、写文章、培养发散性思维和创造性智力等。近年来,思维导图在物理、生物、化学、地理、英语、语文阅读、计算机教学等领域得到应用,而且研究还拓展到教师的培训、新产品的设计和开发等领域,展示了其多元的运用价值。

大约在 20 世纪 90 年代,我国开始对思维导图进行研究。我国一开始是对概念图的研究有一定的成果,但思维导图是另外一个有别于概念图的新的概念思维导图,不仅作为一种教学手段或认识方式,更重要的是作为知识和工具的一种存在方式。自思维导图传入我国以来,各领域学者对其都十分关注,并成为我国教育研究的焦点。比如,我国学者王功玲第一次将思维导图的笔记方法应用于课堂教学和教师编写教案,由此开创了思维导图工具用于学生学习和教师教学的先锋。

思维导图无论是作为"图"还是作为"工具"来研究,都是因为人脑的思维和认知的具体形象的表示能够将语言和人的思维转化为可见的图形,契合"图式理论",弥补了单一语言在思维表达上的缺陷。同时,思维导图具有很高的普适性和实用性,适合于所有需要人们思考决定执行的范围内。除了在教师的培训和教师的课堂教学方面的应用外,还有知识管理和个人发展等方面的应用。

(二)思维导图在物理科学中的应用

土耳其学者 Ertug Everkli 等人讨论了关于思维导图应用在培训科学教师的教学方法的课程,总结了科学教师对思维导图与科学技术教学相结合的建议和策略。美国哥伦比亚大学学者对通过思维导图展开电磁学的内容教学,发展学生的认知结构和形成的知识体系等多方面内容。

我国研究学者陈卫真针对思维导图在高中物理综合复习中的应用进行了研究探讨,倡导以思维导图的模式来落实物理综合复习的内容,将物理复杂且抽象的内容以思维导图的方法进行具体化的呈现。景海霞教师探讨了使用思维导图来提高学生解决物理问题的能力。在她的研究中,她对高中物理新课程与新教材进行了分析,并分析了学生对高中物理知识的接受现状,以及思维导图对学生学习的影响情况,提出学习和建构思维导图是为了使学生更好地掌握一种学习方式,提高学生发现问题、分析问题并解决问题的思维品质。焦欣欣在其硕士论文中指出,物理课堂教学应该注重问题情境的创设和内在的联系,而问题前后有一定的逻辑关系,因而在传授知识和为学生解答问题的同时,要让学生感受知识的建构过程。这样看来,思维导图应用在以问题为中心的教学中,可以体现出高中物理新课程的教学理念。朱笑利教师认为,在高中物理实验教学中应用思维导图的作用很明显,并从教师和学生两方面阐述了思维导图在实验教学中应用的有效性,在很大程度地提高了实验教学的效率,全面增强了中学生的实验能力。

在运用思维导图的大量教学研究中,已有的研究大部分是运用思维导图进行文本的记忆、总结梳理和做笔记等方面,较少涉及促进教师对教学的设计。关键词和关键句的捕捉虽然可以帮助理清教学内容的脉络和结构,但是对其深入在教学设计中的应用稍显不足,缺乏一定的着力点。而如何借助思维导图来帮助教师进行对教学的设计和对教学的整体把握,还有待进一步研究和实践。

三、单元设计研究现状

从教学设计的诞生到如今已经有半个世纪的历程,最早成型于美国,主要代表作有凯瑞和迪克的《系统化教学设计》、加涅的《教学设计原理》等,之后教学设计的理论经历了建构主义的指导。

当下，国内教师撰写教学设计的样式基本有两种，即流水式和填空式，造成教学知识前后联系、衔接不紧密，导致许多教师撰写教学设计的思维定式。对教学内容进行准确的分析和有机的综合是教学设计中最重要的环节。虽然课程改革已经进行了很多年，但是在“应试教育”的背景下，很多教师基本没有单元设计的概念和思想；即使极少部分有，也仅仅只是教材单元、知识单元的设计，依然有很多教师还没有将新时代的教学观念与教学设计融合。有些教师缺乏对教学流程的设计，思路不清晰，整节课知识杂乱，教师东讲西讲，学生抓不到重点，课堂效率低，甚至学生没有学习兴趣。高中的知识虽然分为必修和选修，但其知识间是有联系的。而作为教师，应考虑这之间的联系。这也是当前教学设计所未达到的，更是单元设计所追求的。

第二节　基于思维导图的单元设计理论

物理科学作为自然科学中一个重要的分支，不仅内容丰富，而且还包含着积极探索的过程，科学的态度、精神和思想，以及科学的方法。思维能力是智力的核心，物理思维是指在研究和解决物理问题的过程及学习物理的过程中，学生逐步形成和发展的能力或品质。

基于思维导图进行高中物理单元设计来进行教学，其实就是以物理课程学习为契机，以实现学生的思维发展为目的，最终实现学生整体素质发展的教学。这不但要求我们改变传统的教学观念，还需要我们有与之相宜的教学内容、教学过程、教学策略等方面的课堂，甚至是以“模块”为单元的教学安排。

一、思维导图的设计运用

根据前面对思维导图的分析可知，思维导图作为提升记忆和创新思维的图形笔记方法，能够有助于大脑进行全面思考。其思维模式具有以下特点：①发散性思维——联想开花，即思维的广度；②收敛性思维——分类整合，即思维的力度；③纵深性思维——联想接龙，即思维的深度；④还具备全局性思维的特点，即思维的高度。根据思维导图的定义和其相关特征，笔者将从思维导图绘制的特点、规则及设计原则等方面，说明思维导图运用于教学设计的方法。

（一）思维导图的绘制方法

思维导图就是在一张纸上组织所有的信息成一个"树"状的结构，这正是大脑思维的方式。通过刺激人类的左、右脑，人们在思考、记忆、分析时充分挖掘潜力，刺激灵感和想象力。"纸+笔"的手段可以绘制思维导图，是比较普及的一种方式。随着信息技术的发展，多媒体运用在各种领域中，计算机以操作快捷、图像形式多样和容量大的特点显示了其优势，在实际应用中根据需要进行选择，在许多方面取代了"纸+笔"的方式。在本次研究中，笔者采用计算机绘图，使用 Xmind 思维导图软件进行有关绘制。

思维导图的作图规则：①位于最高的主题（核心主题）要以最显眼的图形体现，即中央图形。②一个分主题一个大分支。思维导图以大分支为主题的形式展示，有多少主要的子主题就有多少大分支。③具有不同颜色的每个分支，允许使用者一目了然地了解与信息相关的不同主题。④运用代码。小插图和代码的使用可以强化每一个关键字词的记忆。⑤箭头连接。各主题之间信息相关联的地方可以将其用箭头连接起来，这样就可以很直观地了解信息或主题之间的联系。⑥关键词写在线条的上方，代表着信息的重点内容。⑦线长等于词长。

(二)思维导图的设计原则

在思维导图设计的研究过程中,对思维导图的应用开始逐渐明晰。就笔者个人理解,思维导图应是表达发散性思维的有效图形思维工具,且这种发散是由中心向四周的发散。根据思维导图的特点和其绘制的规则,笔者认为对思维导图的设计必须依据以下三点原则。

1.科学性

思维导图的设计要符合认知规律和思维逻辑。思维导图的设计意义在于引导学生的思维活动。因此,思维导图本身必须经得起推敲,符合学生的认知规律和思维逻辑,从而保证他们借此可实现顺利的认知和有意义的学习。而科学性原则是旧知引新知、简单到复杂、浅显直白到思维深入。

2.简洁表达性

思维导图的设计要能够系统地建构教学知识内容框架。思维导图在某种程度上就是知识体系的缩影,所以其语言需要言简意赅,并且能体现一个“导”字,即所给的语言虽简洁但却是精要所在,能浓缩地表达信息。对于内容信息,无须求全,只要能起到提示的作用即可。

3.开放性

思维导图必须留有思维发展的空间, 因为巧妙的留白能提供教师和学生的思考,而不是平铺直叙地给出全部要讲授的知识要点。思维导图除了要巧妙留白外,还要能促进学生的思维发展, 从不用的角度启发学生深入思考和培养学生的发散性思维。而这就要求教师在设计的时候,对教学内容进行深度的思考。

二、单元设计内容选择

《高中物理课程标准》给出了具体的物理教学知识框架,并将“方法”作为物理学习三维目标的内容之一,但是未明确指出在哪些章节具体讲授哪些科学方法,以及对应各种科学方法学生应掌握到怎样的程度。

(一)内容选择的背景

科学日新月异,知识量如爆炸一般迅速增长。在这样的知识海洋里学习,如果仅仅是为了获取知识,那么将会事倍功半。学习更为关键的一点是掌握各种知识之间的联系,并且了解这些联系背后的规律,即科学方法,以“一通百通”的姿态来面对浩瀚的知识世界。因此,物理教学的根本目标应该并不仅限于让学生学会物理知识,更重要的是要懂得科学方法。只有掌握了科学方法,学生在深入学习物理的过程中才能更快、更准确地理解科学规律,而不是“只见树木,不见森林”似的学习。

国外很早就开始重视对学生进行科学方法的教育,并将科学方法的教学作为物理学科或科学学科课程的基本目标之一写入课程标准。美国早在 1995 年正式颁布《国家科学教育标准》,强调科学教育教学中使用的新方法必须体现科学本身的实际方法,强调用科学探究作为获取知识的手段,认识世界。1999 年,欧洲物理学会宣读了《2000 年后:未来的科学教育》的报告,提出了一些为青少年设置的新科学课程的推荐性意见,其中包括:“科学课程应为学生提供科学的思想方法、科学的认识。在科学史的发展过程中,人们正在利用这些思想和方法获得关于自然世界的知识。”

在我国高中物理新课程改革中,明确提出方法的教育应与科学知识的教育是等同重要的地位,科学方法与科学知识成为课程同样重要的部分。科学方法既是物理课程的内容,又是习得科学知识的途径和方式;既是理解科学知识的程序和背景,又是科学知识应用的连接。科学方法支配着知识的获得和应用。从知识结构形成的角度来看,科学方法交叉贯穿在整个知识领域,将不同的知识联系起来形成知识结构;从认知结构形成的角度来看,科学方法的参与应用能使学生已经习得的科学知识转化为学生的认知结构。

（二）内容选择的依据

物理科学方法的教育是物理教育研究中一个永久的研究课题。其中，物理科学方法教育内容的确定的重要前提，是能够对科学方法进行正确分类。科学方法的分类与心理学中的强认知方法和弱认知方法的分类相一致，一般可将其分为物理的方法和思维的方法，从而以《高中物理课程标准》为本，将高中物理教学内容中的科学方法显性化，确定科学方法的教育内容。

在《高中物理课程标准》中，“过程与方法”的课程目标描述中并没有发现相关科学方法的教育内容表述，即使有提到科学方法的话语，但其中并未告诉科学探究的方法具体是什么，这种有关科学方法的表达处处皆是。这样，就有可能使长期以来我国的物理教材和教师教学中一直对物理知识的教学直接表达和传授出来，而对科学方法的教学则表达不明确。所以，教师在科学方法的教育中，就更多地采用隐性方式，即不提出和揭示其内涵和过程。而这样的情况会出现一些弊端，即教学目标不明确、教学内容不确定、教学效果不显著。由于隐性教育无法使学生有意识地学习科学方法，无法让学生理性地以科学方法为指导来加深对知识的应用，所以容易导致虚化“过程与方法”目标维度，使得科学方法教育的效果不理想。

根据笔者在前面所述单元设计的界定和特点，基于科学方法教育的特殊性与思维性，将其作为一个“单元”进行设计教学，并用思维导图工具体现科学方法在高中物理学科中的思维发展过程，不仅与“单元”设计的要求相契合，而且能够保证科学方法教学的系统性和一致性，达到对学生进行有效科学方法教育的目的，从而使其对物理学科有很好的掌握。

那么，如何将科学思维方法从简单的相应的物理知识中提炼出来呢？通过科学知识与科学方法的相互“对应”原则，笔者事先将高中物理课程内容中体现的科学方法显化后，选择常见的几种科学方法作为本单元的主要教学内容，力求在物理教学中进行科学方法显性教育，其效果明显。

三、单元设计案例

（一）“高中物理科学方法”的单元设计

1.内容概述

众所周知，科学方法是能力的核心，是对能力起决定性作用的因素。而高中物理是一门揭示物理现象、研究物体运动一般规律的学科，物理问题的解决与物理科学方法的正确运用有着密切的关系。在近年来的高考中，其主要命题是坚持能力测试命题为指导思想。其实，提高学生分析问题、解决问题的能力应该贯穿在整个高中物理教学的始终。能力是活化的知识，即“能力=知识+方法”的灵活运用。学生需要的不只是知识的掌握，即如何运用知识、如何解决问题，还必须掌握物理科学方法的灵活运用。基于高中物理科学方法的重要性，本单元将以常见的高中物理科学方法为内容来指导教学。

2.学生分析

高中学生的全面思维发展比较迅速。此时的学生开始形成批判的逻辑思维，创造性思维实现快速发展，尤其是他们的思维在高中二年级开始趋向稳定和成熟，形成形象思维和抽象思维。但由于高中物理学科的特殊性，物理思维方法常常隐含在解决问题的过程中，学生对物理知识学习和解题的思维方法并没有一个清晰、完整的理解，导致学生选择解题的方法不恰当，把简单问题复杂化，应对问题分析和解决的能力不足。同时，在高中阶段，不同年龄的学生认知发展水平不同，心理素质发展水平不一。所以，在对高中物理思维方法的教学中，应制订具有阶段性、各有侧重的物理科学方法教育体系。

3.教学目标

物理科学方法的教育是一个循序渐进的过程，学生科学素养的培养并不是一蹴而就的。目标达成的一个好方法就是设置子目标,让学生在每一学年或每一学期都有一个清晰的目标朝向,并且设置相应的评价标准,通过及时的反馈来促进学生学习。

科学方法属于程序知识。结合新课程标准对知识技能目标的理解,本单元教学目标的设置按照安德森认知目标分类学中认知过程维度的六项靶目标进行调整,使各目标分类更加适应目前物理教育及物理科学方法教育中的要求,并提出以下四个层次的目标要求:①了解,即再认或回忆、识别、辨认事实或证据,举例描述对象的基本特征;②理解,即把握内在逻辑联系,与已知建立联系;③应用,即在新情境中运用概念和规律原则进行总结、推广,建立合理联系;④评价,即形成相应的认知结构,能在一定物理情境下做出对运用科学方法的判断。

4.教学内容

高中物理科学方法集中分布在力学、电磁学部分,并且图像法、等效法和理想模型法等方法的出现频率较高,所以这些方法应成为科学方法教育主要攻克的壁垒。

(1)图像法

图像法是一种可以将物理过程转化为物理图像,或者转变为几何关系,借用数学语言来解决一些复杂问题的一种常用的科学方法。图像法具有独特的优势,其直观、形象的表达能将复杂的物理过程简单化,同时在实验中可以用于处理实验数据,减小实验误差。高中物理教学大纲中提出的关于图像法应用的要求有三点,即会看图、会画图、会用图,其中再细分为如何认识图像、如何理解图像、如何运用图像等。所以,随着对图像法认识的加深,对图像法应用的要求也逐渐加深,最终达成的目标是能够熟练、广泛地运用图像法。

高中知识应用过程中,常用的图像法主要可以分为三类:函数关系图像、矢量关系图像、几何关系图像。例如,在运动学中学习 $x-t$ 图和 $v-t$ 图,可以用来解决求位移、加速度、追击与相遇等问题；运用几何关系图，可以解决平抛运动和圆周运动中出现的一些问题；电路中伏安特性问题和含电容器电路中用 U–I 图、Q–U 图，能够方便判断物理量的变化等。比如，在“电源内阻、电动势的测量”这一实验中，对实验数据的处理方法就可以用到图像法；在电磁学部分，对磁感应强度的分析、法拉第电磁感应定律的运用和交流电的学习就涉及 B–T 图、U–t 图、I–t 图；在电场强度和带电粒子在场中的运动分析中，也会用到物理量的矢量关系图和几何关系图来方便我们解决问题；学习气体实验定律和气体状态方程时，有 p–v 图、v–T 图、p–T 图的应用；在机械振动与机械波的学习中，关于振动波动图像有 y–x 图和 x–t 图；在动力学中涉及矢量关系图，可以用来解决物体的受力分析和运动的合成与分解等，在牛顿运动定律中运用广泛，如在解决三力平衡的问题时，受力平衡下的物体三个力矢量间的关系通过矢量三角形反映出来，再借助数学几何关系，就可以简便地解决这类问题。

在对知识应用过程中的图像法进行整理后，可以利用思维导图将其进行联系和整合，使这一过程不仅在创造者的头脑中再现，而且能够清楚地展示思维的过程，为别人提供一定的思考思路。当然，图像法的应用很广阔，不局限于上述所提出的，还有很多有待琢磨和探索，可再对导图进行补充。

(2)等效法

等效法是在物理意义效果相同的基础上，将复杂的实际问题简单化为理想问题来进行等效研究。运用等效法解决问题的优势主要是，通过效果或过程等效来替代转化思维研究对象，从而降低思维难度。简而言之，就是简化解法。在教学中实施等效法教学的关键在于，让学生清楚使用这个方法的操作方式、等效的原因及应用的效果。也就是说，学生不仅要能熟练地应用等效法，还要知道等效的对象、为何等效以及如何去简化等，从而确定等效法的教学效果。

等效法主要有作用效果的等效和物理过程的等效。比如,力的合成与分解、运动的合成与分解、功能关系,以及电磁学中叠加原理、复合场、电路的简化、通电螺线管等效为条形磁铁、环形电流等效为小磁针等,都属于作用效果的等效,从而转化研究对象,进行简便分析;在平均速度和平均加速度的知识教学中,通过变速运动转化为匀速运动过程的等效,来解决平均速度和平均加速度的学习,同时交变电流有效值其实也是过程的等效。

在对知识的梳理中,从建立概念、描述规律和推导分析三个方面来显化等效方法的运用。质点概念的建立是一个有质量的点的理想化,其作用是为了等效替代研究对象,使分析过程简便化;重心的建立是重力作用集中于一点,属于作用等效。热功当量表述了不同能量之间可以相互转换,而且存在严格的数量关系。在系统内能发生同样的变化中,可以通过做功或热量的传递来完成,两者之间只是在作用于系统这一效果上是等效的。相对性原理在狭义范围内是指惯性系等效,在广义上将是任何系等效。在曲线运动、第一宇宙速度和电阻定律等的推导和分析中,也是利用了等效法。

在对知识应用过程中的等效法进行整理后, 可以利用思维导图将其进行联系和整合。当然,等效法的应用并不局限于上述所提出的,还有很多有待琢磨和探索,可再对导图进行补充。

(3)理想模型法

物理模型是物理学知识结构的基本单元, 而理想化方法是科学抽象的一种重要形式。我们的学习就是通过建立和使用科学模型来描述、解释、揭示物理现象和规律。物理模型是我们为了从事研究而建立的、对物理原型高度抽象理想化的思维对象。运用理想化模型,要求忽略次要因素,集中突出主要因素的指导地位,对研究对象的特征进行理想化,使研究者能专注于需要研究的客体。在高中物理教学中,对理想模型法的教学目标是最终要让学生达成熟练应用，并能够总结其原理，推广到其他方面进行拓展应用。

理想模型法的应用步骤分为三个步骤：第一，创建模型，对物理概念加深理解；第二，清楚模型所处环境和条件，抓住主要因素，建构过程模型，创建物理情境；第三，转换和深入理解物理模型。

通过对教材知识点的梳理，就研究对象而言，常用的物理模型有质点质心，行星模型，刚体模型，理想气体，轻绳、轻弹簧、轻杆三种模型，弹簧振子模型，理想变压器模型，点电荷，点光源等；就研究过程而言，常用的模型有匀速直线运动、匀变速直线运动、抛体运动、圆周运动、简谐运动，还有弹性碰撞模型、追碰模型、人船模型、原子结构模型，以及很典型的子弹打木块模型等；将研究对象的环境理想化，即对条件的理想化，常用的模型有接触表面光滑、斜面模型、均匀介质、匀强电场、匀强磁场等。

在高中物理课程中，有很多知识应用都运用了理想模型法，而梳理过后呈现的思维导图再一次对理想模型法的教学进行展现，也为他人进行教学提供了思考和补充。

(4)整体法与隔离法

物理学中存在着孤立系统和开放系统。解决物理问题需要根据具体情况，既要善于从局部着手，又要善于纵观全局。在解决物理问题的时候，经常会遇到有相互作用的两个或两个以上的物体组成比较复杂的系统，对系统内的物体逐个隔离进行分析的方法叫作隔离法，隔离法的应用步骤是“选择隔离对象—逐一分析状态变化—寻找关系—联立方程求解”；对整个系统作为一个对象进行分析的方法叫作整体法，整体法的应用步骤是“明确全过程，画示意图—寻找关系—应用相应的物理规律”。在实际应用中，这两种方法往往同时或交替使用。

整体法的优势在于能够避开复杂的内部关系,简洁地展现物理量的本质关系;隔离法的优势在于能够清楚各个物体的状态及关系,如使用牛顿第二定律。整体法和隔离法在高中物理教学中要求学生达成的目标是能够总结推广和应用。

高中教材中常用这种解题思想方法的情况有以下几类:物体的运动情况分析(速度、加速度、位移等运动学量的分析)、物体的受力分析(多个物体组成的系统)、牛顿运动定律(连接体问题等)、动能定理、机械能守恒定律、能量的转化和守恒、碰撞问题中的动量守恒、电磁学中与运动和受力分析有关的问题、热学中的封闭气体问题等。

整体法和隔离法的教学情境大致可以分为上述几种类型的问题。当然,在高中物理学习内容中,不止这些运用到整体法和隔离法,与这种科学方法相关的教学也有待补充。

(5)极限与极值法

有些物理问题的分析过程比较复杂,但这个较为复杂的物理过程在另一个更大的全过程的范围之内,那么如果将这个复杂的全过程分解为几个小的过程且其单一变化,选取全过程的两个端点和其中的奇变点来进行分析的结果必然包含我们需要讨论的物理过程,使解决变得简单、直观,这就是极限思维法。根据其内涵我们可以知道,极限思维法只能在选定区间内要研究的物理量变化是连续单调的情况下运用。在极限思维中,推向最大、最小、某一临界等极值的问题,就是要在一定条件下求最佳的结果所要满足的条件,而这就需要综合运用数学和物理知识,并要根据实际情况去判断条件的取舍。

在高中阶段,要求学生对极限与极值法的掌握能够达到总结推广的层次。详细来说,就是要学生会判断物理量的大小变化、分析物理量的方向和定性检验。

高中物理课程中常用极限与极值法的科学方法有以下情况:理想斜面实验(伽

利略将第二个斜面外推至极端,使之与水平面的夹角减小到零,由此推出结论,即$v=\frac{\Delta x}{\Delta t}$中当$\Delta t\to 0$时$v$是瞬时速度,$a=\frac{\Delta v}{\Delta t}$中当$\Delta t\to 0$时$a$是加速度)、静力学问题转化为动力学问题、匀速运动转化为变速运动、用$v-t$图像推导位移公式、电源的最大输出功率和用电器的最大功率、带电粒子在有界的磁场中运动的极值问题、折射问题转化为全反射问题、未饱和汽转化为饱和汽、热力学温度的零度确定等。

在对知识应用过程中的极限与极值法进行显化整理后，可以利用思维导图将其进行联系和整合,使这一个过程不仅在创造者的头脑中再现,而且能够清楚地展示思维的过程,也为别人提供一定的思考空间。当然,极限思维和极值法的应用不止上述所提出的,还有很多有待探索和整理之后可对其行补充。

5.教学评价

物理科学方法单元的教学评价应立足于整体原则，即对组成教学活动的各方面从不同角度做出全方位的评价,不可片面评价或是一概而论。由于教学系统的复杂性和教学任务的多样性,且物理科学方法单元设计本身的特殊性和整体性,使教学质量会从不同角度反映,是一个由多因素组成的综合体。因此,为了反映实际的教学效果,必须定量评价和定性评价相结合,使其互相参照,以全面、准确地评估教师教学和学生学习的质量,但同时要把握主次,抓住主要矛盾。另外,高中物理科学方法贯穿在整个高中课程的学习中,是一个完整的体系,与科学知识相辅相成,并且对学生以后的学习和思维产生一定的影响。所以,在对本单元每项内容的教授过程中和教学后的评价需注重发展性的原则,而且对本单元的教学评价应分为三种,即教前、教中和教后。

(1)诊断性评价

高中学生的思维已经从直觉思维转变为辩证的逻辑思维，但是仍可能有部分学生的思维逻辑性较差，或者说参差不齐。所以，在新学习一个科学方法时，要注意确定学生的准备程度，以及学生的“最近发展区”。同时，在对一个科学方法进行复习或专题学习时(一般在高中三年级总复习阶段)，教师需要对学生进行一个鉴定，以便采取相应的措施，使教学计划顺利、有效地实施。

(2)形成性评价

在教学过程中，为了保证最终教学目标的实现，往往测试学生学习的情况或进度来调节和完善教学活动。单元设计的目标追求的是最终要实现学生的思维完整发展，使教学任务具有良好的衔接性。在以单元设计为指挥棒来指导教学时，教师要根据实际教学情况进行修改和完善。而这就要通过对学生进行形成性测验，以保证每一个小目标的顺利完成。

(3)总结性评价

总结性评价是指基于预设目标，对学生达到目标程度(教学效果)的评价。单元设计以整体性和结构性对单元内容进行梳理和编排，为的是使学生的知识结构具有完整性。每一个单元结束后，要以较高的概括水平、较广的测验内容范围对学生进行总测验，注意整体考查学生掌握一门学科的程度。

6.教学反思与建议

物理科学方法教育的课堂教学设计的基本过程，是实现物理科学方法在物理教学中的教育目标。课堂教学的设计可以遵循以下程序:选择教材—分析教学内容中的科学方法因素—确定物理科学方法教育的重、难点—制订科学方法教学的达成目标—确定具体的课堂教学程序—形成性教学评价。理论研究表明，在课堂教学中体现物理科学方法的教育应做到以下四点:①根据学生的接受能力，在对物理科学方法进行渗透教学的一段时间后，适当提出有关科学方法的名词及含义；②除了常规实验中的一些方法以外，每节课可以再突出几种常用的物理科学方法；③在教学过程中,可根据实际情况采取隐式或显式的教学,但在总结时必须对物理科学方法的教学显化,明确提出这节课中涉及的物理科学方法教育的具体内容和要求,即"过程可以隐性,但结果要显性";④物理教学应该让学生亲身经历实验过程,体会实验方法,用物理方法指导实验过程,从而更好地领悟方法的内涵。

(二)高中物理科学方法的价值分析

《高中物理课程标准》解读中指出物理能力的重要性,而科学方法不仅是物理能力培养的重要组成部分,还是物理教学内容中的重要部分。科学方法是人们在认识和改变客观世界的实际活动中得出的正确的思维和行为方式。作为一种基本的研究方法,它与物理学的概念、规律等一些知识都是包含在物理学的范围之内的。科学方法有其独特的表达方式,是一种抽象和隐蔽的"知识",因此科学方法成为物理课程内容也就毋庸置疑了。

作为科学教育的一个组成部分,科学方法依赖于科学知识教育。在教育过程中,教师和学生直接接触的主要为科学知识,而科学方法往往与科学知识教育相结合进行。所以,这就要求我们进一步回答物理教学中科学教育方法的必然性与可行性。

第一,科学方法是学生获取物理知识的一种重要工具和手段。只要掌握了科学方法,就能够较通透地理解物理知识和内在相联系的物理规律。

第二,学生在物理课程中学到的知识有限,但是若学生掌握一定的科学方法,那么在将来即使不以物理为专业或从事相关的职业,学生也能利用其掌握的科学方法解决许多其他问题,使他们受益终身。

第三,科学方法有助于培养学生的创造力。与科学知识相比,科学方法具有更广泛的实用性。

四、单元设计案例的适用性分析

物理是许多学生认为很难的一门学科,公式繁多,原理定律也很多,还有公式、规律在何时可以用，何时不能使用，这些都让学生摸不着头脑。有学者提出，物理教师对学生学习物理的正确指导有助于学生对物理的学习。而其首要一点就是要建立严密的知识体系。物理知识是相互联系并有层次的，有些知识属于基本普遍的，而有些属于从属局部的。只有学生在脑子里建构一定的知识结构体系，才能有助于了解各概念、规律的本质和内在联系。而思维导图的利用可以帮助教师和学生将所教、所学的内容进行图式和组块的建构，从而形成新、旧知识之间的联系结构图，有利于对物理知识的理解记忆和应用。所以，将物理学科与单元设计和思维导图联系起来，能够发挥各自最大的优势。

笔者设计的“高中物理科学方法”单元设计案例为了能体现单元设计的内涵以及凸显优势，在以教学设计撰写规范为标准的基础上做了部分修改。

内容概述部分是对本单元设计中的单元（即“高中物理科学方法”）在高中物理学习中的重要性地位进行阐述；学生分析部分是以整个高中阶段的学生为对象，对高中学生的思维水平和认知发展的高度进行分析，并提出针对高中阶段的学生应渗透具有阶段性和各有侧重的科学方法的教育；教学目标的制订是根据安德森认知目标分类提出的六项靶目标再进行相应调整，以适应我们当前的物理教育的要求，然后根据内容分析、学情分析及提出的教学目标，来制订有利于学生自主学习、自主探究并发现和体会物理科学方法内涵、应用及重要性的一系列“学”的方法。

在对内容、学生情况及教学目标策略等进行分析之后，结合新课程标准的描述，将大纲及教材中蕴含的知识点提炼出来，然后参照教学参考书，挖掘出知识点对应的主要问题下隐藏的科学方法，并将其显化出来。笔者选取出现频次较高的几种科学方法，进行剖析其内涵、优势、高中学生应掌握的程度（即目标）、对应教材知识点的运用、大纲的要求及方法应用的关键等。而思维导图作为组织思维的工具，将不同的信息、知识点进行相关联系，又产生新的联系。由分析可知，使用思维导图组织单元内容,不仅可以契合单元设计对内容整体、系统的要求,也符合我们期望的高中学生对高中物理科学方法知识体系的完整认知，从而迎合高中物理课程标准提出的要求。

在单元设计案例的图像法、等效法、理想模型法、整体法与隔离法、极限与极值法等内容的思维导图设计中,除了上述的信息联系以外,还有从中心主题出发的二级或三级自由主题、子主题 1、子主题 2 等新的未填写内容的联系。这样的目的在于,不仅可以让设计者再次发挥联想去完善自己的导图,便于修改或新增,还能在教师进行教学和反思中与其他同行交流,使得整体的单元设计更具有系统性。以思维导图为基础的单元设计是为了使教学有高效的结果，提升学生的思考和思维能力。笔者在对本单元教学内容进行思维导图绘制后,将自己的心得和思维导图的优势总结出以下三个方面。

(一)有助于教师对教学的设计

教学设计是教师对教学活动的设想和计划，要求教师根据课程标准的要求和学生的身心发展特点来思考整个教学过程，将教学的种种因素合理组织和有序安排,从而制订教案。全面系统的教学设计要求教师对教学内容进行整体把握,认真细致地考虑教学因素之间的联系。思维导图的本质与其特有的结构可以为教师教学创造新的思路,能够帮助教师思考和设计教学的完整过程。

在教师的教学设计过程中，思维导图以层次分明的结构显示概念和知识点的关系,便于教师理清知识的前因后果,使每个知识的出现都有承上启下的效果,有助于教师进行高质量的教学设计，从而进行一个高效率的课堂教学。在教学设计上,教师可以根据学生的学习情况、教学环境等实际情形做出适当修整。教师在制作思维导图的过程中,就将教学内容、教学思路、教学经验和知识体系在头脑中进行了一次课堂的模拟教学,此时思维导图就起到了一个“再现”过程的作用。

(二)有利于教师对教学的把握

基于思维导图的教学有助于教师进行教学设计，更有利于教师对其教学过程的把控。创造思维导图的过程就好比建构知识的过程。我们建构一幅思维导图,能够多方面展现我们对知识的理解情况。思维导图以一种图式的形式呈现概念之间的层次结构与思维逻辑关系,使教师在教学过程中创造性地探索,及时修整和总结教学前、中、后产生的问题。同时,思维导图还可以考验教师对教学内容的熟悉程度和把握程度，在不断进行修改的过程中能够不断提升自己的教学逻辑性和知识严密性。此外,思维导图的教学焦点明确、知识主题突出,有助于教师随着思维导图所隐含的内在逻辑展开教学,使教学逻辑清晰、变动灵活、进展顺畅,从而大大提高课堂的教学效率。

(三)有利于促进教师对教学的交流与反思

乔恩西蒙的研究指出，可视的思维导图和整体性的单元设计能够帮助教师反思课程教学内容,使教师有意识地判断错误观念、思路和想法,然后对课程或教学内容给予适当的修改,提高并优化课程和教学内容。思维导图不仅能表达教师结构化的教学知识和想法,还可以显化教师教学内容中隐含的隐性知识,促进教师对课堂甚至单元设计中的环节进行反思和交流。

凭借思维导图的教学结果,可以方便教师在课后进行交流与反思,并针对各自分享的结果和提议,对自己的导图进行对应的修改。而用电脑绘制的思维导图能够方便教师的重新规划,如增添关键词、增减子主题等。

在物理单元设计教学中,合理运用思维导图可以发挥很大的辅助作用,不仅可以帮助学生提升学习思维,就教师而言,还可以在单元设计中的运用、梳理课堂教学知识、反思教学等方面发挥巨大的功效,提升物理教学质量。

第三节　单元设计的教学案例

教学设计模板如表 8–1 所示，教学计划如表 8–2 所示，其中的术语解释如表 8–3 所示，结构图如图 8–5 所示，习题与对应的目标如表 8–4 所示。

表 8–1　中学物理单元教学设计模板

<table>
<tr><td rowspan="2">教学单元名称</td><td colspan="2" rowspan="2">电与磁</td><td>设计者学校/班级</td><td></td></tr>
<tr><td>设计者姓名</td><td>第二组</td></tr>
<tr><td>选用教材</td><td colspan="2">人教版九年级全一册</td><td>所需教学课时数</td><td>270 分钟</td></tr>
<tr><td>教学设计理念</td><td colspan="4">本节课是人教版九年级物理第二十章内容，在设计教学时力求寻找到以下四点突破。
第一，培养学生的探究意识和科学素养，形成“师生之间，生生之间”的互动和交融。
第二，充分体现“以人为本”的教学原则，通过启发式的引导，让学生明确探究的目的，自己想办法解决困难，设计并完成探究实验。教师不仅要防止出现学生盲目探究，还要避免直接告诉学生“要怎么样”“应该这样”。在学生遇到问题时，教师可在思考方向上给予启发、点拨，但最后还是要学生自己去思考，自己去解决问题，从而有意识、有目的、有针对性地训练和提高学生思维的灵活性和技巧性，开阔学生思路，培养其思维发散能力。同时，使学生具有强烈的求知欲望，积极探索问题的答案，在获取知识的同时，也大大地提高能力。
第三，以生活中常见的实物引入新课，引起学生的兴趣，激起学生的求知欲望。
第四，通过学生的探究实验，纠正学生元认知中的错误</td></tr>
<tr><td rowspan="2">学生分析</td><td>需求分析</td><td colspan="3">电与磁和我们的生活息息相关，是学生必备的常识。了解它的本质，可以对我们今后的学习奠定良好的基础，为我们今后的生活指引方向，而且对社会的发展也很重要。学生在生活中肯定都观察或留心过磁铁吸引金属的现象，对磁现象的特点有一定了解，但基本停留在学习的感知和表象阶段，还没有进行过科学的探究，尚缺乏理性的思考。所以，需要学生有进一步的探究，为后续研究电磁学奠定基础，并帮助学生解释生活中的磁现象。但怎么探究，探究哪些方面，还迫切需要教师的帮助和启发</td></tr>
<tr><td>学情分析</td><td colspan="3">心理特征：中学生的学习思维处在形象思维向抽象思维转化的过渡期。他们的思维以形象思维为主，对直观现象比较感兴趣，喜欢动手，但欠缺对问题深入的思考及理性的思维。因此，本节课主要采用从直观现象入手，通过探究活动，让学生亲历探究过程，降低学生的学习难度。特别是让学生通过创造性地“玩”来探究物理规律，拉近学生与物理的距离，激发学生的好奇心，提高学生在学习中克服困难的能力。
知识特征：我们的生活处处离不开电与磁，学生对其有一定的好奇心，而且前面已经学习过电流、电压、电功率、电能与电阻等，对电已经有一定的了解，但是对磁这个抽象的概念还比较陌生，对电与磁的关系还很迷茫。而本章可以帮助学生解释与磁有关的生活现象</td></tr>
</table>

续表

<table>
<tr><td colspan="2" rowspan="2">教学单元名称</td><td rowspan="2">电与磁</td><td>设计者学校/班级</td><td></td></tr>
<tr><td>设计者姓名</td><td>第二组</td></tr>
<tr><td colspan="2">选用教材</td><td>人教版九年级全一册</td><td>所需教学课时数</td><td>270分钟</td></tr>
<tr><td rowspan="4">学习任务分析</td><td>本单元教材分析</td><td colspan="3">第一，电与磁这一章基本上是初中物理学最后学的，是对力学、热学、电学、磁学及光学的综合性学习。本章内容是电磁学最基本的基础知识，和本书后两章有密切关系。
第二，本章的内容比较多，如从磁场到磁现象，再到电生磁和磁生电，以及磁场对通电导体的作用，每一个内容都用演示或探究的方法，让学生更深入地理解知识。不同的知识点用不同的探究演示方法。探究方法主要分两种：实验现象规律的探究和装置方法的探究。
第三，本章中除了主要内容外还有一些附加内容，其中一些是为了衍生学生的物理知识，一些是为了让学生更深刻地认识所学的物理知识</td></tr>
<tr><td>内容标准</td><td colspan="3">①通过实验认识磁场，知道地磁场。
②通过实验了解电流周围存在磁场，探究并了解通电螺线管外部的磁场方向。
③通过实验了解通电导线在磁场中会受到力的作用，并知道力的方向和哪些因素有关。
④通过实验了解导体在磁场中运动时产生感应电流的条件，并了解电磁感应在生产和生活中的运用</td></tr>
<tr><td>教学重点</td><td colspan="3">第一节：知道磁铁的指向性和磁极间的相互作用；知道什么是磁场、磁感线、地磁场。
第二节：奥斯特实验揭示了电流的磁效应；通电螺线管的磁场及应用。
第三节：影响电磁铁磁性强弱的因素；了解电磁继电器的结构和工作原理。
第四节：磁场对电流的作用。
第五节：通过探索概括出电磁感应；通过实验知道交流发电机的工作原理</td></tr>
<tr><td>教学难点</td><td colspan="3">第一节：磁化及被磁化物体磁极的判断；磁场和磁感线的认识。
第二节：通电螺线管的磁场及应用。
第三节：电磁铁的磁场及其应用；电磁继电器的工作原理，电磁继电器控制电路的通断是怎样实现的。
第四节：分析、概括通电导体在磁场中的受力方向跟哪些因素有关；理解通电线圈在磁场里为什么会转动。
第五节：由实验现象概括物理规律——电磁感应；应用原理分析问题——发电机的工作原理</td></tr>
</table>

续表

<table>
<tr><td>教学单元名称</td><td colspan="2" rowspan="2">电与磁</td><td>设计者学校/班级</td><td></td></tr>
<tr><td></td><td>设计者姓名</td><td>第二组</td></tr>
<tr><td>选用教材</td><td colspan="2">人教版九年级全一册</td><td>所需教学课时数</td><td>270 分钟</td></tr>
<tr><td rowspan="2">教学目标阐明</td><td>知识与技能</td><td colspan="3">第一，了解简单的磁现象，知道磁极间的相互作用，了解磁化；知道磁体周围存在磁场；知道磁在日常生活、工业生产和科研中有着重要应用；知道磁感线可用来形象地描述磁场，知道磁感线的方向是怎样规定的；知道地球周围有磁场，知道地磁的南、北极。
第二，认识电流的磁效应，初步了解电和磁之间有某种联系；知道通电导体周围存在着磁场；通电螺线管的磁场与条形磁体相似；会判断通电螺线管两端的极性或通电螺线管的电流方向。
第三，了解什么是电磁铁，知道电磁铁的特性和工作原理；了解影响电磁铁磁性强弱的因素；了解电磁继电器的结构和工作原理。
第四，了解磁场对通电导线的作用，初步认识科学与技术之间的关系。
第五，知道电磁感应现象，知道产生感应电流的条件；知道发电机的原理，能说出发电机为什么能发电；知道什么是交流电，知道发电机发电过程是能量转化的过程；知道我国供生产和生活用的交流电的频率是 50Hz 的意思，能把交流电和直流电区分开来</td></tr>
<tr><td>过程与方法</td><td colspan="3">第一，能感知物质的磁性和磁化现象，通过观察实验现象，认识磁极及磁极之间的相互作用；经历观察磁现象的过程，能描述其主要特征，有初步的观察能力和信息交流能力；观察磁体之间的相互作用，感知磁场的存在；经历实验观察、总结类比的过程，学习从物理现象和实验中归纳规律，初步认识科学研究方法的重要性。
第二，观察和体验通电导体与磁体之间的相互作用，经历探究通电螺线管外部磁场方向的过程。
第三，经历探究电磁铁的过程，体会控制变量的方法；体会评估和交流在科学探究中的重要作用；通过阅读说明书和观察电磁继电器，知道如何使用电磁继电器，提高学生的观察、分析、操作能力。
第四，通过演示，提高学生分析概括物理规律的能力；通过制作模拟电动机的过程，锻炼学生的动手能力。
第五，通过探究磁生电的条件，进一步了解电和磁之间的相互联系，提高学生的观察能力、分析概括能力和联系简单现象探索物理规律的能力；观察和体验发电机是怎样发电的，提高学生应用知识分析和解决问题的能力</td></tr>
</table>

续表

<table>
<tr><td colspan="2" rowspan="2">教学单元名称</td><td colspan="3" rowspan="2">电与磁</td><td colspan="2">设计者学校/班级</td><td colspan="2"></td></tr>
<tr><td colspan="2">设计者姓名</td><td colspan="2">第二组</td></tr>
<tr><td colspan="2">选用教材</td><td colspan="3">人教版九年级全一册</td><td colspan="2">所需教学课时数</td><td colspan="2">270 分钟</td></tr>
<tr><td>教学目标阐明</td><td>情感态度与价值观</td><td colspan="7">第一，通过了解我国古代对磁的研究方面取得的成就，激发爱国热情，进一步提高学生学习物理的兴趣；使学生在经历分析、观察的过程中体会到学习探究的乐趣。
第二，通过“电生磁”现象，初步认识自然现象之间存在相互联系，并乐于探索自然界的奥秘。
第三，体验探索科学的乐趣，养成主动与他人交流合作的精神；通过认识电磁铁的实际应用，引导学生在头脑中使理论知识和生产实际建立联系，提高学习物理知识的兴趣。
第四，通过了解物理知识如何转化成实际技术应用，进一步提高学生学习科学技术知识的兴趣。
第五，认识自然现象之间是相互联系的，进一步了解探索自然奥妙的科学方法；认识任何创造发明的基础是科学探索的成果，初步具有创造发明的意识</td></tr>
<tr><td colspan="2" rowspan="4">教学策略制订</td><td rowspan="2">本模块课程安排</td><td>新授课</td><td>(5)节</td><td>实验课</td><td>(2)节</td><td>测试课</td><td>(2)节</td></tr>
<tr><td>复习课</td><td>(2)节</td><td>探究课</td><td>(3)节</td><td>习题课</td><td>(4)节</td></tr>
<tr><td>教学方法</td><td colspan="6">讲授法、讨论法、探究法、实验法、总结归纳法</td></tr>
<tr><td>教学媒体</td><td colspan="6">演示实验、模拟实验、课件、录像</td></tr>
</table>

表 8-2　本单元(电与磁)教学计划

教学安排	章节标题	对应的目标标号	教学方法
第一节	磁现象与磁场	1.1；2.1；3.1；3.2	讲授法、实验法、探究法、总结归纳法
第二节	电生磁	1.2；2.2；3.2；3.3	讲授法、实验法、讨论法
第三节	电磁铁与电磁继电器	1.3；2.3；3.3	讲授法、观察法、总结归纳法
第四节	电动机	1.2；1.3；1.4；2.2；2.4；3.3；3.4	讲授法、实验法、讨论法
第五节	磁生电	1.5；2.5；3.3；3.4；3.5	讲授法、探究法、实验法、总结归纳法

表 8-3　术语解释

术语	概念	原理定律	图示/图像/图表
磁极	磁体吸引能力最强的两个部位叫磁极	悬挂的小磁针静止时，指南的一极叫南极(S)，指北的一极叫北极(N)	 图 8-1　磁极
磁场	磁体周围存在着一种物质，能使磁针偏转，这种物质看不见、摸不着，我们把它叫作磁场	磁场具有方向。把小磁针静止时北极所指的方向规定为该点的磁场方向。用一些带有箭头的曲线来描述磁场，这些曲线叫磁感线	
螺线管	在物理学里，螺线管指的是多重卷绕的导线，卷绕内部可以是空心的，或者有一个金属芯。当有电流通过导线时，螺线管内部会产生均匀磁场	螺线管是很重要的元件。很多物理实验的正确操作需要有均匀磁场。螺线管可以用作电磁铁或电感器	 图 8-2　螺线管
安培定则	安培定则也叫右手螺旋定则，是表示电流和电流激发磁场的磁感线方向间关系的定则	用右手握住螺线管，让四指指向螺线管中电流的方向，则拇指所指的那端就是螺线管的N极	 图 8-3　安培定则
电磁铁	电磁铁是通电产生电磁的一种装置。在铁芯的外部缠绕与其功率相匹配的导电绕组，这种通有电流的线圈像磁铁一样具有磁性，也叫作电磁铁		 图 8-4　电磁铁

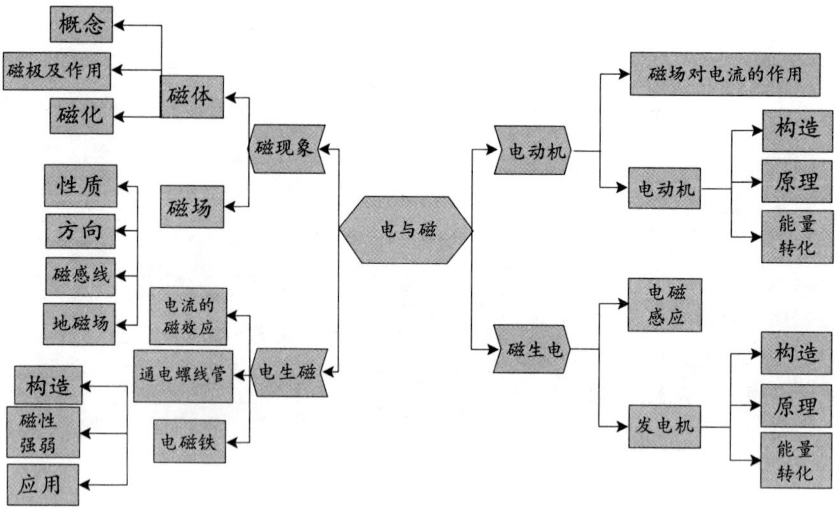

图 8–5　本单元(电与磁)的知识结构图(概念地图)

表 8–4　习题与对应的目标

题号	对应的三维目标	分值(总分 100)
一(1)	1.1	4
一(2)	1.2;2.2	4
一(3)	1.2;2.2	4
一(4)	1.3;2.3	4
一(5)	1.4;2.4	4
二(1)	1.1	4
二(2)	1.2;2.2	4
二(3)	1.3	4
二(4)	1.4	4
二(5)	1.5;3.5	4
三(1)	1.2;2.2;3.2	4
三(2)	1.3;3.3	4
三(3)	1.4;2.4	4
三(4)	1.4;2.4	4
三(5)	1.5;2.5	4
四(1)	1.4	4
四(2)	1.3;2.3	8
四(3)	1.3;2.3	8
五(1)	1.4;3.4	10
五(2)	1.3;2.3;3.3	10

第九章　物理规律的有效教学研究

第一节　物理规律教学的概述

一、物理规律教学的背景

（一）新课程改革的需要

目前，新课程改革正在我国如火如荼地全面推行，出现了各种精彩纷呈的教育教学思想。新课程改革的目的就是使教师能轻松地教，学生能快乐地学，用高效优质的教学去促进学生全面的发展。这个目的也是新课程改革的核心议题。教学过程应该是师生互动、相互交流和共同发展的一个过程，而且真正的教学应该能够为学生的进步和发展提供支持。要想实现新课程改革的目的，就要求广大一线教师去积极地探索，认真地实践，学习有效教学理念并加以实践，从而掌握有效的教学策略，研究有效的教学技术。同时，从改革课堂教学着手，使学生能更加轻松、更加全面地发展，真正实现有效教学。

（二）现实教学的需要

笔者分析认为，目前高中物理规律教学现状如下所示：重视记忆，而不重视理解、实际应用和迁移；重视规律内容的讲述与数学公式的推导，而轻视对规律得出过程的研究；重视规律本身，而不重视物理规律的适用条件及其与相关概念、规律间的联系等现象。在新课程改革背景下，笔者认为，教师应在课堂教学中采取有效的教学策略，以改变目前规律教学的现状。例如，在课堂教学中采用理解策略来帮助学生全面、深刻地理解规律，理解规律建立的过程；运用组织策略可帮助学生系统化物理知识，使其不再是零散的、孤立的，进而使学生理解物理规律同相关概念、规律间的内在联系，有利于学生形成完整的认知结构；运用练习策略可训练学生的思维能力，提升学生独自分析问题、解决问题的能力。

二、物理规律课堂有效教学研究的意义

研究物理规律课堂有效教学，一是有利于促进课堂教学转型。学习是一种能动的、自主的活动，需要学生自己进行建构，而不是被动的、由教师片面灌输的活动，教师应从“控制者”转变为“主导者”，课堂由“教的课堂”转变为“学的课堂”。二是有助于落实素质教育。有效教学是素质教育的必然要求，而素质教育的着眼点就是追求学生全面的发展，不能用牺牲学生的身心健康作为代价去一味地延长学习的时间，不能只顾着考试所涉及的科目而忽略学生的全面发展。所以，这就需要各科利用有限的时间，有效地完成课程标准上规定的教学任务，充分利用学科特点，发展学生学的能力，提升学生的综合素质。总之，有效教学是教育改革追求的价值取向，也是新课程改革所要达到的目标。

（一）建构主义理论

建构主义也叫结构主义，它的兴起是在近 20 年。建构主义的流派很多，他们问题提出的角度、使用的术语等方面有所不同，但在如何看待师生关系、如何理解学习、如何看待知识等问题上有相同的地方。建构主义的基本主张可以概括为：学生的学习应该是一个积极主动建构知识的过程，是根据先前已有的认知结构，主动地

并且有选择性地感知外部信息，建构当前新事物的意义，而不是被动地接受外部信息。在建构新知识的过程中，需要与其他人磋商并且达成共识，以此来不断地进行调整与修正。在此过程中，会不可避免地受到来自当时社会文化等因素的影响。学生对知识的建构是多元化的，而且由于事物存在多样性，学生的学习情感存在特殊性，以及其先前已有的经验存在独特性，所以每个学生对新事物意义的建构也将会不同。

对物理规律课堂有效教学策略提出的启示：教师要了解学生先前已有的经验及其认知结构，在学生建构新知识时成为合作者或高级伙伴，体现他的主体性，同时应该为学生创造有助于其学习的情境。例如，在讲授物理规律建立的过程中，使用笔者总结出的理解策略，能够为学生创建学习情境，调动学生的积极性，使学生参与到规律建立的过程中，并且自己建构新知识；练习策略能够调动学生的思维，训练学生独立分析问题并且解决问题的能力。

（二）信息加工理论

加涅认为，人的学习过程同计算机工作的方式一样，所以提出了信息加工理论。

信息加工模式展示了学习时信息的流程，即信息从一个结构流入下一个结构的过程。外界环境带来的刺激激活感受器，流到感觉登记器时会进行短时停留，然后“信息”进入短时记忆，在这里一般会持续25秒左右。随后，信息将会被“编码”后贮存，进入长时记忆。长时记忆被看作一个永久贮藏仓库。当使用信息时，信息被检索提取出来以后，反应发生器就被激活，而反应发生器又会把效应器激活，即发生作用。“执行控制”与“期望”是该模式中很重要的两个结构，其中“执行控制”决定着什么样的信息能够从感觉登记器进入短时记忆中、怎样进行编码、采用什么策略提取等，而“期望”是指学生所期望达到的目的，即学习动机。由此可见，在信息加工中，两者起着非常重要的作用。

对规律课堂有效教学策略提出的启示：在短时记忆中储存的信息量是很有限的，为了能让学生在较短的时间内学习尽可能多的知识，我们应该把知识组成有意义的组块，进行短时间的储存，使学习过程中各个环节都畅通无阻，这样就会提高学生的学习效率。因此，一个有效的组织策略是很重要的，而利用概念图可以帮助学生把知识组成有意义的组块，便于储存。

(三)终身教育理论

1965 年，"终身教育"作为一个正式教育理念，被法国教育家郎格朗提出后，引起了国际社会广泛的关注和大力支持。1972 年，以富尔为首的国际教育委员会向联合国提交的《学会生存》这本书中，对终身教育给出了权威性的界定。自此，终身教育理念作为一个颇有影响力的教学思潮波及全球。

终身教育理念在物理教学中所产生的影响主要体现在，更注重培养学生的探究能力与实践能力，注重可持续发展。物理新课程标准确立的"三维目标"使编写的物理教材更加重视物理知识的内在联系，突出科学家研究问题的过程与方法。从学生学习的角度来看，以前学生学习物理知识是最主要的，现在物理课上学生不但要学习物理知识，而且还要学习科学方法，以便初步形成物理思想；不但要知道"是什么"，而且还得知道"为什么""怎么办"，以形成物理学习的良性循环。因此，在物理规律教学中，教师要结合有效的教学策略，凸显规律建立的探究过程，渗透科学方法的教育等，为学生的终身学习与发展奠定良好的基础。

三、物理规律课堂有效教学的含义

(一)有效教学的含义

关于有效教学概念的界定，学术界至今还未形成统一的看法。查阅国内外专家、学者的观点，主要分为两个方面：一方面是从教学投入和教学产出关系去界定有效教学，即教师遵循教学规律，投入尽可能少的物力、精力和时间，取得最大可能的教学效果，以达到预定教学目标；另一方面是以学生的学习作为出发点去界定的，认为教学的本质是教师组织学生进行的很特殊的且有目的、有计划的一种学习活动，是经由教师帮助和促进学生达到有效学习的一种活动。当一个人不断地受到教育，那他就越来越不成为受教育的对象，而是作为一个学习主体，教学就越来越成为学习，故有效教学就是促使学生有效学习，学生学得好就是教学目标。经查阅文献，笔者认为，有效教学是指教师通过合规律性的教学过程，成功引起、维持与促进学生学习，并相对有效地实现预期教学效果的教学。“相对有效地达到”就是指用尽量少的教学上的投入去获取尽量多的教学产出，而“预期教学效果”就是指学生的发展与进步同教育目标相吻合。

（二）物理规律课堂有效教学的含义

课堂教学有效与否，可以从教师的教与学生的学两方面来考查。我国教学从本质上来说不是教而是学，学生是教学活动的主体。若缺少了学生的学习活动，那么现代意义上的教学也就不存在了。只有在教师的组织与引导下，学生进行有效的学习，才能算作有效的课堂教学。从学生方面来讲，依据有效教学的含义与三维目标，具体到物理规律课堂教学是否有效，可以从以下三个方面来衡量。

1.知识目标

第一，知道物理规律是如何得出的。物理规律主要有三种得出途径：一是实验归纳法，如牛顿第二定律；二是理论分析法，如动能定理；三是假说法，如牛顿第一定律。

第二，记住规律文字表述和它的数学表达式。

第三，对于物理公式，首先要明确其中各字母代表的物理量及其采用的单位，其次要明确公式的物理含义。

第四，要理解规律表述中的关键词。例如，在胡克定律中，要注意“伸长”这两个字，否则在运用定律进行计算时，就很容易将弹簧伸长后总的长度作为弹簧总长。

第五，明确规律适用条件。

第六，了解规律的使用，并能运用规律分析、解决相关问题。

第七，能够对学过的知识进行整理，知道它们之间的联系，使知识结构化、系统化。

2.能力形成目标

在物理规律的得出及对它的应用过程中，可以对学生进行物理科学方法的教育，培养学生的思维能力、独立分析问题和解决问题的能力。思维能力的培养主要是指培养学生的形象思维能力和抽象思维能力。在高中物理教材中，主要利用下面五种科学方法总结出物理规律：①实验归纳法，如牛顿第二定律等；②逻辑思维法，如动能定理等；③理想化的方法，如牛顿第一定律；④假说法，如平抛运动规律；⑤数学法。

3.情感态度与价值观目标

培养学生学习物理的兴趣，形成严肃认真、实事求是的科学态度。

四、高中物理规律教学存在的问题及有效教学策略的提出

（一）目前物理规律教学效率较低的原因分析

1.教师原因

研究结果表明，教师教学有效与否，关键在于教师运用教学策略水平的高低。用不同的教学策略去处理教材，将会产生不同的教学效果。通常，操作能力（如备课能力、板书能力、语言能力等）被教师所关注，但要系统全面地使用教学策略还远远不行。对教师的一份关于物理规律课堂教学现状的调查显示，课堂教学方式基本上是教师讲、学生听的占70%，认为学好物理的最有效方法就是“课上认真听”“多做练习题”的教师占61%。由此可见，教师作为中心、练习作为手段的教学方式一直以来都是我国中学物理教学主要的教学模式，学生接受知识只能处于被动状态。例如，学生不理解规律建立的来龙去脉、物理意义及适用条件等，最终影响对规律的掌握与运用。这是因为教师没有采用有效的教学策略，让学生变成学习主体。学习活动的主体是学生，只有当学生主动发挥其主观能动性的时候，才能取得好的教学效果。习题是物理课堂教学的重要环节，不可或缺。通过做练习题，学生不仅可以加深对规律的理解，巩固新知识，也可以训练思维能力，形成技能技巧。但在教学中，一些教师却认为，习题做得越多，就会越好，忽略了利用有效教学与学习策略对学生的练习进行适时的指导。因此，学生的思维能力没能得到有效锻炼，也就养不成独自分析问题、解决问题的能力。

2.学生原因

（1）不能正确、全面地理解物理概念与规律

从认知心理学角度来看，学生没能正确、全面地理解物理规律，究其实质是因为在头脑中没有形成与该规律有关的正确图式，或者是一个不完全的图式。具体表现为，对规律的物理意义理解不深入，没完全搞清楚公式中各量的具体含义，忽视了或者误解了物理规律适用条件等。例如，在解决一道“将一个物体放置在地球的球心，这时物体重量为多少”的选择题时，竟然一半的学生得出重量不为零的错误答案，另外少部分学生没有掌握住万有引力定律的使用条件为质点，算出了重量将是无穷大的荒谬结果。

（2）物理知识的组织程度低

头脑中存有知识，但并不代表它就能被有效利用。学习物理困难的学生有时也能记住或者回想起动能定理公式与适用条件，但是不能正确应用到有关题目当中。这说明学生脑子中的物理知识大多是堆积的、罗列式的，知识之间没能建立起本质联系，或者某种联系建立的还不是很完善，该认知结构被叫作低组织程度认知结构。它制约了学生检索或提取与问题有关的知识，致使不能激活相关物理知识，或

者已经激活了但不能有效使用。恰当地组织知识可以提高其可用性,而零散、孤立的知识从本质上讲属于没理解的知识。

(3)学习兴趣低

物理教材中大多数概念、规律严密并且抽象,但每个概念、规律的得出都有生动精彩的过程。教师本应该采用灵活多样的教学方法,创造一个生动有趣的课堂氛围,以激活教材,但在教学中很多物理教师只是照本宣科,不能采用合适的教学方法激活教材,时间长了学生就会产生厌烦,渐渐地就失去学习物理的兴趣。另外,教师总在黑板上"做实验",使物理实验变为单纯的习题教学,这样学生就很少有机会获得揭示奥妙、探索科学的兴趣,反而会慢慢觉得学物理真难、真累,学生的兴趣与潜能就会被扼杀。

(二)有效教学策略的提出

基于以上几点及相关理论基础,围绕实现三维目标的标准,归纳出课堂有效教学的策略,即理解策略、组织策略与练习策略。

1.理解策略——凸显规律建立的探究过程,加强对规律的理解

凸显探究过程的作用:首先,从教学过程来看,从生活中可见到的现象和学生已经学过的知识出发,激发其学习积极性,既重学习的结果,也重知识获取的过程;其次,从教学方法来看,采用探究法,学生更容易感受到学习的乐趣。具体有以下两种策略。

(1)创造探究情境策略

善于创造问题情境,激发学生积极思考,让学生真正地成为认识事物的主体。在情境中,要设置智力上有挑战性、有思考价值的问题,引导学生学会观察且学会提出问题。而这可以激发学生学习的兴趣,提升内在的学习积极性。针对学习情境的创设,要力求生动、真实、直观且富有启发性,如科学史实、演示实验、新闻报道和

小故事等都能用来创设情境。例如,在讲“力的分解”一课时,探索情境创设如下所示:桌子上放着一个质量较大的钩码,用细线将它提起,设问:用一根线容易断还是用两根线容易断?学生回答一定是一根线容易断。而教师演示实验,结果完全相反,用两根线反倒不如用一根线。那么,这是为什么呢?此时,学生的头脑中会立即产生思维碰撞,求知欲强烈。这时开始新课的教学,效果将会很好。在教学中,教师应该引导学生到真实情境中去发现问题，并展开有针对性的讨论，找出解决问题的办法,逐步发展学生的认识。

(2)经历探究过程策略

物理教学从实质上看是展示与发展思维的一个过程，而这个过程就是指对物理基础知识与基本理论进行理性的认识过程。在教师的引导下,只要使学生参与到概念形成、规律揭示的过程中,让他们自己去实验、去揣摩这一过程,就能领悟到在知识形成的过程中蕴含的一些东西,如科学方法等,使学生既能知其然,也能知其所以然。例如,在讲“万有引力定律”一节时,可采用这种方式。首先,从牛顿观察苹果落地,联想到为何月亮不会落到地上,并思考:若在高山顶上将一个苹果以高速抛出,那这个苹果会落到地面上吗? 然后,开始探究新知识,由行星运动规律,猜测太阳对行星有吸引作用。接着,进一步探究吸引作用的本质。太阳对行星的吸引力、行星对卫星的吸引力、地球对物体的吸引力,这些吸引力是本质、规律都相同的力,然后外推到万有引力定律,利用卡文迪许的扭秤实验,进行最后的验证。

2.组织策略——利用概念图,系统化物理知识

(1)概念图的含义

诺瓦克将概念图进行定义:概念图是一种组织和表征知识的工具,是以科学命题方式显示出概念间的意义联系,并且用具体事例辅助说明,从而有机地将所有基本概念联系在一起的网络结构图。它常将有关某个主题的不同级别的概念或命题

置于圆圈或方框中,再把相关概念与命题用各种连线连接起来,这就形成了关于这个主题的命题或命题网络，以这种形象化的方式来表征学生对某个主题及其知识结构的理解。

(2)概念图在教学中的作用

第一,概念图能够简明扼要地将主要原理、概念表示出来,它的层级结构能够很好地呈现知识内容,这对知识的系统化很有效。

第二,概念图作为一种模板,能够有序地组织知识、结构化知识。无论多么碎小的知识,都能够使其结构化。研究表明,人的大脑按照层级组织知识。而概念图有与其相似的形式。因此,概念图能强有力地促使学生进行有意义学习。

第三,概念图利用相关概念、命题,把看似碎小、零散的知识组成体系,建构成知识网络,便于学生提取相关知识,有助于知识迁移。

3.练习策略——运用习题,展开练习

(1)习题教学现状

习题教学作用:一是巩固新知识,提供教学反馈;二是深化、活化知识,培养物理思维,提升应用能力;三是训练逻辑思维能力与科学表达能力。笔者认为,当前高中物理习题教学主要存在以下三个方面的问题。

第一,在教学中,教师简单提示较多,引导思考却较少,不能训练学生的思维;教师的承包较多,学生有效参与很少,加重了学生依赖的心理。

第二,就题论题多。教师只讲正确解题方法或者仅仅分析正确答案,缺少方法指导,忽略学生答案获取过程中的思维训练,不利于学生独立分析问题、解决问题能力的提升。

第三,学生审题能力缺乏。具体表现在:①看到题后,不知道该从哪里着手,关键的地方在哪,已知条件有哪些,隐含哪些条件;②不会还原物理模型。习题教学中，教师要在审题方面、语言表达方面、答案及解题后反思这四方面对学生适时指导并加以规范，让学生了解到自己错误的或不完善的地方，并及时地转变思维方法与策略。解完题后，学生要对审题过程、解题方法及所用到的知识进行回顾、思考。这样，可以有效加深对知识的理解，并且能提升分析问题、解决问题的能力与思维能力，训练科学的方法。

（2）过程启发式教学概述

①过程启发式教学定义

过程启发式教学也可以称为指向思维过程与思维方法的启发式。实施该方法可以从根本上解决怎样使学生学会学习与学会思考的问题。

②过程启发式教学与传统启发式教学的区别

传统的启发式教学是一种针对具体问题的启发，教师通过“启发”学生，“逼”出他最终想要的答案。这种方式容易形成学生依赖教师的启发，一旦离开教师的启发，学生就不会独立思考问题。而过程启发式是指向学生思考过程的提问，教师的提问技术是过程启发式教学的主要表现。提问的问题不能太琐碎，不能提问具有唯一答案或者是课本上已经有明确答案的问题，不能提“期待式”的问题，所提出的问题应该是指向思维过程的。

第二节　有效教学策略在物理规律课堂教学中的应用案例

一、课堂教学实录

“力的合成”课堂教学实录

教师所用器材：三角板、细线、弹簧秤、钩码、四边形定则演示器。

学生所用器材：（每组）刻度尺、三角板、图钉、细绳两条、橡皮筋、弹簧秤两个、白纸、方木板。

一、从生活事例引入（创设探究情境策略）

请两名同学上台提水，先让一名同学提一桶水，再让两名同学共同提一桶水。

教师：第一次提水与第二次提水感觉是否相同？

学生：感觉第二次提水要省力一些。

教师：能省多少？

学生：能省一半力吧。

教师：你确定省一半力吗？

学生：……

教师：你们想知道到底省多少力吗？

学生：想知道。

教师：好，本节课我们就来共同定量地研究这个问题。那么，如何研究呢？

学生：利用实验。

教师：为了方便，我们需要先来学习几个名词。

二、介绍分力、合力、力的合成的概念(经历探究过程策略)

教师:一个人用力 F 能将一桶水提起,而两人分别用力 F1、F2 时,也能将这桶水提起,那么力 F 作用的效果与力 F1、F2 共同的效果是否相同?

学生:相同。

教师:力 F 可以等效替代力 F1、F2,那么力 F 叫作合力,而 F1、F2 就叫作分力,将求合力的过程叫作力的合成(板书)。

三、启发学生自己设计实验的探究方案(经历探究过程策略)

教师: 怎么才能准确地知道合力与分力间的关系呢? 力的合成是否有什么规律?

学生:可以利用测量与实验去研究。

教师:如何测量?

学生:用弹簧秤。

教师:用我们现有的器材可以直接测量吗?

学生:不能,因为弹簧秤量程太小。

教师:那怎么办?

学生提出几种实验方案,师生一起讨论,找出方案存在的问题——多数方案仅能测出力的大小,而力的方向不方便记录。

教师:力有几个要素?

学生:三个要素——方向、大小和作用点。

教师:研究力只测出大小是否可以?

学生:不可以,还要知道力的方向。

教师:力的作用效果是什么?

学生:运动状态、形状发生改变。

教师:哪种效果容易控制?

学生:物体形变比较容易控制。

教师:研究对象选什么呢?

学生:橡皮筋。

教师:如何控制橡皮筋以保证形变时力的作用效果是相同的?

学生:用纸笔记下橡皮筋的形变。

教师:如何表示力的三要素?

学生:用力的图示。

教师:力的作用点应该在哪?

学生:在橡皮筋和细绳的接点处。

教师:如何确定分力的大小与方向呢?

学生:两个分力的大小用弹簧秤测,沿两根线画作用线表示力的方向。

教师:那合力F的大小和方向如何确定呢?

学生:用一根线拉橡皮筋,合力的大小由弹簧秤读出,合力方向沿细线方向。

教师:如何保证合力、分力的作用效果完全相同?

学生:记录下橡皮筋第一次伸长到的位置,第二次也伸长到该点。

教师:拉橡皮筋时,若弹簧秤和木板平面不平行可以吗?

学生:不行,因为记下的力的方向就不对了。

教师请同学配合简单演示刚才的方案,在课堂上按照该方案完成实验(别的方案放在课后完善后再实施)。

四、学生分组实验:探究分力、合力间的关系(经历探究策略)

教师观察学生的实验和数据处理情况,指导学生规范操作,并遵从实验结果。

教师选择几个小组的图板利用多媒体展示台展示,适时引导学生归纳,应用数学知识得出平行四边形定则。

教师:三条作用线有什么关系?

学生:分力作用线夹着合力作用线。

教师:这三条作用线能做出什么样的几何图形(启发学生用平面几何知识)?

学生:四边形。

教师:有不同意见吗?

学生:是平行四边形。

教师:怎样验证是不是平行四边形呢?

学生:平行四边形对角相等,对边平行并相等。

教师:请用工具测量,并说出你的结论。

学生:差不多,但也不是完全相等。

教师:请沿分力作用线画出其平行线,观察做出的这个平行四边形对角线和合力作用线间的关系。

学生:对角线同合力作用线非常接近,但不是完全相吻合。

五、分析误差

教师:这很正常,一个规律是由许多人在相当长的时间内进行了很多次的实验才得来的,并且还要经得起实践的检验,并不是仅仅通过一两次实验就能得来的。有的同学实验结果出现了对角线和合力相距较远的情况。对此,要先分析是否是错误的操作,即使操作的都正确,也会有所误差。那你们认为在哪些方面可能会带来误差呢?

学生:弹簧秤测量可能存在误差,作图时可能有误差。

教师:尽量地减小误差,重做一次。

六、引导学生总结实验,得出实验结论

学生:对两个互成角度的力求合力,可以用两分力的线段作为邻边画平行四边形,两条邻边夹着的对角线就代表合力的大小与方向。

七、小结评价

教师:刘同学和李同学两位同学说得非常好,总结出了我们今天实验的结论。那么,我们把它称为刘李定则或者叫高一 4 班定则,好不好?

学生:(鼓掌)好!

教师:今天我们同学们通过实验体验了一次科学探究的过程,并得出了力的合成的方法。而前人通过做大量实验,才得出了力的合成遵从平行四边形定则(板书)。

八、呼应开头,进一步探究

教师:现在,我们都知道了两个人提一桶水和一个人提一桶水相比不一定会省下一半的力,那什么情况下刚好省一半的力呢?课后,请同学们应用今天得到的定则,研究当分力间夹角变化时合力会有什么变化,并绘制本节课的概念图。

二、学生利用概念图情况摘录

2017 年 10 月 4 号开始第一节物理课,安排 4 班进行“概念图的认识和指导”教学。教师利用多媒体向学生讲解概念图,分为了解概念图(产生历史、具体应用等)、概念图的作用(优化知识结构、系统化知识、有利于迁移等)、制作方法(手绘、计算机软件制作等)、展示第一章概念图(师生交流讨论)、布置绘制本节课概念图作业,目的就是使实验班的学生对概念图有整体的认识,能自己绘制,为以后的学习打下基础。

案例 1:“自由落体运动”教学案例。

一、引入新课

实验器材:硬币、牛顿管、打点计时器、重锤、纸带、刻度尺 15 个。

教师:在日常活动中,有时需要人的反应灵敏度,对司机、飞行员、运动员等尤其如此。当发现某种情况时，能及时采取相应的行动，战胜对手，或避免危险。人从发现情况到采取相应行动经过的时间叫反应时间。下面，我用一个木尺来测一下张同学和李同学两位同学的反应时间，请两位同学上台。两位同学用一只手在木尺下部做欲握住木尺的动作，但手的任何部位都不要碰到木尺，当看到我放开手时，要立即握住木尺。如此，测得张同学反应时间是0.25s，李同学反应时间是0.3s。

教师：我是如何测出反应时间的呢？现在就有必要研究一下物体的下落高度与时间之间的关系。

【板书】自由落体运动。

二、新课教学

1.物体的下落

教师：物体下落是一种很常见的运动，如羽毛下落、石子下落、苹果下落等。那同学们有没有留意你所见到的下落现象，是重的物体下落快还是轻的物体下落快？

学生：重的物体下落快。

教师：早在大约2400年前，古希腊哲学家亚里士多德就得出了重的物体比轻的物体下落快这一结论。那么，事实真的是这样吗？你能否找到轻的物体比重的物体下落快的例子？

演示：从一大张纸上撕下一小片揉成团和剩余的大纸片在同一高度由静止释放，观察下落的快慢。

教师：如何解释这些现象呢？究竟是什么因素在影响物体的下落快慢呢？

学生：是因为空气阻力的影响。

教师：如果没有空气阻力的影响，那么羽毛与硬币的下落情况又会怎样？

学生猜测：一样快。

演示：将事先抽过气的牛顿管内的羽毛和硬币由静止一起下落，观察到两者几乎同时落到牛顿管的下端;将牛顿管放入空气后,再做对比实验,观察到硬币先落到管底。

教师:由此可知,空气阻力是影响物体下落快慢的重要因素,没有空气阻力的影响时,轻重不同的物体下落快慢是相同的。

教师:伽利略在1638年写的《两种新科学的对话》中,用一个简单明了的推理巧妙地推断出重的物体不会比轻的物体下落得快,我们来看一下他是如何推理的。

归谬法:假设一块大石头的下落速度比一块小石头的下落速度大,那么把两块石头拴在一起下落,情况会怎样?

学生自由发言、争论。

学生1:下落快的大石头会被下落慢的小石头拖着而减慢,结果整个系统的速度会比大石头的下落速度小。

学生2:两块石头拴在一起,加起来比大石头还要重,按照重的物体比轻的物体下落得快的说法,整个系统的下落速度应该比单个大石头下落的速度大才对。

教师:由此可见,"重的物体比轻的物体下落得快"的说法是自相矛盾的。

教师:亚里士多德是古希腊斯吉塔拉人,是世界古代史上最伟大的哲学家、科学家和教育家之一,是柏拉图的学生,亚历山大的老师。公元前335年,他在雅典办了一所叫吕克昂的学校,被称为逍遥学派。马克思曾称亚里士多德是古希腊哲学家中最博学的人物,而恩格斯称他是古代的黑格尔。

2.自由落体运动

【板书】定义:物体只在重力作用下从静止开始下落的运动叫作自由落体运动。

教师:需要说明的是,自由落体运动是一种理想运动。在实际问题中,如果物体所受的空气阻力与重力相比很小、可忽略时,那么物体的下落运动可近似看作自由落体运动。

教师:自由落体运动是什么性质的运动?会不会是匀加速直线运动?如果是匀加速直线运动,那么我们如何证明?

学生:用实验验证。

教师:如何记录自由落体运动的过程?如何利用现有器材设计验证实验?

学生:用打点计时器打一条纸带,纸带上的点记录了自由落体运动的过程,然后对纸带进行研究。

教师:请同学们两人一组,运用你手中的器材设计实验,研究自由落体运动的性质,并得出结论,最后我会请两组到这里来讲讲你们的实验过程与结论。

教师巡视,指导学生在实验时尽量减少误差;学生进行实验,并讨论交流。

教师:同学们已经基本上完成了实验,现在我请一组代表来讲一下你们是怎么做的、结论是什么,这位同学讲解不完善时,别的同学可以进行补充。

学生1:我们先用打点计时器打了一条重锤竖直下落的纸带,打纸带时要注意减少打点计时器与纸带的摩擦。由于打点计时器每隔0.02s打一个点,所以相邻两个点间的时间间隔是相同的。但是,相邻两点间的位移越来越大,说明重锤在做加速直线运动。首先,在纸带上舍掉开头较密集的点,确定好计数起点0,再每五个点取一个计数点,依次标明1,2,3,4;然后,正确地用刻度尺测出每点到起始点的距离,求出相邻计数点间的距离s_1,s_2,s_3,s_4,进而求出各相邻计数点间的距离差Δs_1,$\Delta s_2,\Delta s_3$;最后,发现在实验误差范围内,各Δs相等,从而定量判断出自由落体运动是匀加速直线运动,并且物体刚开始运动时速度为零。

教师:同学们做得非常好,自由落体运动是一种初速度为零的匀加速直线运动(板书)。

教师:通过反复实验发现,在同一地点,不同物体在自由落体运动中的加速度都相同,这个加速度称为重力加速度,方向竖直向下。通常计算中,可以把g取作

$9.8m/s^2$;粗略计算中,可以把 g 取作 $10m/s^2$。

教师:世界各地处于不同纬度的城市重力加速度值不同,同学们自己阅读课本上给的表。

3.自由落体运动的规律

教师:由于自由落体运动是初速度为零的匀加速直线运动,所以匀变速直线运动的基本规律及其推论都适用于自由落体运动,只要把 v_0 取零,并且用 g 来代替加速度 a 就行了。

师生共同推导出自由落体运动的规律:$v_t=gt$,$s=\frac{1}{2}gt^2$,$v_t^2=2gs$。

教师:知道老师刚才是怎样测出张同学和李同学的反应时间吗?能不能为你的同桌测一下他的反应时间呢?

三、小结

小结本节课的主要内容。

四、布置作业

课下练习 3,4 题,独自完成本节课的概念图,并阅读"伽利略对自由落体运动的研究",进一步体会伽利略的科学方法。

案例 2:"牛顿第一定律"教学案例。

一、引入新课:探究力与运动的关系

展示图片:人造卫星、火箭、飞船。

教师:我们怎样才能准确地控制人造卫星、火箭和飞船的运动呢?这需要明确它们的力和运动的关系。今天,我们通过牛顿第一定律的学习来初步认识力和运动的关系(板书课题)。

教师:力和运动究竟是什么关系呢?请大家通过实验来探究一下。

教师引导学生，用力拉木块，木块运动，撤去拉力，木块停止运动；推凳子，凳子运动，撤去推力，凳子停止运动；推书，书动，撤去推力，书停止运动。

教师：通过体验，发现物体的运动需要力来维持，对吗？

学生1：对，物体的运动需要力来维持。

学生2：不对，力是改变运动状态的原因，而不是维持运动的原因。

教师：我们分明看到运动需要力来维持，推物物动，不推物体就停止运动。有同学持反对意见，难道还能举出反例来吗？

学生2：足球踢出去离开脚后还能继续运动一段距离。

教师：同学们还能举出这样的例子来吗？

学生3：自行车蹬一段时间后停止蹬车，还能再运动一段距离；弹出去的玻璃球不弹了还能运动一段距离……

教师：为什么会出现两种现象？这两种现象相互矛盾吗？

学生4：不矛盾。不受推力后，由于物体受到摩擦力的作用，所以运动一会儿就会停下来。

教师：你怎么验证以上设想"由于摩擦力的影响"？

学生4：可以通过实验来验证。平面的粗糙程度不同，物体运动的距离不同。

教师：如果没有摩擦力，那么会有什么样的现象？你能检验自己的设想吗？

学生4：物体运动的平面只能尽可能地光滑，减小摩擦，但没有办法消除摩擦力。

二、讲授新课：凸显探究牛顿第一定律

教师：刚才，我们探究力和运动关系的过程实际上是在重温几千年前伟大的科学家们所做的工作。让我们回顾历史，看看伽利略是怎样解决我们的困难的。

教师：首先，我们简单回顾一下伽利略在研究自由落体运动规律时运用的科学方法。

师生一起回顾：伽利略科学研究方法包含“观察—提出假设—逻辑推理和实验检验—对假说进行修正和推广”的基本要素。生活中观察到重物比轻物下落得快的现象，亚里士多德得出什么结论——重的物体下落得快。伽利略怎么推理，得到什么结论——归谬法。

教师：在无法用计时工具测量自由落体时间的背景下，伽利略怎样将实验事实与逻辑推理巧妙地结合起来？

学生：首先证明了小球沿斜面滚下的运动是匀加速直线运动，且小球的加速度随斜面倾角的增大而增大。当斜面的倾角增大到90°时，小球就做自由落体运动，且仍然是匀加速直线运动。

教师：今天，我们将看到天才的伽利略用同样的思想方法——事实与逻辑推理相结合来解决我们刚才遇到的困难。

教师：关于伽利略对力和运动关系的认识，请同学们阅读课本后，回答以下问题。

问题：伽利略首先注意到什么现象？

学生：当一个球沿斜面向下滚动时，它的速度增大；向上滚动时，速度减小。

教师：他提出什么样的猜想？

学生：当球沿水平面滚动时，它的速度应该不增不减。

教师：实践检验是什么结果？

学生：即使沿水平面滚动，球也越来越慢，最后停下来。

教师：他又认为是什么原因？

学生：摩擦阻力的结果。

教师：他又怎么检验猜想？

学生：通过实验，观察到表面越光滑，球滚得越远。

演示：让小车从同一斜面上的同一位置滑下，运动到不同的水平面上，一是毛巾表面,二是棉布表面,三是较为光滑的木板表面。于是,会看到沿毛巾表面运动的距离最小,速度改变最快;沿木板表面运动的距离最远,速度改变最慢。

教师:基于以上可靠事实,伽利略做出什么样的大胆推断? 为了进一步说明他的推断,伽利略设计了一个实验,我们一起来看一下伽利略的理想实验。

多媒体演示伽利略理想实验,动态出以下效果:

(1)对称斜面,摩擦越小,小球滚动的高度越接近原来的高度(事实);

(2)对称斜面,没有摩擦,小球达到原来的高度(推理);

(3)减小另一侧斜面倾角,小球从同一位置释放,将达到原来的高度,但倾角越小,滚动距离越远(进一步推理);

(4)把另一侧斜面放平,球就会一直滚动下去(更大胆的推理)。

教师:伽利略得出什么样的结论?

学生:当物体运动不受摩擦力作用时,物体将一直运动下去,因此力不是维持物体运动的原因。

教师:伽利略理想实验将事实与逻辑推理巧妙地结合,得出正确的结论,纠正了人们维持两千多年的错误认识。他的科学方法和重大发现赢得了爱因斯坦的高度评价。

投影:伽利略的发现及他所用的科学推理方法,是人类思想史上最伟大的成就之一,而且标志着物理学真正的开端! ——爱因斯坦

教师:之后,笛卡尔补充完善了伽利略的观点,认为如果运动中的物体没有受到力的作用,那么它将继续以同一速度沿同一直线运动,既不停下来,也不偏离原来的方向。

教师:牛顿在前人研究的基础上总结提出了牛顿第一定律。

【板书】牛顿第一定律:一切物体总保持匀速直线运动状态或静止状态,除非作

用在它上面的力迫使它改变这种状态。

教师：牛顿第一定律从几个方面阐述了力和运动的关系？

学生讨论回答：两个方面，即不受力时，物体保持匀速直线运动状态或静止状态；受力时，力迫使它改变运动状态。

教师总结：牛顿第一定律表明，力不是维持物体运动状态的原因，而是改变运动状态的原因。同时，牛顿第一定律还揭示了一切物体都有保持匀速直线运动状态或静止状态的性质，即惯性，所以牛顿第一定律又叫作惯性定律。

教师：牛顿第一定律可以用实验来验证吗？为什么？

学生：不能用实验直接验证，因为这是一个理想实验，无法完全消除摩擦力的影响。

教师：完全不受力的理想情况是难以实现的，但是我们可以在气垫导轨上做一个近似的实验。

演示：气垫导轨实验。

教师：气垫导轨实验为牛顿第一定律提供了可靠的事实基础。此外，生活中还有很多这样的事实。比如，冰球场上，冰球离开球杆后，在冰面上能以几乎不变的速度继续前进。牛顿第一定律是利用逻辑思维对事实进行推理的产物。

教师：牛顿第一定律表明，不受力时，原来静止的物体保持静止，原来匀速运动的物体将保持匀速运动。那么，在桌面上滚动的小钢球会保持原来的运动状态吗？

学生：不会，因为速度越来越小。

教师：那小钢球为什么没有保持住原来的运动状态？

学生：因为摩擦力的作用，小钢球没有保持住原来的运动状态。

教师：若小钢球以 3m/s 的初速度运动，某时刻速度减小为 1m/s，而此时摩擦力突然消失，则小钢球将怎样运动？

学生:以 1m/s 的速度保持匀速直线运动。

教师:由此可见,外力一旦消失,物体保持原来运动状态的性质便会显现出来。

教师:小钢球速度逐渐减小,但它的惯性仍然存在,那它的惯性大小如何变化?

学生 A:速度减小,惯性减小。

学生 B:惯性不变。

教师:当小钢球速度为零,即静止以后,它将保持什么状态?它保持原来运动状态的性质有没有因为速度减小为零而消失?

学生:惯性没有消失。

教师:根据以上分析,你可以得到什么结论?

学生讨论,得出结论:惯性大小与速度无关。

教师:惯性是物体的一种固有属性,是物体抵抗运动状态变化的本领。惯性的大小,即抵抗运动状态变化的本领的大小。请同学们设想一下,物体的本领应该由什么来决定?

学生:应该由物体本身所决定。

教师:那物体抵抗运动状态变化的本领由物体本身的什么因素决定呢?

演示一:推空自行车,推载人的自行车,谁的运动状态难改变?难改变即表示惯性大还是小?

演示二:推皮球,推铅球,谁的运动状态难改变?谁的惯性大?

教师:同学们分析归纳,惯性的大小由什么因素决定?

师生共同总结,得出结论:惯性大小由质量决定,质量决定着物体抵抗运动状态本领的大小。

三、知识拓展

简单介绍意大利科学家伽利略的实验结论和英国科学家牛顿的研究成果,介绍少年牛顿的故事,并指导阅读伽利略、笛卡尔和牛顿对上述问题的研究、思考。学生阅读、讨论。

四、做游戏,提问题

教师:同学们用直尺打一颗棋子中底部的棋子,或快速抽掉钢笔帽下面的纸条,观察现象,并说明为什么。

五、布置作业

1.利用所学知识,解释游戏中发现的问题。

2.独自完成本节课的概念图。

三、练习策略教学案例

原题:一个 8kg 的气球拖着一个 2kg 的大木箱以 4m/s 的速度匀速上升,当上升到 800 米的高空时,使木箱脱离气球,那么当大木箱着地时,气球又升高了多少米?

首先,利用多媒体课件向学生展示解决力学计算题的思考步骤;其次,指导学生按照投影上的步骤循序渐进地一步一步思考,并将每一步的思考答案用课件向学生展示。

【幻灯片 1】

1.思考步骤

(1)仔细审题:明确题中给出的已知条件、未知条件,特别是定性的条件和隐含的条件。

(2)物理分析:画示意图,进行受力分析、运动分析。

(3)充分推理:充分利用前两步中得到的信息进行顺向、逆向推理,并找出解题思路。

(4)解题反思:列等式,一步一步合逻辑地进行解题,并在解题后进行反思。

2.四个教学步骤

第一步:指导学生学会读题。要求学生仔细地阅读题目,一边读题一边在练习纸上写下已知条件,特别要留意定性已知条件和隐性已知条件,然后仔细列出未知条件。等学生自己完成后,教师再展示正确答案:m_1=8kg,m_2=2kg……定性的已知条件是匀速运动,隐性的已知条件是物体下落时做自由落体运动,未知条件是求木箱“着地”时气球“又”升高了多少。因此,要求学生把教师的读题方法和自己的读题方法做比较,找出自己读题存在的问题。

第二步:指导学生学会分析问题。就物理力学题来讲,主要是进行受力分析和运动情况分析,一般会采取画图分析问题。首先,要求学生自己在练习纸上分析问题并画图;之后,教师展示正确的图解,使学生对自己的和正确的图解进行比较,找出自己存在的问题,并反思自己出错的原因。

【幻灯片 2】

思考步骤:

仔细审题:匀速运动(定性的已知条件),气球“又”上升的时间等于木箱脱离后到着地的这段时间。

物理分析:如图 9-1 所示。

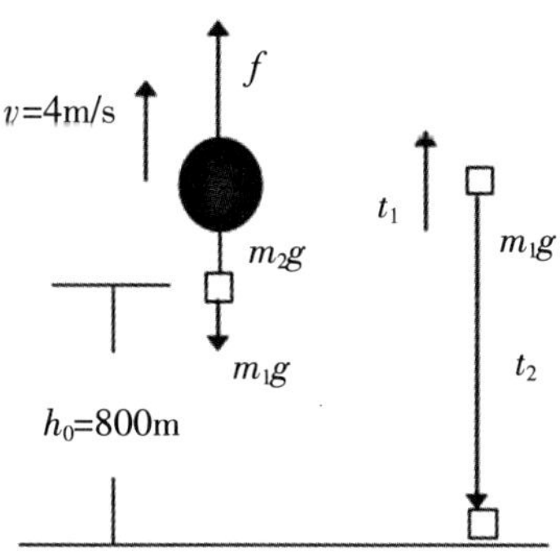

图 9-1 物理分析

第三步：指导学生学会解决问题。主要是指导学生进行“双向推理”，即顺向推理和逆向推理。顺向推理就是从已知中看可以推出什么，逆向推理是指从未知向已知推理。同时，要求学生独立思考，充分进行双向推理，并写在练习纸上，等待教师展示他的双向推理，然后与之比较，找出自己推理不彻底或不充分的地方，最后考虑自己出现问题的原因。在此基础上，教师要让学生自己来书写完整的解题步骤。

【幻灯片 3】

充分推理：合力为零。

$f=m_1g+m_2g$；$a_{球}=\dfrac{f}{m_2}$。

第四步：指导学生进行反思，学会归纳解题思路。解完一道题后，要指导学生进行反思。这样，不仅可以检验答案是否正确，而且更重要的是可以概括解题思路。例如，回想解题过程中自己出现的问题，怎么避免下次再次发生，解决该题的思路还能用来解决哪些问题。

解题反思：

$f=m_1g+m_2g=20+80$。

解题步骤省略。

在 ______ 条件下，运用 ______ 方法。

第十章 "STEM"背景下高中物理有效教学

第一节 STEM 教育概述

一、STEM 教育背景

首先,随着信息时代的到来,科学、技术、工程和数学(STEM)学科逐渐显示出其促进经济发展的不可替代作用。在我国,我们习惯将有关上述学科的教育称为理工科教育。除了数学与科学教育在小学和中学(初中和高中)阶段贯彻执行以外,技术与工程教育大多是在大学阶段进行,高中阶段鲜少提及。这一现象导致了一系列的问题:我国高中 STEM 人才缺失与大学理工科人才培养相脱节,高中教育与大学教育衔接不当造成的潜在 STEM 人才流失。

其次,作为一名比较专业的教育研究生,笔者对美国教育的现状及随之产生的问题一直保持关注。在美国这一教育强国,目前基础教育阶段 STEM 人才培养的问题十分严峻。从近几年国际范围测试的成绩上看,美国在国际数学和科学趋势研究(TIMSS)与国际学生评估项目(PISA)这两个项目上都表现不佳。

最后,通过查找相关的文献与政策,笔者发现,21 世纪美国针对 STEM 教育的改革始终如火如荼,上至国会立法,下至各种非营利机构,都纷纷提出法案、报告研究现存的 STEM 教育问题。STEM 研究领域是一大热点。

进入 21 世纪,美国针对 STEM 教育的改革始终如火如荼,其目的是为了确保美国能够继续在科学技术及工程设计方面占据世界领先地位, 进而确保其在全球的霸主地位。美国国会作为最高立法机关,通过了一系列直接或间接影响 STEM 教育的法律, 如小布什总统任期内颁布的 2002 年《不让一个孩子掉队法》、2005 年《国家创新法》、2007 年《国家竞争力法》。此外,奥巴马总统于 2011 年颁布了《总统 2012 预算要求和中小学改革蓝图法案》。该法案决定斥资 2.06 亿美元来推进 STEM 有效教学,并且要在今后两年内招聘 1 万名 STEM 教师,未来 10 年内计划培养 10 万名 STEM 教师。奥巴马政府之所以做出以上的决定,就是为了解决美国学生 STEM 素养不足的问题,为他们中学后的升学教育及就业做好准备。

二、STEM 课程理念的形成与发展

在全球范围内,随着知识经济时代的到来,先进的科学知识与技能处于核心的发展地位,掌握先进知识与技能及创新思维的人才成为经济生产中的决定性要素。由此可知,与之前的农业社会和工业社会相比,知识经济社会是一个依赖于科学知识及知识工作者的社会,对科技人才的需求非常大。数学、科学、工程、技术(STEM)学科逐渐显示出其促进经济发展的不可替代作用,学科融合的势头开始出现。从具体的国家层面来看,在 20 世纪 80 年代,美国的经济、政治、文化发展都面临着重大的危机与变革, 此时通过教育输出高素质的科技人才来解决这些危机就显得十分必要。

(一)时代背景

1.经济发展造就不同的知识观

长久以来,美国人坚信教育的威力,坚信教育与经济的发展密切相关。第二次

世界大战后,美国的高科技发展受到美国联邦政府的高度重视和有力的推动,美国的经济结构也发生了根本性的改变。其突出表现在于,整个国民经济结构中传统农业的比重下降,工业社会中以建筑、钢铁等为支柱产业的现代工业比重也在不断降低,以计算机、新能源、生物工程、信息技术等为支柱产业的知识产业成为国民经济中的"首要产业"。这一新的时代因为以"知识产业"为主导,所以被称为"知识经济时代"。随着知识经济时代的到来,科技的创新直接带动了经济的飞速发展。

知识经济时代的一个特点是信息技术的爆炸式发展，而这在客观上对未来的职业提出了更高层次的要求。同时,经济的发展带来了产业结构的进一步调整,传统的工业与农业因为科技的发展对从业人员数量要求变少，第三产业如贸易、商业、运输等产业对劳动力的需求增大。这些变化都对未来社会的劳动者提出了新的要求:除了具备更为扎实的基础知识与操作技能外,还要具备灵活运用知识与所学技术的能力。信息革命引发的深刻的世界性社会和经济变革,形成了全球激烈竞争的市场，主要的工作机会正在不断集中到那些具有技术和批判性思维技能的人身上。为了应对这种变革,也为了延续经济的繁荣发展,美国社会达成了一致共识:经济发展的程度依赖于国家所培养的青年科学技术力量。因此,要向所有受过良好教育的学生提供终生学习的机会,使他们能够跟上技术快速变化的步伐,从而达到提高大众的科学、技术、工程和数学素养的目的。

2.政治环境加大了对科技人才的需求

政治对教育的影响是不容忽视的。它通常有一种导向性的作用。第二次世界大战后,美国与苏联争霸对立的形势日渐激烈,因为第二次世界大战引发的高科技革命势头不减。为了取得政治、经济及军事的霸主地位,美国把高新科技发展的地位提升到了国防安全的高度。1983 年,《国家处在危机之中:教育改革势在必行》一经问世,便立即引起了社会的广泛关注。调查的结果显示,日本有 95%的青少年高中毕业,同期美国只有74%的青少年高中毕业;苏联的高中学生需要修习4年的化学(包括1年的有机化学)和两年的微积分,而美国的高中毕业生中约有一半的人没有修过十年级以上的数学与科学课程。以上数据使美国社会认识到他们所面对的教育问题:与其他主要的发达国家相比,美国学生的水平处于相对较低的位置;与政治宿敌苏联相比,美国高中学生的数学、科学素养也令人担忧。这种现状拨动了美国人最敏感的政治弦。

高中教育是美国K–12义务教育的最后一环,但却是非常关键的一环。因为它不仅是中学生升学与就业的分水岭,而且也是连接义务教育与高等教育的桥梁。高中毕业后能为社会输出怎样的人才?这些人才的科学素养如何?20世纪80年代,来自国际教育成就评价协会(IEA)的检测结果足以使美国人寒心。通过对一些国家12年级学生的数学学习情况的调查表明,平均每个美国学生学2年代数、1年几何,远远低于严格的数学教学所需时间。根据IEA的标准,只有13%的美国学生接受严格的数学教育。1983—1986年,IEA对科学科目也做了调查,与其他一些调查显示的一样,美国学生年级越高,成绩就越差。为了改善美国科学技术教育这种发展不利的局面,同时也为了维持美国在全球的霸主地位,美国教育界内部开始了改革的风潮。1983年,《国家处在危机之中:教育改革势在必行》报告提出,美国的学校正在陷入一股"逐渐上升的平庸浪潮",部分原因可以归结为在科学、数学及其他至关重要学科领域缺乏合格教师。美国的中小学教师要求至少有学士学位,很多学校都会要求教师有硕士及以上学位,大学阶段的科学、数学、工程和技术人才培养就首先引起了社会的关注。

(二)STEM综合理念的初始与发展

1986年,美国国家科学委员会(NSB)发表报告《本科的科学、数学和工程教育》,也称《尼尔报告》。该报告阐述了国家科学基金会的作用和其他部门加强学校教育的作用，指导了国家科学基金会此后10年的大学教育活动。报告通过翔实的数据分析与讨论，为美国后续的大学阶段科学、技术、工程和数学教育的发展指明了方向，为国会、科学基金会等机构、联邦政府和州政府及具体的学校将来的工作提出了指导和意见。尽管对不同机构的建议目标各异，但汇总起来看，这些建议建构了一个战略：发挥高效的手段提高大学建设水平，为国家及地方的利益服务；采取各种手段刺激、激励各个机构中有潜力的教员，从而提高整体的教学质量；输出更多具有广泛影响的产品，如教具、实验手册、学术性出版物等；保证全国最优秀的年轻人能够及时收获高质量的、有益处的科学经验，以此来影响他们将来的职业选择。

除了常规的通过提高科学、工程和数学课程质量，加强相关学科实验室的建设之外，报告还建议，提高普通学生的科学素养，改善未来大学前阶段的科学、数学教师的教育水平，清除科学、工程领域中女性、少数裔群体及残疾人的障碍。

《尼尔报告》首次明确提出"科学、数学、工程和技术教育集成"的纲领性建议，因此SME&T集成被视为STEM集成的开端，而且提出科学、数学、工程等学科交叉、综合的观点是这一报告的一大亮点。除了专注于一门学科的项目和计划外，在大学教育中，同时聚焦于多学科的项目也具有同样重要的作用。此类项目可以在一个机构中进行（通过几个不同的部门合作），也可以在几个机构的联合体中进行，或者是在学科导向的团体中进行（把许多机构中具有代表性的机构联合起来，解决核心的问题）。例如，由一个单独的机构负责提供一个项目，这个项目包含所有科学、数学和工程的领域，目的直指改进大学本科的教育。像这样的项目，通常要有一个长远的计划，而且实施的机构也能够保证提供技术领域的高质量设计与计划。到了类似项目的执行阶段，通常会有许多上述的活动。此外，初期的资金支持也是不可或缺的，而且初期也要有计划好的并且符合实际的资金利用计划。

在21世纪之前，STEM教育通常被称作SME&T教育或者直接呈现为"科学、数学、工程与技术教育”。STEM 教育融合的概念始于美国国家科学委员会在 1986 年关于本科教育的《尼尔报告》，于是课程融合的观念由此开始。在研究高等教育阶段的 STEM 课程时，人们逐渐注意到一个事实：高校在 STEM 领域对人才逐渐增大的需求与高中毕业生对 STEM 学科领域兴致缺乏之间存在着矛盾。通过研究发现，高中毕业生在进入四年制及两年制的大学时，他们中的许多人都还没有做好接受大学水平的科学、数学、工程学和工业技术教育的准备。在一些州，高中学生的毕业标准在逐步提高，而且许多州立大学也已通过提高对特定课程的入学要求来对高中施加压力。但是，从整个美国的情况来看，刚入学的大学一年级学生的表现欠佳，说明他们对接受高等教育的准备还是不够充分。

20 世纪末的“2061 计划”对美国的 STEM 教育影响十分深远，《科学素养的基准》等出版物为 K–12 阶段学生的 STEM 课程提出了相应的具体要求，并试图模糊 STEM 各门学科间的界限，更加强调它们的相互衔接与融合对学生产生的作用。培养学生的科学思维能力，提高所有学生的 STEM 素养，已经成为教育界一致认可的思想。在 21 世纪，对高中学生 STEM 素养的要求更为严格，除了知识的积累与掌握外，他们的计算机运用能力与实验科研能力也需要提高。这些能力的储备不仅为大学做好准备，更为应对信息时代飞速发展的挑战做好准备。因此，在 21 世纪，高中阶段的 STEM 课程肩负着更为重大的责任，其衔接作用更为显著。

（三）高中 STEM 课程存在的必要性

1.STEM 课程有助于激发高中学生的科研兴趣

在高中实施 STEM 课程与项目的一个重要目的就是为了向高中毕业生普及大学 STEM 学科知识，激发学生进行科学研究的兴趣。尽管从小学开始，美国的学生在课堂上就会接触有关科学的小实验，撰写报告，但对很多学生来说，科学研究仍然是一件枯燥、没有乐趣的事，尤其是烦琐的实验与格式严谨的实验报告，更是让许多学生对进一步从事科研活动望而却步。此外，高中传统的数学与科学课程和现实世界的联系较少，学生在课上接触的是纯粹的理论知识，与毕业后从事职业的相关性不大。因此，导致了学生的兴趣缺失，对技术、工程等领域的认识更加不足，这是目前美国STEM领域人才短缺的一个重要原因。技术与工程课程作为“联结”科学、技术、工程与数学课程的管道，在很多高中的实施是通过项目完成的，如PLTW项目或学校与当地大学合作组织的项目。这些项目要求学生采用“PBL”学习法(基于问题的学习法)，通过为学生创造与现实世界相关的问题情境，鼓励学生利用已学过的多学科知识与使用现有的工具(计算机网络、实验室仪器等)来动手解决问题。高中学生在完成项目的过程中，不仅可以内化之前所学的知识，还能对如何处理现实世界的复杂问题有更多的了解，对STEM领域的工作有更详细的认知(如工程师、制药师、食品安全检查员)。在项目实施过程中，高中学生利用高新技术的过程会激发他们的研究兴趣。

2.STEM课程有助于培养高中学生的科研能力

学生的科研能力体现在学生的科学思维与具体的动手操作能力上。很多高中课程不能为学生提供设计和开展一个长期实验的探究式研究项目，这是高校的STEM教师发现许多大学新生缺乏基本的学术研究技能的原因。在STEM项目实施过程中，教师往往先通过讲述法为学生讲解学科知识与仪器的操作，之后为学生提供机会上手操作实验仪器，获得直观的体验。例如，佐治亚州新曼斯特高中的教师设计并实施的生物课单元“蛋白质的结构与作用”中，教师在直接讲解知识后组织学生进行讨论，在学生进一步了解蛋白质构成与遗传疾病的关系后，通过课后的研究报告撰写，让学生自己选择感兴趣的角度进行深入研究，既巩固了学生所学的知识，又激发了学生深入探究的学习兴趣。研究报告撰写遵循严格的格式，而实验室操作程序相同，也会作为课堂成绩的一部分。随后的实验室操作程序与大学生在高中亲自动手做过此类实验后，在大学学习中就更加得心应手，过程中会更加自信，能够迅速地适应大学的学习节奏。而STEM在大学实验室相关专业的学习可以减少高中学生在大学四年中转专业及退学的可能性。学生在解决问题时，往往需要与同伴合作。在课程实施期间，可以培养学生与人合作的意识，锻炼学生的团体协作能力，这些都是非常必要的。除了直观的仪器操作外，STEM课程的学习通常涉及大量的数据分析及计算机等技术工具的使用。这些都为高中学生日后的科研与学习提供了帮助，有助于学生科学思维的生成与发展。

3.STEM课程有助于高中学生为升学做准备

高中作为基础教育与高等教育衔接的重要一环，在学生的培养过程中占据着非常重要的位置。普通高中的主要目的之一是帮助高中学生为升学做准备，保障高中与大学的有效衔接。然而，从现状来看，高中阶段的课程理念、课程内容及授课方法与大学都有很大的差别，高中学生升入大学后普遍存在不适应的情况，这种现象在STEM领域表现得更为明显。高中STEM课程里以分科课程形式出现的数学课程与科学课程目前均有AP、IB课程等此类大学先修课程，且目前此类课程正在全美积极地推广。2006年，时任美国教育部长玛格丽特·斯佩林斯提出，扩展大学先修课程计划，可以为更多处境不利的高中学生提供机会，学习富有挑战性的课程。对大多数的美国高校来说，高中学生选修STEM相关的AP课程不仅在申请入学时有重要的作用，还可以充当大学一年级相关课程的学分。以普渡大学工程技术学院为例，普渡大学印第安纳波利斯分校(IUPUI)规定：如果高中毕业生完成1年的项目引路计划(PLTW)中的数字电子学课程，并且得到B或B以上的成绩，通过最终考试，得到70%以上的分数，同时高等代数得到B或B以上的最终成绩，那么他们就可以获得普渡大学印第安纳波利斯分校ECET109(电子基础)的学分，大学后免修这门课程。因为学生在大学学习电子工程技术、电脑工程技术或生物医学工程技术时,都需要选修该课程。IUPUI 除了与采用 PLTW 项目的高中有合作外,与其他高中也有学分承认的合作,如与一所电脑技术课程杰出的高中协议:该校高中学生在完成严格的两年计算机系列课程后,可以获得 IUPUI 的 ECET164 学分——基于对象的应用编程。此类高中阶段的 STEM 课程与项目不仅为学生节省了学习的时间与高额的学费,也避免了高中课程与大学课程的重复冗杂,有利于高中课程与大学课程进行衔接,为高中学生升学做好准备。

第二节 21 世纪美国高中 STEM 课程现状

一、STEM 分科课程的标准、目标与内容

(一)高中数学课程标准

美国数学与科学课程的标准制定时间相对较早。这两门课程在每个州、每个学区、每个高中都有开设,实施的时间最早,影响范围最广。

美国数学课程标准是 STEM 四类课程中最早制定的。1989 年美国数学教师全国委员会(NCTM)公布了《美国学校数学课程与评价标准》,1991 年公布了《数学教学的课程标准》,1995 年公布了《学校数学的评估标准》。通过分析几年间收到的反馈与社会各界征求来的意见,2000 年 NCTM 发布了新的课程标准《学校数学的原则与标准》(简称为《2000 年标准》)。《2000 年标准》把 K-12 年级分为四段,即 CK-2、3-5、6-8 和 9-12,共有两个种类的标准:一类是内容标准,具体有数与运算,模式、函数与代数,几何与空间观念,测量,数据分析与概率;另一类是过程标准,具体有问题解决、推理和证明、交流、联系、统计和表达。

在每一个标准下，不同年级分段学生的学习内容与要求都通过例证给出。然而，这一课程标准并不具有强制性。尽管已出台相应的课程标准，但美国各州在是否采用该标准上具有选择权。随着2002年布什总统的《不让一个孩子掉队法》公布，许多州纷纷降低了课程的标准要求，但课程深度不够，内容泛泛。从整体上看，美国高中学生的数学能力不足以应对大学的要求。根据美国教育统计中心调查结果显示，每年约有七成的高中毕业生能够进入两年制或四年制的大学，但是其中至少有一半的学生需要在进入大学后补习高中英语或数学课程。可见，高入学率并不代表着高毕业率，每年都有近一半的学生无法顺利毕业。为了改变这样的不利局面，2010年美国州长协会(NGA)与各州教育官员委员会(CCSSO)共同研究、公布了《美国州共同核心数学标准》(CCSSM)，分为k-8与高中两大部分。在高中范围内没有细分年级，而是按照学习内容，又细分为六大部分：数与量、代数、函数、建模、几何、统计与概率。这一新的标准已经被44个州及哥伦比亚特区接受。

(二)高中科学课程标准

自20世纪90年代初开始，科学课程标准的制定就开始受到了广泛的关注与讨论。经过几年的努力，1996年，美国国家研究理事会(NRC)和美国科学促进会(AAAS)推出了美国史上第一个科学课程标准《国家科学教育标准》(NSES)，其中内含五类标准，即内容标准、教师以及其他教育工作者的教学标准、专业进修标准、大纲标准、系统标准。科学课程的内容标准按照K-4、5-8、9-12的年级段划分，具体分为八类：科学的统一概念和过程、作为探究过程之科学、物质科学、生命科学、地球与空间科学、科学与技术、从个人和社会所见的科学、科学的历史与本质。

(三)高中技术课程标准

美国技术课程标准的制定与“面向全体美国人的技术”项目紧密相关。该项目由国际技术教育协会(ITEA)发起与执行，受到美国国家科学基金会(NSF)和国家航空航天局(NASA)的资助。ITEA分别在2000年和2003年公布了两个关于技术教育的文本,即《美国国家技术教育标准——技术学习的内容》(以下简称《技术学习的内容》)和《科技素养的精进:学生评量,专业发展和学程标准》(以下简称《科技素养的精进》)。《技术学习的内容》主要为K-12阶段的学生指出各年级段应该掌握的技术内容,但并没有对课程进行安排,而是为课程制定提供了一种理论的框架。《科技素养的精进》为学生课程的评估提供了标准,为《技术学习的内容》的顺利实施提供了保障。

(四)高中工程课程标准

美国K-12教育阶段的工程教育相对较新,它的发展与科学教育和技术教育的发展有着密切的联系。到目前为止,虽然美国工程课程的国家标准还没有公布,但是对工程教育标准的研究从没有停止过。2010年,美国国家工程研究院发表研究报告《K-12阶段工程教育标准?》。该报告通过回顾K-12阶段工程教育的历史,审视现阶段的实施情况,得出这样的结论:“为K-12阶段的工程教育制定国家级的课程标准是可行的,但是在制定及实行的过程中会有很多的困难,具体可归因为:工程课程在K-12阶段实施的时间不长,没有很多可供参考的经验;目前没有足够资历良好的工程教师来教授K-12阶段的工程教育等。”尽管在国家层面上没有固定的工程课程标准,但各州根据自身发展情况制定的K-12课程标准中也会出现工程教育标准的身影。

二、课程目标与内容

(一)高中数学课程目标与内容

美国高中数学课程强调培养学生的数学思维能力、抽象思维能力、解决问题的能力与逻辑推理能力。当前,美国大多数州采用了《美国州共同核心数学标准》。该标准的一个不容忽视的目的就是帮助高中毕业生为将来大学的学习做好准备,为将来的职业生涯做好准备。

高中数学课程的内容有六大板块：数与量、代数、函数、建模、几何、统计与概率。尽管微积分没有列入标准之内，但它的重要性不容忽视，而且近年来，在高中预先修习微积分的人数逐年增加，尤其是在准备报考美国研究型大学STEM相关专业的高中学生中，微积分的修习比例更高。CCSSM规定了高中学生需要学习的数学知识与掌握的能力，但对具体的教材、课时安排、课堂组织等没有做硬性的要求。每个州可以根据自己的实际情况选择开设的课程，也可以根据学校的实际情况开设AP课程，为学有余力的学生提供更多的选择。

(二)高中科学课程目标与内容

从《国家科学教育标准》制定的目的来看，美国科学课程就是为了培养和提高所有学生的科学素养，锻炼他们的科学思维能力与动手解决问题的能力，从而建立一个具有高度科学素养的社会。

高中科学需要学习的内容有八类，而每一类内容都有相应的教学案例。比如，在"9–12年级的科学与技术"中，学生需要具备进行技术设计的能力和对科学与技术的理解力。一门合适的设计课题可以包括：在机械上装配一些电子元件去控制一系列的操作，或在鞋上装上电子元件对不同运动鞋的特征参数进行分析，以此来了解运动、人体解剖和材料所要求的判别准则与限制等。高中学生阶段的科学课程所参与的项目应该涉及多个科学领域的概念，这样有助于学生跨学科知识的融合与应用。

(三)高中技术课程目标与内容

从广义上说，高中技术课程的目标是为了增强高中学生的技术素养，指导学生为一个技术的世界做好准备。从狭义上说，通过学习高中技术课程，高中毕业生需要理解的关于技术的内容有以下四点：①技术的本质，即要掌握技术的核心概念，了解各种技术之间的关系，以及技术与其他领域的关系；②技术与社会，即了解文化、社会、经济、政治与技术之间的作用与影响；③理解设计，即明晰设计的要素，懂得在解决实际问题的过程中应用故障诊断、研究开发等手段，在高中毕业时能够自信地应用设计过程；④理解设计的世界，即对一些领域的技术，如医疗技术、农业及生物技术、能源与动力技术等有足够清楚的认识，可以在解决问题的时候选择、利用其中的一些技术。

（四）高中工程课程目标与内容

尽管至今仍未出台国家层面的工程课程标准，但州一级层面的工程课程在21世纪初就已经出现。在美国大多数州，工程教育的内容通常隐藏在STS(science, technology and society)课程的"掩护"下，存在于科学教育的框架内，只有少数几个州(宾夕法尼亚州、马萨诸塞州、纽约和佛蒙特州)完全将工程的理念融入州科学课程中。其中，马萨诸塞州是美国第一个将工程教育纳入公立学校各个年级的州，对工程课程的设置也是最早的。2001年，马萨诸塞州教育部发布《2001高中科学、技术/工程课程框架》。在这一课程标准中，主要有五个方面的内容：地球与空间科学、生物学、化学、物理导论、技术/工程。2006年，马萨诸塞州对2001版本的框架进行了修订，发布了《马萨诸塞州科学和技术/工程高中标准》。修改的版本没有改变原有的主要五大内容，而是在每一个大的内容下都增加了"科学探究能力标准"与"数学技能的要求"。这两项的增加表明，随着时间的推移，STEM课程融合在不断加深，在技术、工程教育的学习中离不开科学与数学教育，在科学、数学教育的学习中也需要技术、工程的支持。马萨诸塞州规定高中工程课程的内容标准包括：工程设计、建筑技术、能源与电力技术——流体系统、能源与电力技术——热力系统、能源与电力技术——电力系统、通信技术、制造技术。

第三节　STEM课程的实施与评价

一、高中数学课程实施与评价

高中数学课程因为知识的概括性与抽象性较高，通常在实施的过程中不与其他学科做过多的联系。但是,这并不表示高中数学课程的实施与其他学科课程的实施无关。相反,学生在数学课程上的成就会影响其在科学、工程和技术课程中的表现。此外,有研究显示,高中学生的数学成就会极大地影响其在高等教育阶段的学习表现,这种影响会伴随学生的一生。

以佐治亚州一个小城镇的高中数学课程实施情况为例，该校是一所私立的军事中学,所有的高中学生都需要参加少年后备役军官训练项目(JROTC program)。军事化的管理为学生的学习与人格培养提供了有利的环境。在四年的高中生涯里，前三年数学课程的设置依据的是共同核心佐治亚州执行标准（CCGPS，简称为GPS），而高四的数学课程依据的是佐治亚州自2002年开始实行的品质核心课程(CQCC)标准。同一所学校在不同的年级采取不同的课程设置标准,表明学校和教师保有对必修课程组织方式变革的自由权利,课程实施的灵活性较大。

在高中一年级的一堂“三角不等式是什么”的课上,教师把班级的24人以每3人一组分为8个小组进行讨论学习。在教学过程中,教师采用的教学主要有发现学习法和合作学习法。学生自己动手把吸管切成几段，用不同的排列方式摆成三角形。在小组活动的过程中,学生之间也在互相交谈、聊天,学习氛围轻松。教师在课上绕着教室缓步行走,不时停到学生的身边解惑,用引导性的问题指引学生走向下一步的学习环节。在最后,每一个小组都选派代表阐述本小组的结论,然后由教师进行归纳、总结。在数学课上,教师通常会让学生两两结成一组,或是三四个学生组成一队学习。这样,有助于学生互帮互助,数学成绩较差的学生可以接受除教师之外的其他同学的帮助与指导。教师反馈在上课过程中会遇到一些问题,其中问题与相应的解决方法如表 10-1 所示。

表 10-1 课堂问题及其应对方法

课堂问题	解决方案
学生在参与活动时只想玩,不想把注意力集中在要学的知识上	将课堂活动表现与评价分数联系起来
学生花在互相交谈的时间多于放在学习任务的时间	如果学生完成任务,则给予适当奖励
学习能力较弱的学生会依靠学习能力较强的学生,不主动参与	把适合在一起的学生重新分组
对一般学生来讲,州制定的学习框架太过具有挑战性	降低使用州学习框架的任务

数学课程的利益相关者(学生、教师和家长)对该校高中数学课程的评价总体较好。其中,学生对数学课程的评价较高,大多数学生对教师上课过程中使用的教学策略表示满意,尤其是对教师采用的举例法、发现学习法与合作学习法感到满意。根据数据显示,该校学生不仅喜欢现有的课堂组织形式,而且在近几年的课程完结测验(EOCT)中成绩也有所提升。教师对课程的满意度是比较高的,比之传统的"教师中心"教学过程,"学生中心"的教学过程更为适合学生的需求,因为可以充分调动学生学习数学的积极性。部分家长与学生对依据州课程标准制定的学习框架不甚满意,因为它对学习任务的描述过长,学生不容易读懂,而且对大多数学生的要求过高,容易打击学生的学习积极性。针对这一问题,教师做出了相应的调整。该高中数学教师没有依照州课程标准建议的单元顺序进行教学,而是依据自己所选教材提供的单元顺序授课,这样有助于学生更好地理解数学课上所学的内容,也有利于教师进行教学工作。

高中数学课程在实施的过程中与技术的使用是密切相关的。CCSSM 中规定："解决数学问题的时候要考虑使用现有的工具……在建造数学模型的过程中，学生要能够明白，通过使用一些技术手段，可以看到不同假设的结果，探索影响，比较先期预测与得出结果的差异……他们能借助技术工具探索或加深对数学概念的理解。"任课教师在数学课上也会使用计算机进行建模，收集学生的反馈信息。技术的发展不仅有助于高中学生对数学课程的理解和学习，而且也有助于学生数学思维的形成。

二、高中科学课程实施与评价

美国高中科学课程在实施过程中通常涉及很多的实验与动手操作的项目。在一个学年的生物或化学课上，各类实验通常有几十个之多。多数时候，任课教师会在专门的实验室上课，一边观察学生做实验的进程，指导实验步骤，一边讲解相关的知识，而且各类实验室的布置也是依据实验的用途来设计的。例如，在生物实验室，除了必需的设备之外，教师常常会在墙上挂一些生物模型或实验标本；在化学实验室里，通常会必备一些处理紧急事故发生的装置，如消防器材以及可供冲洗的水龙头等。实验课在正式开始以前，教师会为学生详细讲解实验步骤，以及实验可能出现的问题与解决的办法，在学生做危险实验的过程中教师通常在一旁监护，确保学生的人身安全。除了实验室的广泛使用，美国高中科学课程在实施的过程中通常会涉及多种多媒体的应用。教师在教学的过程中除了直接的宣讲，也会安排小组活动，培养学生探究学习的能力。

2013 年，美国国家科学教师联合会、美国科学促进会、国家研究委员会与美国 26 个州的联合组织共同起草了一份新的科学标准，名为《新一代科学标准》。该标准与之前的国家科学标准相比，涉及的主题偏少，但对特定的主题会有更深层次的挖掘。在这一新的标准框架下，佐治亚州新曼斯特高中的教师设计并实施了一个新的生物课单元“蛋白质的结构与作用”。该单元需要 8 节课来完成所有的讲课内容与活动,每节课 90 分钟。课程内容包含教师讲解、视频、学生动手参与的活动、撰写研究报告、做实验以及参与一个计算机项目。该项目的内容包括介绍学生认识蛋白质晶体学与蛋白质数据库,熟悉 PyMOL 这一计算机程序来观看蛋白质的三维立体图。

这个单元的课以教师的一个简短回顾开始。首先,教师带领大家回忆分子生物学的中心法则,接着讲解 DNA 的含义、蛋白质在生物体内的化学“工作”以及 RDA 介导的蛋白质合成原理。完成所有的基础讲解之后,教师组织学生参与一个有关家庭成员的疾病史调查。结合自己家庭成员的患病史,学生考虑、讨论自己遗传该种基因缺陷的可能性。为了尊重学生的隐私,这一环节可视当时的情境选择进行或省略。讨论活动后,教师继续讲解基因变异的作用,并用几种代表性的疾病,如镰状细胞性贫血、戈谢病作为讲解的实例。最后,学生需要选择一种遗传病作为研究对象撰写研究报告,内容包括解释发病的原因、基因的缺陷与蛋白质的作用,描述常见的症状和目前所存在的治疗方法,或是阐述现有的研究结果。此外,教师还可以布置学生观看一部好莱坞关于基因疾病的电影。通过这一步,学生对基因缺陷与蛋白质作用的理解会更为翔实, 也会因为学习材料与现实世界的紧密联系而对学习内容更感兴趣。

实验的环节在教师讲解之后的课上进行。在学生了解蛋白质分解和蛋白质晶体是什么之后,学生就可以在实验室中将所学概念化为实践。在实验室中,学生通过仪器观察蛋白质结晶的过程。结晶通常在几个小时内完成,学生可以等待或是隔夜再使用显微镜进行观察。在使用 PyMOL 这一分子可视化的工具之前,教师会为学生播放 PyMOL 的教学视频。之后,学生可以通过这一软件下载蛋白质的相关文件,观察 3D 结构下的蛋白质,并实施操作通过改变血红蛋白的结构来造成基因缺陷的实验。让学生参与实验与 PyMOL 软件的应用都是为了让学生对蛋白质的结构与功能产生直观的印象。在这些环节中,学生通过 PyMOL 这一管道接触到生物化学领域与药物制造领域最新的研究成果,而这些领域都以对蛋白质的研究为核心。

三、高中技术课程和工程课程的实施与评价

比之科学课程与数学课程,技术课程与工程课程的关系更为紧密。之前基础教育阶段的技术课程主要指的是信息技术教育,也就是计算机课程,而人们对技术教育的认识是不完整的,对技术教育与教育技术之间的差异并不了解。随着时间的推移,技术课程不再仅等同于计算机课程,还包括更多需要了解的知识和动手操作的实验机会。AETL(2003)指出,技术学习的项目在本质上是跨学科的。尽管在高年级教学内容越来越专精,但技术课程与其他学科课程的整合会更困难,而整合效果会更好,更有助于学生从多种角度思考问题。

技术课程与工程课程在实施过程中密不可分。工程设计的工作通常伴随着相关技术的学习与使用,在技术课程实施的过程中通常也会需要学生准备设计方案,动手操作。这种融合不仅内显在课程标准上,也外显在组织名称的改变上。2010 年 2 月,国际技术教育协会(ITEA)正式改名为国际技术与工程教育协会(ITEEA)。这一标志性的变革呼唤着工程教育与技术教育在其课程与专业发展领域做出相应改变。改变之一就是全面综合科学、技术、工程与数学课程信息,通过展示各学科之间的内在联系与相互的作用来融合。

目前,在全美境内实施最广泛的工程项目就是“项目引路计划”(PLTW)。该项目遍布美国每一个州,内容也从最初的高中“通向工程的道路”(PTT)扩展到现有的初中“通向技术的大门”课程(GTT)和“生物医学科学”(BMS)课程。高中的 PTT 课程主要分为三类,即基础课程、专业化课程与顶点课程。

高中课程包括几个主题,与大学工程课程的内容相关。学生通过以项目和问题为基础的学习,既可以培养对于工程教育的兴趣,又能熟悉大学工程课程的内容,

为他们高中毕业后升学选择 STEM 相关专业打好基础。PLTW 为学生提供了可动手实践的延续性的课程。该课程基于国家和州的科学、技术、工程和数学的课程标准进行内容设置,使用跨学科的教学方法。

在 PLTW 项目的实施中，工程设计常常使用的 3D 机械设计软件与三维 CAD 软件会出现在高中课堂之上。威斯康星州的奥科诺莫沃克高中在学习基础课程中的 IED(工程设计初探)时使用了 Autodesk Inventor 这一软件。学生在上课的过程中,可以通过亲自操作得到直观的三维立体图示,并在设计好作品之后,还可以通过 3D 打印机把成品打印出来。任课教师 Mark Jappinen 对 Autodesk Inventor 的使用与推广持肯定的态度。PLTW 项目是需要学生多年持续参与的项目,四年之内每个学生都有机会接触、使用这个 3D 的软件,并随着课程的逐渐深入,参与项目的学生会对这一软件自带的高级功能有更多的了解与掌握。在现实世界中,Autodesk Inventor 这一软件是许多设计公司正在使用的。因此,让学生在高中时期接触、掌握这种技术就有更多的现实意义。比如，高中学生毕业后进入公司可以直接上手操作,变得不再遥远。此外,PLTW 项目集合了多学科的知识与概念,如在 IED 课程中就包含基本数学、几何学、绘图技术、空间关系、尺寸标准测量、机械设计及实体模型。通过不同的工程设计任务,学生可以从中拓宽自己的知识面。这种学习经历会让学生在面对大学难度更高的工程教育时充满信心，对他们在毕业后从事 STEM 相关工作时也更有把握。高中阶段的 PLTW 项目在课程实施过程中以及在结束后都会有严格的考评机制,考试的结果与学生高中毕业后的大学升学有直接的关系。

除了参与项目的教师与学生评价之外,PLTW 项目实施至今在美国业界收获了众多的好评,2012 年被美国“变革方程”机构评为全美最好的四个 STEM 教育项目之一。除了 PL、TW 之外,目前美国还存在许多类似的技术与工程项目,其范围涵盖了 K-12 的教育阶段。目前,我国已经出现了 PLTW 的小学项目,高中项目尚未引进。

第四节　高中物理教学融入技术教育的实践

在高中物理课上融入工程技术方面的内容并不能随意而为，因为选择的内容过难会阻碍学生兴趣的发展，传授的方式不妥也会直接影响学习的效果。在教学时间安排紧凑、学生学业负担较重的环境下，如何开展工程技术知识的教学，在有限的时间和空间内达到较为理想的学习效果，有效地发展学生的科学研究能力和动手实践意识，是教师本身需要慎重考虑和研究的问题。

一、高中物理教学中渗透技术元素的原则

（一）以培养兴趣和科学创造力为主要出发点

创造力，即创造新事物、适应新环境的能力和热情，被列为在新时代成功的必要条件。正如经济学家理查德所说："人类的创造力是经济发展的终极资源。提出新想法，找出解决问题的更好方法，是提高生产力和生活标准的最终途径。"培养学生的创新精神和实践能力已成为当前素质教育的重要内容之一，而青少年科学创造力的培养也因此成为教育教学领域所关注的重要课题。在物理教学中，有意识地培养学生的科学创造力，不仅可以加速创造性人才的培养，而且还可以使我们更好地在物理学科教学中落实以创新精神和实践能力培养为核心的素质教育。相对其他学科而言，在物理教学中培养学生的科学创造力有着得天独厚的有利条件。物理规律起源于生活，体现于科技，和学生周围的事物息息相关。物理课上有大量的科学现象、科学实验、科学问题和科学实践活动可以提供给学生，不但可以体现物理这门学科的意义价值和"亲和力"，使学生对物理产生兴趣，而且还可以让学生多动

手、多动脑，达到训练学生思维、发展科学创造力的功效。因此，我们在物理教学中更应重视物理原理与科技实践相结合的资源的开发和应用。

(二)以不增加学生的负担为基本准则

虽然我国教育已经开始由“应试教育”向“素质教育”转变，但由于升学压力，学校和家长对学生分数过分关注这一事实在短时间内还很难改变。在教学的大环境下，学生需要花费大量的精力去应付各门学科的课程和作业。如果要求学生在课后花费大量的时间查阅资料或是制作，并不切实际，而且必定会遇到相当的阻力。所以，要让学生增加对工程技术方面物理知识的了解，尽量以课堂实施为主。同时，课后的实践活动也需相对灵活，不能花费太多的时间。

从难度上讲，虽然高中物理课程的内容有一定难度，但学生接触的还是相对较为简单的物理原理和应用。所以，教学内容中渗透工程技术方面的应用，并不能只是将大学知识简单地“下放”，否则过于高深的技术必然曲高和寡。同时，在教学素材难度的控制上应有“度”，要考虑学生现有的科学知识基础和该年龄段的认知能力，谨慎选取内容，控制难度。

(三)注意内容选择的趣味性和可操作性

工程技术中物理原理的应用是非常广泛的，但若要适用于高中物理教学，却要受学生知识水平和认知能力的局限。所以，教师要精心选择教学的内容和方式，让学生充分参与其中，并体会学习的乐趣。在引进相关内容时，既要备素材，也要备学生，主要考虑两点，即“能不能接受”和“感不感兴趣”。所以，笔者在选择素材时，尽量源于书本，从已有的原理和实验去拓宽。比如，遵循着实验的原理对实验设计进行改造拓展，或从生活中寻找问题，而过于抽象的问题不利于实际探究，最好以学生能够亲身体验的事物为佳，如学生身边可以接触到的东西，或者自己能找到材料动手制作。此外，素材的难度要切合学生的实际认知水平。因为太难的问题会使学生感到无助，失去学习兴趣和信心；太容易的问题又不能体现出意义和价值。只有选择那些“跳起来，摘到桃子”的问题，才能激发学生的兴趣，激起思考探究的欲望，在教学中取得好的效果。

（四）以课堂为主、以课外为辅开展实践活动

学生思维的训练和能力的发展离不开实践。但开展科学实践活动并不是要求学生去搞发明创造，而是通过活动去促进学生的思维，培养学生的动手能力，促进个体的身心发展。在物理课堂上，可以让学生亲自动手做实验，分析现象，讨论原理，然后进一步依据原理创新实验；也可以利用课余时间，鼓励学生主动查阅和研究相关资料，动手制作一些模型等。但是，鉴于高中学习负担较重，学生本身的知识能力有限，教师所提供的活动内容不应太复杂，而要与日常生活有着密切联系，也要注意活动的趣味性，同时活动所占用的时间不应太长。此外，在科技活动中，应指导学生体会科学研究方法，注意观察活动中出现的现象，引导学生得出结论，或提出自己独特的见解。

二、高中物理教学中渗透技术教育的教学策略

（一）以情境问题的发掘和讨论促进学生的主动学习和意义学习

“现象是物理学的根源”，知识离不开具体的情境，而课堂教学是没有天然物理环境的。因为在实际教学中，物理知识常常被抽离出来讨论分析，而理论化的知识和抽象化的模型演练使得在课堂上学习的东西难以迁移和应用于课堂之外的环境。为了避免此情况的发生，就有必要创造与现实生活相似的真实情境。在教学实践中，行之有效的做法是提供物理现象进行观察、给予原始问题加以分析等。这样，就会形成一个有效的物理生态小环境，从而加强学生对理论知识的理解和灵活应用，让学生品味到物理的趣味和意义。

研究表明，思维品质培养只有在原始问题中才有生命力，在物理情境中才能显

示出其内涵、色彩与格调,才能显示出其内在的理由、作用和功效。因此,采用情境分析、运用原始问题可以有效促进学生思维品质的发展。

(二)以演示实验的分析和拓展培养学生的想象力和发散思维

随着新课程的开展,对学生创造性能力和科学素养的认识越来越深刻,培养学生的创新精神和创造性能力俨然成为当前进行素质教育的核心所在,高中物理教学的重点也由重知识向重思维和能力的方向过渡。在教学实施中,演示实验往往是实现学生能力发展的一个"契机"。

演示实验一直是物理课堂的"兴奋点"。一方面,学生可以从演示实验看到日常生活中不容易看到的现象;另一方面,演示实验往往和本节课的知识点紧密联系,是理论应用于实践的典型。在课堂教学中,演示实验的有效利用,如对演示实验现象的强化和对演示实验原理的分析讨论,可以很好地提升课堂教学的效果,有助于启发学生的思维。但如果仅仅是根据书本上规定的器材和方案来实施实验,那么还不能充分发挥演示实验的功效。演示实验反映的原理往往具有普适性。学生能不能利用普遍适应的原理制作新的实验器材,设计新的实验方案,可以提供机会让学生动手将想象付诸实现。实践证明,这种做法为学生创造性思维的发挥提供了平台。

(三)以课堂知识基础上的课外实践来培养学生的物理兴趣和热情

从学生个人的角度来说,课外活动在更多方面肯定了他们的生存价值,增强了自信心和成功感,鼓励他们追求自己的兴趣,也帮助他们确认和调整自己的兴趣;从整个民族的角度来说,课外活动赋予成功、才能和价值更广泛的定义。学生从课外实践活动中亲身体会到成功的乐趣,有助于促进他们对科学的热情和兴趣,同时也有助于科学创造力的发展。在活动中培养学生的科学创造力,并不是要求学生去搞发明创造,而是通过活动去培养学生的思维能力,促进个体身心发展。例如,可以利用课余时间,鼓励学生查阅和研究相关资料,或者组织学生形成科技活动小组,设计和开展多种课外科技活动。比如,讲到“向心力”时,可以让学生找找身边做圆周运动的物体,分析它们的向心力,也可以上网百度一下这些物体的工作原理;学了“电磁感应现象”后,可以启发学生自制简易的发电机;学了“波的干涉”后,可以试着做两个相干的水波,观察它们的干涉特点,或者找找生活中的干涉现象,还可以让学生根据声波干涉的原理制作增音喇叭、消声器等。这种动手动脑的活动不但能开阔学生的视野,激发他们对新知识的探索欲望,而且也能增强他们的自学能力和研究能力,特别有利于其科学创造力的发展与培养。

(四)以背景知识的介绍拓展学生的视野和培养学生的科学精神

作为一门历史悠久的科学,物理学的发展总是和工业的进步息息相关,而且物理技术在生活中也有着广泛的应用。课堂上讲到相关物理知识时,可以联系历史谈谈物理学上取得的成果对工业发展产生了哪些重大的作用, 以及物理技术在实际生活中的广泛应用,尤其是学生身边熟悉的科技应用,学生尤为感兴趣;也可以举一些联系实际的例子,帮助学生理解较为抽象的概念。比如,讲到“重力”时,课堂时间比较宽裕,可以和学生谈谈勘探用的重力探测仪、手机上的重力感应器;讲到“加速度”时,学生理解较为抽象,可以联系飞机起飞、汽车刹车,实际体会一下不同加速度给人带来的感受。如果课堂时间有限,那么可以将这些知识作为课外阅读提供给学生。这样做,不仅可以增强学生对物理学习的认同和亲切感,而且还可以非常好地拓宽学生的视野,培养学生在生活中寻找物理、思考物理的习惯。

三、高中物理教学中渗透技术教育的方法

(一)寻找与高中物理教材的结合点,对已有的素材资料进行扩充、分析和尝试

普通高中新课程改革以来,不但教学模式发生了很明显的改善,而且物理教材也发生了较大的变化。新高中物理教材中出现了“观察思考”“活动”“讨论交流”“小资料”“实验室”“课外阅览”“物理在线”等栏目。对于教材中的阅读材料,多数学生

认为需要教师的指导；对于教材中的选学内容，学生希望教师有针对性地选讲；对于现代科学技术的发展，多数学生希望教师在课内外分散讲解。针对学生强烈的求知欲望，教师在兴趣的基础上，合理引导学生学习此类知识，并适当地做一些补充，必将使学生学习物理的兴趣大增，同时加强学生对工程技术知识的研究意识和倾向。例如，在讲到选修 3-4 的“课外阅览——全息照相简介”时，可以补充介绍全息技术在军事方面的应用，如制成全息 3D 战术地图来协助作战；借助全息技术，拍摄和制作一些宗教先知的影像、自然灾害、宣传标语、战争场面等具有特定心理暗示作用的全息图像，将它们投影到半空中再配以音效，能对敌军产生强烈的心理震撼和暗示作用；根据全息技术制成的全息透镜有很高的透射率和反射率，配在头盔显示镜、瞄准镜上，有良好的作战效果等。

此外，教材上还有一些内容可以作为课后作业，鼓励和帮助学生动手操作实践。例如，选修 3-1 中的“发展空间——小彩灯的串并联”可以让学生动手做一做。可以用问题加以引导：一个灯泡坏了，其他照常亮，电路应该怎么连；如果要灯光交替闪亮，形成流动效果，那么又应如何连接等。又如，教材有关电磁铁的习题，学生也可以找材料或上淘宝网采购相关器材自己试一试。“纸上得来终觉浅，绝知此事要躬行。”只有通过亲身尝试，学生才能感受到工程技术的魅力，才能体会到成功的喜悦。

（二）寻找生活中常见的现象作为生长点，利用物理知识解释现象并延伸

经实践证明，要想改变学生学习物理的被动态度，使学生产生主动探索的求知欲望，联系生活现象、采用情境教学是有效的途径和方法。孔子曰：“不愤不启，不悱不发，举一隅不以三隅反，则不复也。”如此，可以利用熟悉的事物，引起学生强烈的好奇心。用生活中的“为什么”让学生产生“切身相关”的感受，借助物理原理与身边事物息息相关的特点，能激励他们积极探索事情的“真相”，同时也可以引导学生在生活中观察、研究物理，防止课堂上学习的东西难以迁移和应用于课堂之外的环境

的情况发生。

奥苏贝尔等人强调,学生的已有知识经验是习得新知识的固着点。在给学生教学中加入工程技术知识之前,假若先采取有效措施,激活学生长时记忆中相关的原有知识经验,那么势必将大大提高教学效率和学习效率。所以,在教学中设计与工程技术应用相关的环节时,应时时留意与生活情境的结合,尽量就身边的事物来设计相关的问题,使学生通过物理学习来了解身边的科技发展。

(三)挖掘演示实验的潜藏价值,对实验进行变式,与实际应用挂钩

实验是物理教学的重要基础,运用物理实验可以给学生学习物理创造一个良好的环境,使学生主动地获取物理知识和发展能力,促进学生科学品质和世界观的形成。实验能够创造最确实,最少受干扰,并保证过程以其纯粹形态进行的物理环境。它创造了理论密切联系实际的学习过程,在这个过程中蕴藏着极其活泼的因素。所以,演示实验环节往往是一节课的兴奋点,而且学生对物理实验有很浓厚的兴趣和关注。同时,演示实验可以很好地辅助学生,使他们对知识内容有进一步的理解,达到训练思维、提高能力的效果。为了达到这一功效,一方面,教师要提供充分的铺垫和引导,使学生能充分地理解实验;另一方面,教师可以根据教学内容补充一些自制实验,或者引导学生对已有实验的形式做出新的拓展。比如,在学习完感应电流的产生后,能不能依据感应电流的产生条件用其他的器材来实现发电,能不能利用地磁场来发电,能不能自制一个发电机等。

(四)以高考题目为着力点,分析与应试题目相关的应用型问题

在现在的升学机制下,完全背离应试教育的思想很难有存活的可能。物理学习虽然反对彻底的应试教育,但并不是对此全盘地否定。因为高考机制也有其利于学生发展的能力,尤其是现在的考题设计越来越偏向应用类的信息题,而这是学生了解工程技术的良好素材。在物理课堂中,广泛地搜集相关的信息题或应用题型讨论

分析，有利于学生的良性发展。

(五)以物理课堂导学案作为承载点，普及物理知识在工程技术方面的应用

物理课堂的时间毕竟有限，要使物理教学中的工程技术教育可以延续下去，物理课堂导学案是一个很好的工具。因此，可以在导学案上设置课外阅览栏目，广泛介绍与课堂内容相关的工程技术方面的知识，或是物理教材“发展空间”内容的辅助材料；也可以在导学案上布置动手实践的任务，或是对学生的实践活动给予辅助提示，甚至还可以把职业介绍引入其中。这种在科学教育中渗透职业意识培养的做法，有利于学生在科学学习中逐渐明确自己的职业兴趣，为学生未来的职业规划埋下伏笔。

四、新课教学

(一)万有引力定律的应用

“万有引力定律的应用”选自教科版高中物理必修 2 第三章第三节的内容。本节内容是天体运动的重要一节，是本章前几节内容的综合应用。这一节课的课堂效果往往会影响学生对天体运动的兴趣，甚至是对航空航天的兴趣。因此，要求学生带着问题去探究，同时以太阳系天体模型为研究对象(如图 10-1 所示)来探究天体运行的规律及数学运算规律，从而得到新知识，提升自身的综合能力和 STEM 综合素养。

图 10-1 太阳系天体模型

1.教学目标

(1)知识与技能

了解利用万有引力定律预言彗星回归和预知未知星体的能力，掌握利用万有引力定律推导计算出天体质量和密度的方法，了解万有引力定律在宇宙探索中的重要作用。

(2)过程与方法

培养探究能力、合作能力、动手能力和自学能力等综合能力。

(3)情感态度与价值观

体验自然科学中的科学研究方法和人文精神。

(4)STEM 教育目的

培养利用科学知识探究自然界的能力;利用技术解决问题的能力,以及意识到技术能影响自己、国家和社会的能力;整合多门学科解决实际问题的能力;利用数学解释、表达的能力;提高学生 STEM 相关职业的兴趣和 STEM 综合素养。

2.教学重、难点

(1)重点

应用万有引力定律知识预言彗星的回归,以及万有引力定律的应用;利用万有引力定律计算天体质量、密度的思路和方法。

(2)难点

利用万有引力定律计算天体质量、密度的思路和方法。

3.教学方法

基于问题的探究式教学、自主学习和协作学习、基于项目的教学与学习。

4.教学计划

基于 STEM 教育理念的高中物理教学以学生为主体，教师作为指导者、合作者。课前,教师向学生提出两个问题和太阳系天体模型问题。

两个问题:下一次哈雷彗星何时出现?太阳系是否存在第九颗行星?

太阳系天体模型问题:地球绕着太阳转动,则如何求中心天体的质量?又如何求其他环绕天体的质量和密度呢?

通过以上两个问题和太阳系天体模型问题,学生带着问题,围绕着问题查阅资料,归纳总结,计算推演,在自主、合作学习的基础上解决问题。同时,为了巩固知识及活学活用,教师还可提出以下问题:土星上的一年有多长?金星上的一天有多长?哪两个星球因为大小相近,被誉为"地球双胞胎"?哪个星球位于地球和太阳之间?太阳系中哪个星球带有一个"环"?哪个星球被誉为红色星球?哪个星球最合适我们人类居住?月亮边上最亮的那个星星是什么星球?各个小组就一个或两个问题进行探究,通过合作交流、查阅资料及合理演算等解决问题,最后学生在课堂上进行"成果"的展示与说明,教师与学生一起进行成果的评价与总结。

5.课外活动

在这个案例中,学生利用多种现代信息技术查阅资料,扩充新知,这是对技术的进一步掌握。同时,学生在展示结果时,也利用计算机等多种课程资源、模型来帮助自己解释说明。从本节课的最后一个太阳系天体模型可以看出,数学作为 STEM 教育的重要部分,与物理关系密切,即通过数学推演解释说明,可以得出计算未知天体的质量与密度规律。同时,也可以看出,本节课并未过多涉及工程方面,而且教学过程中并不能将 STEM 教育都一次性地概括在物理教学中。但是,我们要尽可能地在课堂中渗透 STEM 的教育理念。关于补充工程、技术在这节课的薄弱处,本书提出可以再次利用图 10-1 所示的太阳系模型。这个模型是可以拆卸组装且自主设计的。教师设计基于项目的课外活动,即"以木星为中心,以其周围的四颗伽利略行星"建立模型。在基于项目的教学和学习的引导下,学生根据学习内容进行项目准备、制订计划、项目实施、分析讨论、建立模型和解释说明,并在此过程中,教师适时地帮助、监督与评价。

6.小结

本书是在学习物理知识的同时,结合 STEM 教育理念,通过查阅资料、计算讨论,让学生知道利用万有引力定律解释同一颗彗星的多次回归时间,了解利用万有引力定律预知并发现海王星和冥王星的科学案例,然后通过太阳系模型讨论计算,学会计算未知天体的质量和密度。为了评价学生对本节内容知识的掌握情况,以及学生利用知识解决实际问题的情况,教师以不同的问题引导学生小组探究,最后向学生布置课外教学活动任务。通过本节课,不仅可以让学生体会到理论和实际生活情境之间的重要联系,培养学生逻辑思维能力和人文精神等,还能使学生对天体物理学的兴趣及 STEM 教育相关职业的兴趣增强,提升学生的综合能力和 STEM 综合素养。

(二)示波管原理

在电学部分选择了教科版高中二年级物理第一章第五节中的“示波管原理”所涉及的“带电粒子在电场中的运动规律”这一问题进行教学案例分析。“带电粒子在电场中的运动”综合了静电场和力学的知识,是对高中一年级所学知识的综合应用,也为之后学习带电粒子在磁场中的运动打下了基础。而对于本节知识在实际应用方面最典型的就是示波器——它将肉眼无法识别的电信号转化为看得见的图形,从而应用在我们的生活之中。究其原因,就是本节课要探究的。

1.教学目标

(1)知识与技能

了解示波管的工作原理,利用动力学知识与方法来分析带电粒子在电场中的运动。

(2)过程与方法

培养探究、自学、质疑、合作、解决实际问题等综合能力,了解理想化方法。

(3)情感态度与价值观

培养学生科学的探究方法与研究精神,建立科学价值观。

(4)STEM 教育目的

提高 STEM 综合素养,加深对 STEM 相关职业的广度与深度的了解。

2.教学重、难点

(1)重点

带电粒子在电场中的加速、偏转规律,以及该规律的应用。

(2)难点

带电粒子在电场中运动规律的应用。

3.教学方法

5E 教学模式、合作学习、自主学习。

4.教学计划

本节教学采用 5E 教学模式,分为以下五个环节。

(1)参与

为了激发学生的兴趣与探究欲望,教师利用信息技术向学生展示并提供广泛应用于生活中的示波管的模拟动画。教师简单地介绍完该模拟动画,在这里做封面截图处理,如图 10-2 所示。当调整偏转电极时,电子枪打出的电子就会沿着不同的轨迹运动,并且打在不同的位置上。此时,学生就会针对这一现象联系已有的知识经验,为下一步探究打下基础。

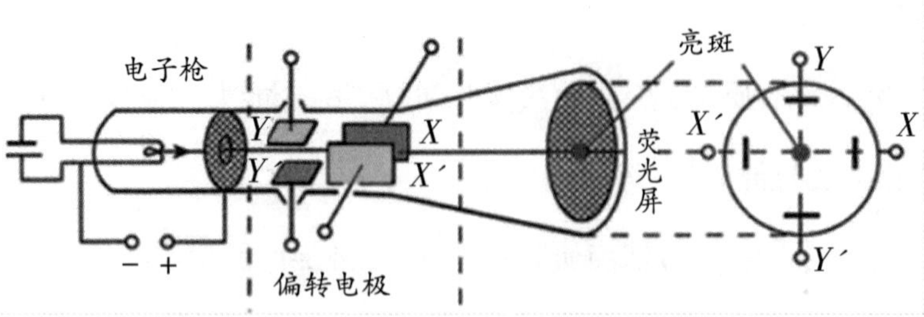

图 10–2　示波管工作原理

(2)探究

在探究部分,学生在教师的引导下通过观察、归纳计算、分析整理,将新、旧知识进行融合,总结出带电粒子在电场中的运动规律。

(3)解释

学生在探究之后要进行成果的展示与说明,所以在这里,就要对电子在不同的位置有不同的运动做出合理的解释,从而总结归纳出规律。之后,教师就学生的成果展示进行评价与补充。此外,教师就本节内容的实际应用进行扩展,举例说明利用“带电粒子在电场中的运动”的知识制作的加速器在工业、科技、农业等方面的应用。比如,以原子核实验、放射医疗、非破坏性探伤、加速器辐射育种保鲜和杀菌等来扩充学生的知识面,培养学生的 STEM 素养。

(4)迁移

该部分在于让学生利用所学知识解决实际生活中的现象、原理,所以在这一部分,教师提出一个问题:在医疗方面,俗称“X–刀”的立体定向放疗是如何利用带电粒子在电场中的运动的?学生就这一问题进行小组合作查阅资料,其渠道包括查阅网络、书籍及请教专家教师,或者有机会去医院请教等。在此过程中,教师可以适时地向学生提供相关的资料等予以帮助。在解决问题的过程中,学生不仅在本节内容的知识层面上有所提升,而且对于 STEM 教育素养也有很大的提升。

(5)评价

评价过程分为教师与学生两个过程。在整个教学过程中,教师通过学生的表现性任务进行正式评价。例如,可以通过评价学生"对带电粒子的运动规律"的成果展示的正确与否进行评价,也可以通过学生在"迁移"阶段对教师的问题的探究情况进行评价。同时,整个教学过程中,教师在观察与交流的过程中对学生进行非正式评价。而在课后,教师通过作业的完成情况,对学生进行评价以及对自身教学进行评估。此外,学生也要进行自我评价,通过反思自己在学习过程中的付出与努力,以及对自己的探究思路、方法等进行反思与改进,在掌握新知识的同时,提升 STEM 素养。

5.小结

本节内容采用的 5E 教学模式更有利于提高学生的学习兴趣,让学生认识到现在所学的知识对我们实际科学技术的革新所做的贡献, 以及利用数学帮助学生归纳、展示规律,使得学生建立有意义的科学概念。此外,本节内容可以增进学生对 STEM 领域职业的追求,为学生今后的职业教育提供更多的可能性。同时,也可以提高学生的探究能力、合作交流能力和综合分析问题的能力等。

五、实验教学

(一)教材与学情分析

在实验教学中,选择了教科版必修 2 第四章第四节"动能定理"中所涉及的"探究合外力做功与速度变化的关系"实验。动能定理是高考必考的知识,而该节实验是力学实验中尤为重要的一部分,在学习了动能之后。为了让学生更好地理解该部分内容,锻炼学生的 STEM 综合素养,教师以指导者、合作者、观察者和聆听者的身份,给予学生最大的自主权。同时,为了更好地理解动能定理,动手做实验就必不可少。而传统的实验室是通过打点计时器、小车等简易器材,分析纸带,从而花费大量的时间计算来探究得到动能定理的。虽然此法在一般情况下能够在误差范围内得出动能定理,但是在飞速发展的社会背景下,适当地更新传统的实验装置,利用信息科技技术使得实验更精确、更直观，能让学生亲身体悟现代科学技术及培养学生的 STEM 综合素养。与传统实验相比,本书在传统实验的基础上支持使用 DIS,即数字化信息实验来探究功与速度变化的关系。DIS 主要由传感器、数据采集器、计算机等组成,具有数据采集的自动化和数字化,使得数据的分析与处理更加智能化和现代化。学生在熟练运用 DIS 之后,自主查阅书籍资料并与同学合作,或在教师的引导帮助下,进行实验的设计、操作,以及合理利用计算机的数据处理,最后结合物理知识的解释,得出结论,从而完成本节课的学习。本节课,学生以“探究合外力做功与速度变化的关系”为一个项目,在基于项目的教学指导下,进行基于项目的学习。

(二)教学方法

基于项目的教学、基于项目的学习。

(三)实验目的

1.实验目的

探究合外力做功与速度变化的关系。

2.STEM 教育目的

提升学生的分析、设计、合作、创新、动手与解决问题等综合能力,在项目实施的过程中培养学生的 STEM 综合素养。

(四)重、难点

重点:实验方案的设计、合外力做功与速度变化的关系。

难点:实验探究合外力做功与速度变化的关系,即动能定理。

(五)实验装置

器材:滑块、气垫导轨、钩码、刻度尺、光电门、挡光片、数字计时器、安装有 DIS

系统或 excel 的计算机。

教师向学生提供实验室及相关的实验器材、资料等，让学生进行实验项目设计。而学生可自主选择实验装置。如果选择如图 10-3 所示的装置,那么要注意滑块的质量应远远大于钩码的质量。

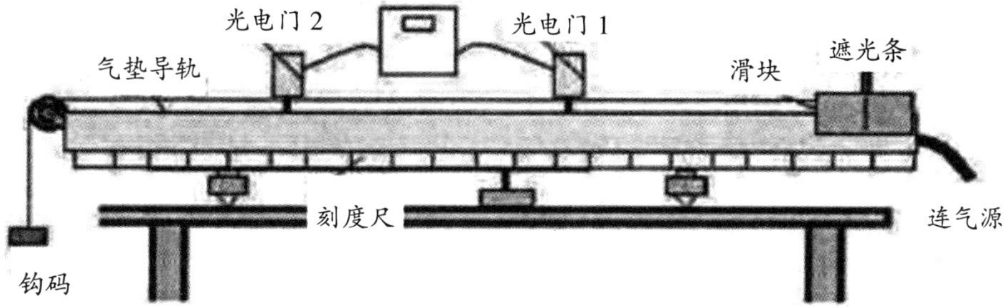

图 10-3 探究合外力做功与速度变化的关系

（六）实验操作与数据的处理

在进行实验操作过程中,对实验装置的选择、安装和调试,要充分发挥学生的合作学习能力,同学之间相互补充,教师及时提出修正与指导。同时,学生要学会设计表格、记录数据,并利用相关器材对相关数据进行测量,如利用天平测量钩码的重量,记录滑块运动位移、时间等。在数据处理的时候,将数据直接计入计算机并利用计算机作图,从而探究合外力做功与速度之间的关系。在探究速度与合外力之间的关系时,学生往往会探究 $W-\Delta v$、$W-\Delta v^2$、$W-\Delta v^3$ 的关系,并最终得到 $W-\Delta v^2$ 的线性图像关系。此图像需要学生分析两个问题:图像是否过原点？斜率是多少？学生通过进一步的探究与数据分析,将探究的结论在班级内进行结果展示与说明,即得到 $W=\frac{1}{2}mv_2^2-\frac{1}{2}mv_1^2$。最后,教师对学生的结果进行评价与完善。同时,动能定理的得出也可结合已有物理规律计算推演得出。所以,教师在此过程中应积极引导学生利用已有的知识和数学演算来解释,并验证动能定理。

最后，进行实验的误差分析，说明该实验还是有改进的空间，还需要技术的再次革新，使实验更精准。

（七）小结

本节课以学生为主体，教师向学生提供实验室和必要的实验器材，以“探究合外力做功与速度变化的关系”为本节课的项目学习主旨，让学生通过小组合作、设计实验、查阅资料、讨论分析、项目实施和撰写报告来展示成果。之后，学生之间进行相互评价与监督，教师从多个角度对学生进行过程性评价与结果性评价。

基于项目的教学从一开始就引导学生以一个“工程师”的角色思考问题，小组之间各自分工、合作交流，对实验的进展及如何利用、组合各个实验工具等问题进行规划。在这个过程中，学生将已有的知识经验、技术的运用、对未出现即将出现的结果进行猜想或预判，以及解释已出现的项目结果，其中利用数据的测量、分析、计算等都是利用数学进一步解释现象。从分析中可以看出，这是一堂普通的实验课，却也是一节不普通的实验课。因为本堂课潜移默化地对学生的综合能力与 STEM 综合素养进行了提升，也要求学生有很强的自主性、动手能力和探究精神等。

六、习题分析

新课程改革一再提出“物理源于生活且服务于社会”，而在习题情境的设计中，注重物理与现代生产、生活的联系，一方面考查学生运用物理知识解决社会实际物理问题的能力，培养学生综合分析问题的能力以及推理能力等；另一方面，通过解决题目所涉及的实际问题，培养学生 STEM 综合素养的能力，提高学生对 STEM 相关领域的兴趣和参与度。因此，在物理试题中渗透 STEM 教育时，必须注意题目与生产、生活、科学技术等真实情境的相结合。本书从近几年的高考题中选择了一些典型例题进行分析讨论。

例1:(2016浙江理科综合)如图10-4所示的是一种常见的身高体重测量仪。测量仪顶部向下发射波速为v的超声波,超声波经反射后返回,被测量仪接收,测量仪记录发射和接收的时间间隔。质量为M_0的测重台置于压力传感器上,传感器输出电压与作用在其上的压力成正比。当测重台没有站人时,测量仪记录的时间间隔为t_0,输出电压为U_0,而某同学站上测重台后,测量仪记录的时间间隔为t,输出电压为U,则该同学的身高和质量分别为(　　)。

图10-4　身高体重测量仪

A.$v(t_0-t)$, $\frac{M_0}{U_0}U$　　　　B.$\frac{1}{2}v(t_0-t)$, $\frac{M_0}{U_0}U$

C.$v(t_0-t)$, $\frac{M_0}{U_0}(U-U_0)$　　　　D.$\frac{1}{2}v(t_0-t)$, $\frac{M_0}{U_0}(U-U_0)$

试题分析:本题以一种常见的身高体重测量仪为模型,实际考查学生对传感器在生活、生产中应用的理解,其中涉及定量的思想与推理的方法,需要学生不仅利用物理知识理解这个真实模型,还要通过推理、数学定量计算等解决这道题。纵观这道题,涉及工程、数学、技术、物理科学知识,如果学生在解决这个问题时,能够灵活利用所学解决问题,那么综合素养也就会慢慢形成。

例2:如图10-5所示,两个线圈绕在同一根铁芯上,其中一线圈通过开关与电源连接,另一线圈与远处沿南北方向水平放置在纸面内的直导线连接成回路。将一小磁针悬挂在直导线正上方，开关未闭合时小磁针处于静止状态，则下列说法正确的是(　　)。

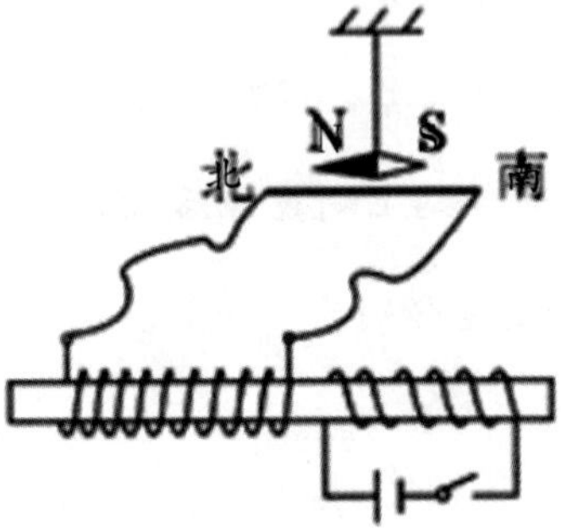

图 10-5　两个线圈绕在同一根铁芯上

A.开关闭合后的瞬间，小磁针的 N 极朝垂直纸面向里的方向转动

B.开关闭合并保持一段时间后，小磁针的 N 极指向垂直纸面向里的方向

C.开关闭合并保持一段时间后，小磁针的 N 极指向垂直纸面向外的方向

D.开关闭合并保持一段时间再断开后的瞬间，小磁针的 N 极朝垂直纸面向外的方向转动

解析：对于 A，开关闭合后的瞬间，铁芯内磁通量向右并增加，根据楞次定律，左线圈感应电流方向在直导线从南向北，其磁场在其上方向里，所以小磁针的 N 极朝垂直纸面向里的方向转动，故 A 正确；对于 B、C，直导线无电流，小磁针恢复图中方向；对于 D，开关闭合并保持一段时间再断开后的瞬间，电流方向与 A 相反，小磁针的 N 极朝垂直纸面向外的方向转动，故 D 正确。

第五节 在高中物理教学中加入技术元素的教学示例

一、教学示例一：工程技术方面的素材阅读——泛谈重力的测量及应用

地球上的一切物体都受重力。重力是一种非接触力。地球对物体施加的重力是通过地球的重力场实现的。难以想象，没有重力场的地球是怎样的。因此，对地球重力场（重力加速度 g 值）的测量及应用就显得尤为重要。

测定重力加速度的方法有很多，而这里介绍一种轻便实用的仪器——重力仪。重力仪广泛应用于地球重力场的测量、地壳形变观测及重力勘探等工作中，而且军事上也有重要用途。它的工作原理是基于对物体落体运动的观测与计算。

以自由落体运动为例，设一物体在真空中自由下落，如图 10-6 所示，物体的重心在 t_1、t_2 和 t_3 时刻时，所在的空间位置分别为 S_1、S_2 和 S_3。若以 $T_2=t_3-t_1$ 和 $T_1=t_2-t_1$ 表示两个时间间隔，以 $X_2=S_3-S_1$ 和 $X_1=S_2-S_1$ 表示相应的两段在垂线方向上的距离，则利用公式 $x=v_0t+\frac{1}{2}at^2$ 计算，可求得所在地重力加速度 g 的值。

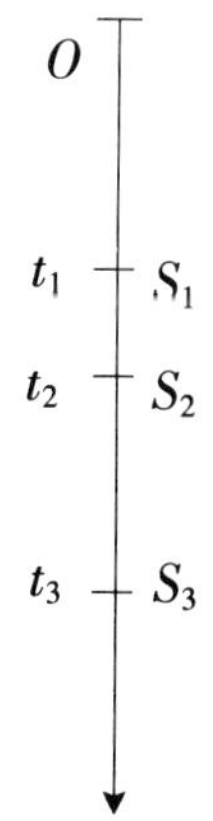

图 10-6 自由落体运动

距离 X_2 和 X_1 可用稳定的激光波长测定，时间间隔 T_2 和 T_1 可用高精度的频标信号测定。测量中，还必须对各种影响测量精度的干扰因素进行计算和检测，对测量数据进行修正，如此才能获得最后的测量结果。而其他的测量方法还有很多，这里不一一赘述。

我国国土幅员辽阔，随着勘测地点地表位置的改变，或离地高度发生变化，所测得的重力加速度 g 值也不同。国家主要依靠地面重力观测、卫星测高和低轨卫星跟踪的综合模式采集重力场的数据，并努力完善重力数据库，建立重力基本网。

地球重力场相关数据的应用相当广泛，如地质勘查中的使用。重力勘探技术是地球物理勘探方法之一，是利用组成地壳的各种岩体、矿体间的密度差异所引起的地表的重力加速度值的变化而进行地质勘探的一种方法。它是以牛顿万有引力定律为基础的，只要勘探地质体与其周围岩体有一定的密度差异，就可以用精密的重力测量仪器（主要为重力仪和扭秤）找出重力异常。然后，结合工作地区的地质和其他物探资料，对重力异常进行定性解释，便可以推断覆盖层以下密度不同的矿体与岩层埋藏情况，进而找出隐伏矿体存在的位置和地质构造情况。重力勘探在对探测地区不造成破坏的前提下，可以探测地下几千米深处的地质结构，同时在金属与非金属矿产勘探、石油与天然气勘探、岩土与军事工程、文化考古勘探及地壳结构与深部构造研究方面都发挥着越来越重要的作用。

20 世纪 60 年代，重力勘探技术在我国区域地质构造研究，以及石油、矿产、天然气勘探工作中发挥了重要的作用。近年来，重力勘探技术在测量精度上也显著提高，不断有新的发现。例如，在甘肃发现铁矿，在云南发现盐矿……国内各个油田近年来都开展高精重力勘探方法，配合油气的进一步勘测。除此之外，重力勘测也用于工程地质调查，如探测岩溶、追索断裂破碎带等。柴达木盆地南部的察尔汗湖是我国最大的盐湖，而青藏铁路约有 34km 通过该湖区，近年来岩溶发展速度加快，对铁路安全造成威胁。国家地震局地震研究所和兰州铁路局用微重力方法对该湖区部分地段进行了勘察,在铁路两侧布设了大面积测区,监测铁路地下及周围的溶洞面积及发展,合理地安排铁路的维护和运行。

重力场的应用遍布各个领域。军事上利用重力感应仪进行导航;工业上利用重力除尘器过滤高炉废气,利用重力感应装置防爆;农业上利用重力灌溉系统提高灌溉的效率和水的利用率。除此之外,还可以利用重力实时测量角度调整仪器……如果这些对我们来说很陌生,那我们一起来留心一下身边的重力感应技术吧!

把重力和智能手机联系起来是一个有趣的结合,手机翻转中仿佛有了"重力"的知觉。比如,把手机横放,页面就可以根据重心的变化自动转换成横屏;晃动手机就可以玩极速飞车、硬币猎人的游戏;手机甩一甩还能自动换歌或是找朋友,这些有趣的功能都是靠重力感应器实现的。重力感应器是由苹果公司率先开发的一种设备。如今,纵观主流智能机,它已经成为很多手机的标配。

重力感应器(或 G-sensor)是利用压电效应的原理来工作的,核心部件是一个压电传感器,其内部将重物和压电片做成一体,与电路相连。当感应器在晃动、跌落、上升、下降等各种移动变化过程中,物体都会因受力的变化而发生形变,这些变化能被 G-sensor 转化为电信号,然后通过微处理器的计算分析,完成程序设计好的功能。

重力感应系统给我们带来了方便,如拥有重力感应系统的手机有翻转拒接功能。假如你在开会或不方便接听电话,当有来电打入时,把手机面朝下,会自动关闭铃声但不会挂断电话;如果再翻转过来,铃声又会继续。现今,重力感应器还用于盲人手机的开发设计。通过重力感应器检测模块及其编码,可以让盲人通过对手机位置状态的改变来操作手机,从而在无视觉的情况下完成拨打、接听电话等普通功能,同时大大降低盲人手机的成本,更有利于新科技的普及。

除了这些“时髦”的用法外,重力感应系统值得推崇之处还在于它的硬盘保护功能。科学实验证明,一般存储器在不通电的时候,抗震性有 1000G,而通电工作之后,抗震性不足 200G,非常轻微的磕碰都有可能造成磁盘坏道。因此,只有有效确保工作状态下的产品安全,才能最终确保其中的数据资料安全。“重力感应技术”利用重力加速度原理,一旦侦测到意外,就能在摔落的瞬间将磁头撤至安全停泊区,可使移动存储器安全性能提升 500%以上，达到甚至超越无电状态下的抗震水平,从根本上确保处于工作状态下的移动存储器的抗震性能，从而保证在任何状态下的数据信息安全。

世界上很多地区存在着电力不足或是无法输送的问题。一家英国公司竟然希望用重力来驱动电灯,为全球 15 亿生活在没有电网地方的人照明。重力灯的工作原理是用一袋沙子渐渐拉动一根穿过一个发电机装置的绳子，这个发电机装置产生电,为一个 LED 照明灯做动力。重力灯的制造者称,为升起沙袋拉绳子 3 秒钟,可使 LED 灯泡发光最长 30 分钟。如果这个设计能够普及,那么将给全球 15 亿不能正常用电的人提供一个可持续照明的解决方案。

二、教学实例二:磁传感器

我们伟大中华祖先的四大发明之一——指南针,可谓无人不知。对于现代传感器技术来讲,它可算得上是磁传感器的鼻祖了。而在当今的电子时代,磁传感器在电机、电力电子技术、汽车工业、工业自动控制、机器人、办公自动化、家用电器及各种安全系统等方面都有着广泛的应用。

(一)磁传感器

磁传感器是一种把磁场、电流、应力应变、温度、光等外界因素引起的敏感元件磁性能变化转换成电信号,以这种方式来检测相应物理量的器件,用于感测速度、运动和方向,应用领域包括汽车、无线和消费电子、军事、能源、医疗和数据处理等。

磁传感器市场按照技术进步的发展，主要分为四大类：霍尔效应（Hall Effect）传感器、各向异性磁阻（AMR）传感器、巨磁阻（GMR）传感器、隧道磁阻（TMR）传感器。其中，霍尔效应传感器的历史最悠久，获得广泛应用。随着技术的研发，各种磁传感器诞生，并拥有更优异的性能、更高的可靠性。

（二）霍尔效应传感器

1879 年，美国物理学家霍尔在研究金属导电机制时发现了霍尔效应，但因金属的霍尔效应很弱而一直没有实际应用案例，直到发现半导体的霍尔效应比金属强很多，才利用这种现象制作了霍尔元件。

如图 10–7 所示，在半导体薄膜两端通以控制电流 I，并在薄膜的垂直方向施加磁感应强度为 B 的匀强磁场，半导体中的电子与空穴受到不同方向的洛伦兹力而在不同方向上聚集，聚集起来的电子与空穴之间会产生电场，电场强度与洛伦兹力产生平衡之后，不再聚集，这个现象叫作霍尔效应。在垂直于电流和磁场的方向上，将产生的内建电势差称为霍尔电压 U。霍尔电压 U 与半导体薄膜厚度 d、电场 B 和电流 I 的关系为 $U=k\dfrac{IB}{d}$。这里的 k 为霍尔系数，与半导体磁性材料有关。

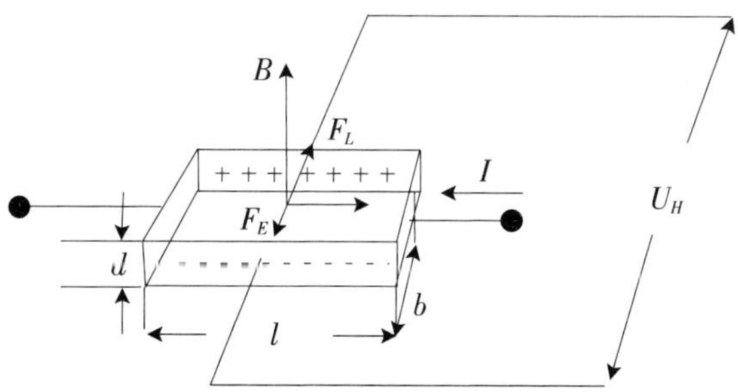

图 10–7 霍尔效应示意图

霍尔传感器利用霍尔效应的原理制作，主要有霍尔线性传感器、霍尔开关和磁力计三种。

1.霍尔线性传感器

霍尔线性传感器由霍尔元件、线性放大器和射极跟随器组成。它输出模拟量，输出电压与外加磁场强度呈线性关系。

工作原理:霍尔线性器件拥有很宽的磁场量测范围,并能识别磁极。其应用领域有电力机车、地下铁道、无轨电车、铁路等,还可用于变频器中监控电量、光伏直流柜监测光伏汇流箱实时输出电流的作用、电动机保护等。此外,霍尔线性传感器还可以用于测量位置和位移,同时也可用于液位探测、水流探测等。

2.开关型霍尔传感器

开关型霍尔传感器由稳压器、霍尔元件、差分放大器、斯密特触发器和输出级组成。它输出数字量。

工作原理:霍尔开关器件无触点、无磨损,输出波形清晰、无抖动、无回跳,位置重复精度高,工作温度范围宽,可达-55~150℃。开关型霍尔传感经过一次磁场强度的变化,则完成一次开关动作,输出数字信号,可以计算汽车或机器转速、ABS 系统中的速度传感器、汽车速度表和里程表、机车的自动门开关、无刷直流电动机、汽车点火系统、门禁和防盗报警器、自动贩卖机、打印机等。

3.磁力计

磁力计是利用霍尔效应产生的电势差来测算外界磁场的大小和极性的。磁力计是采用 CMOS 工艺的平面器件,工艺相对一般 IC 更为简单,一般采用 P 型衬底上 N 阱上形成传感器件,通过金属电极,将传感器与其他电路(如放大器、调节处理器等)相连。

但这样设计的霍尔传感器只能感知垂直于管芯表面的磁场变化，因此增加了磁通集中器。从工艺上来讲,就是将原来的管芯上增加一层坡莫合金,可探测平行于管芯方向的磁场。由此,霍尔传感器实现了从单轴到三轴磁力计的跨越式发展。

磁力计广泛应用于智能手机、平板电脑和导航设备等移动终端，拥有巨大的市场前景。同时，磁力计可以与加速度计组成六轴电子罗盘，而且三种惯性传感器(加上陀螺仪)组合在一起，还能实现九轴组合传感器，构成更强大的惯性导航产品。

结合实物模型，分析电磁流量计(如图 10-8 所示)的工作原理：电磁流量计的工作原理类似于霍尔效应。在电磁流量计中，测量管内的导电介质含有大量可自由移动的电荷，上下两端的两个电磁线圈能产生恒定的磁场。当有导电介质流过时，由霍尔效应可知，管道两侧会产生感应电压，而利用管道内部的两个电极测量产生的感应电压 U，可求得管道污水的流量。测量管道通过不导电的内衬(橡胶、特氟隆等)，可实现与流体和测量电极的电磁隔离。

图 10-8 电磁流量计

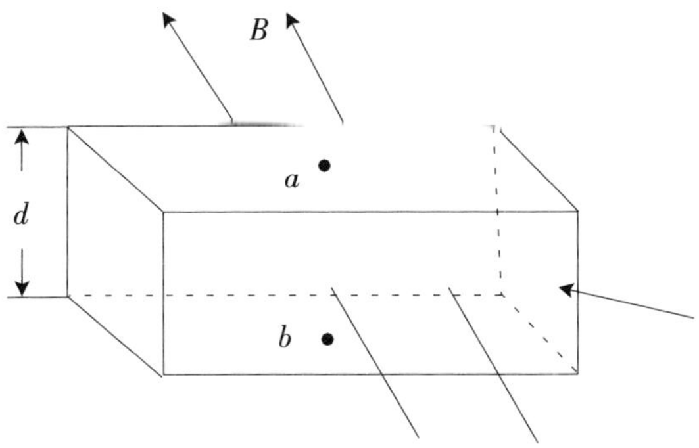

图 10-9 电磁流量计示意图

如图 10–9 所示，为电磁流量计示意图，其截面为正方形的非磁性管，每边边长为 d，导电液体流动时，在垂直液体流动方向上加一指向纸内的匀强磁场，磁感应强度为 B，现测得液体 a、b 两点间的电势差为 U，求管内导电液体的流量 Q。

对离子有 $qvB=q\frac{U}{d}$，解得 $v=\frac{U}{Bd}$。

流量等于单位时间内流过液体的体积，则有 $Q=vS=\frac{U}{Bd}\times d^2=\frac{dU}{B}$。

因此，管内导电液体的流量为$\frac{dU}{B}$。

电磁流量计的优点是测量精度高，四氟衬里耐酸碱防腐蚀、耐高压，表头液晶一体显示累积流量、瞬时流量、流速，管道内没有可动部件，不堵塞，全数字处理，抗干扰能力强，有管道分体和插入式两种，可以测量液固两相流、高黏度液流，以及盐类、强酸、强碱等具有腐蚀性液体的流量。应用范围如下所示。

第一，电磁流量计通用型用于冶金、石化、造纸、轻纺、污水处理，以及医药、食品、生物和精细化工等工业领域，是电磁流量计的主要类型，对被测介质的电导率有一定的范围要求，一般不能超过其上下限范围。

第二，电磁流量计防爆型用于有爆炸性气氛的场所。由于励磁电流能量较大，目前还是以隔爆型为主。近年来，国外已出现本质安全型，即安全火花型电磁流量计，而励磁功率大幅度降低，可以做成一体型，全部装在危险区域内工作。

第三，电磁流量计生型用于医药、食品和生物化学等工业的电磁流量计，在定时来菌、便于拆卸清洗等方面，要符合有关卫生的要求。

第四，电磁流量计防浸水型用于安装在地面下的传感器，可承受短时间的水浸没。

第五，电磁流量计潜水型用于测量明渠或非满管暗渠自由水面自由流时的流量。传感器在明渠截流挡板下部,长期浸在水下工作,结构和使用上都有别于一般电磁流量计。

第六,电磁流量计插入型用于大管径的电磁流量传感器。传感器从管道开孔中径向插入,以测量局部流速,推算流量,精确度较低,但价格便宜,适用于控制系统。

参考文献

[1]Alma Harris.Effective Teaching:Are view of the literature [J].School Leadership&Management,1998,18(2):169–183.

[2]周仕龙.试论现代课堂教学模式的建构[J].教育实践与研究,2002(3):43–44.

[3]陈厚德.基础教育新概念:有效教学[M].北京:教育科学出版社,2000.

[4]梁爽.高中物理合作学习课堂教学策略的实践研究[D].济南:山东师范大学,2014.

[5]方全波.物理教学设计与新课程标准一致性个案研究[D].长春:东北师范大学,2010.

[6]土晓深.基于问题为中心的高中物理课堂教学设计[D].扬州:扬州大学,2013.

[7]周鹏."问题生成"实验教学模式——基于问题中心的高中物理实验课研究[J].湖南中学物理,2012(12):7–9.

[8]王蒙.高中物理启发一探究式教学研究[D].苏州:苏州大学,2010.

[9]陶丽娟.高中物理探究式教学设计的研究[D].西安:陕西师范大学,2010.

[10]李远蓉.物理探究式教学设计与案例分析[M].北京:高等教育出版社,2003.

[11]George M.Jaeobs, Miehael A.Power, Loh Wan Inn. 合作学习的教师指南[M].北京:中国轻工业出版社,2005.

[12]王坦.合作学习的理论基础简析[J].课程.教材.教法,2005,25(1):30-35.

[13]王较过.新课程教师读本:物理[M].西安:陕西师范大学出版社,2006.

[14]李渭利.合作学习在高中物理教学中的应用的理论和实践研究[D].西安:陕西师范大学,2012.

[15]王莉.高师力学解决问题辅导课中合作学习的实践研究[D].北京:首都师范大学,2007.

[16]娄挺.基于合作学习理论的高中化学教学实践研究[J].吉林教育,2008(25):41.

[17]张龙.高中物理合作学习策略研究[D].西安:陕西师范大学,2013.

[18]唐军."程序教学法"在高中物理合作学习中的应用研究[D].上海:上海师范大学,2013.

[19]李旭华."小组合作学习"模式在物理教学中的实践[J].广东教育(教研版),2007(11):12-13.

[20]王志武.高中物理实验教学中合作学习的实践研究[D].长春:东北师范大学,2012.

[21]杨正丽.高中物理合作学习有效性研究[D].上海:华东师范大学,2014.

[22]文涛.论有效的课堂小组合作学习[J].教育理论与实践,2002(12):53-56.

[23]盛群力,郑淑贞.合作学习设计[M].杭州:浙江教育出版社,2006.

[24]安举.初中物理兴趣教学的趣引策略探讨[J]科技信息,2008(26):609.

[25]原东生.初中物理科学探究教学现状与策略[J].课程.教材.教法,2008(5):60-64.

[26]李萍.基于小学科学教学的初中物理前概念转变策略研究[D].苏州:苏州大学,2015.

[27]雷欢.新课标下初中物理习题课的有效教学策略研究[D].延吉:延边大学,2015.

[28]龙月凤."同课异构"用于优化初中物理教学设计的策略探究[D].武汉:华中师范大学,2015.

[29]潘潘.新课程理念下初中物理有效教学的案例研究[D].银川:宁夏大学,2014.

[30]杨勇诚,朱伟.以"项目学习"优化初中物理教学的策略研究[J].江苏教育研究,2014(10):57.

[31]余文森.有效教学十讲[M].上海:华东师范大学出版社,2009.

[32]中华人民共和国教育部.全日制普通高级中学《物理教学大纲》[M].北京:人民教育出版社,2002.

[33]蔡连宝,新课标下高中物理的有效教学[J].读写算:教研版,2014(5):389-390.

[34]唐建勋,高中物理习题课有效教学策略初探[D].苏州:苏州大学,2010.

[35]乔际平,梁树森.中学物理习题教学研究[M],北京:北京师范大学出版社,1993.

[36]郑和均,邓京华.高中生心理学[M].杭州:浙江教育出版社,1993.

[37]王胜芹.建构主义理论在物理教学中的应用[J].大众科技,2009(4):171.

[38]弗莱维尔.认知发展[M].上海:华东师范大学出版社,2002.

[39]王道俊,王汉澜.教育学[M].北京:人民教育出版社,1989.

[40]张经童.认知负荷理论在优化化学习题教学中的应用[J].化学教学,2008(4):39-40.

[41]李洪曾,王耀明,陈大彦.中小学学生注意稳定性的研究[J].心理科学通讯,

1987,3(6):13-17.

[42]Gagné,Robert Mills,皮连生.学习的条件和教学论[M].上海:华东师范大学出版社,1999.

[43]张建伟,陈琦.从认知主义到建构主义[J].北京师范大学学报(社会科学版),1996(4):75-82.

[44]李新成,陈琦.维特罗克生成学习理论评价[J].山西大学学报(哲学社会科学版),1998(4):82-87.

[45]李吉林.谈情境教育的课堂操作要义明[J].教育研究,2002(3):68-73.

[46]李伯黍,燕国材.教育心理学[M].上海:华东师范大学出版社,2001.

[47]任美卿.掌握学生心理特点,提高学生学习兴趣[J].太原教育学院学报,1999(3):55.

[48]姜大源.职业教育:情景与情境辨[J].中国职业技术教育,2008(25):1.

[49]杜威.我们怎样思维·经验与教育[M].北京:人民教育出版社,1991.

[50]钟启泉.单元设计:撬动课堂转型的一个支点[J].教育发展研究,2015(24):2.

[51]王瑞旦,宋善炎.物理方法论[M].长沙:中南大学出版社,2002.

[52]陈琦,刘儒德.教育心理学[M].北京:高等教育出版社,2011.

[53]刑红军.高中物理科学方法教育[M].北京:中国科学技术出版社,2015.